Konsequenzen

Joachim Stengel

Ein Coronathriller
Coverdesign von
Sibylle Stengel-Klemmer

Die Story und die in der Handlung vorkommenden Personen sind fiktional, jede Ähnlichkeit mit real existierenden Personen, gegenwärtigen oder früheren, ist rein zufällig. Personen des öffentlichen Lebens, die namentlich genannt werden, entspringen in ihren Verhaltensweisen vollständig der Fantasie des Autors und entsprechen in keinster Weise der Realität. Allerdings hat die Realität die Fantasie des Autors beflügelt.

Bibliografische Information der
Deutschen Nationalbibliothek:
Die Deutsche Nationalbibliothek verzeichnet diese Publikation in der Deutschen Nationalbibliografie; detaillierte bibliografische Daten sind im Internet unter http://dnd-dnb.de abrufbar.

Herstellung und Verlag:
BoD - Books on Demand, Norderstedt

ISBN 9783756855346

Alle Rechte vorbehalten.
All rights reserved.

1. Auflage 2022
© 2022 Joachim Stengel

01

Dezember 2020

Eine dunstige Nacht, 26. Dezember, zweiter Weihnachtsfeiertag. Der Fahrer benötigte seine ganze Konzentration, um auf das Einsatzfahrzeug der Autobahnpolizei vor sich zu achten. Die Dunkelheit und der Regen behinderten die Sicht. Im Scheinwerferlicht verdichtete sich der Regen zu einem Wald aus weißen Fäden. Im Rückspiegel ebenfalls Bullen. Es ging darum, die Sicherheit der wertvollen Ladung zu gewährleisten. Die ersten Fuhren des ersehnten Impfstoffs gegen das tödliche Virus werden herangekarrt. Für ihn war es eine Tour wie jede andere auch. Er war es gewöhnt, nachts zu fahren. Nur der Begleitschutz war etwas Besonderes. Was für ein Aufstand wurde darum gemacht! Endlose Regelungen, Priogruppe 1, Priogruppe 2 und so weiter. Morgen würde im Rahmen der weltweit größten Impfaktion zum Schutz gegen das Virus auch auf deutschem Boden die Vergabe des Impfstoffs starten. Nach exaktem Plan und festgelegter Reihenfolge.

***

Januar 2021

Bochum, 17:23, in einer Querverbindung zur Dorstener Straße. Elke Bruns saß am Steuer eines Golf Diesel-Kombi, älteres Modell, dreckig, Kratzer, Beulen, Rost, unscheinbare dunkelbraune Farbe. Sven Eggebrecht neben ihr mit einer Nikon, Objektiv mit langer Brennweite, fixierte den Eingang eines türkischen Gemüseladens. Der Inhaber oder Mitarbeiter des Geschäfts ordnete Gemüse und Obst in den vor dem Schaufenster aufgestellten Kästen. Die beiden Ermittler gehören zur Financial Intelligence Unit, kurz FIU, einer Dienststelle, die dem Zoll angehörte und dazu diente, alle Aktivitäten, die mit Geldwäsche oder illegalem Geldtransfer verbunden waren, zu untersuchen und zu bekämpfen. Elke gähnte ungeniert. Sven grinste. Seine Kollegin war noch nie sehr kommunikativ gewesen, das kannte er schon. Er raunzte:
„Mir geht das auch auf den Geist. Aus heiterem Himmel sollen wir plötzlich wochenlang alle bekannten Hawala-Stellen überwachen. Ist dir eigentlich klar, wie viele Kollegen zurzeit unterwegs sind und sich in den Wagen ihre Eier abfrieren? Jetzt ist es gerade mal diese Zielgruppe. Wer weiß, gegen wen wir nächste Woche losziehen. Wenn du mich fragst, das bringt doch alles nichts. Die sind uns immer einen Schritt voraus."
Aber natürlich hatte er sich pflichtgemäß mit der

Thematik auseinandergesetzt. Bei der Bezeichnung Hawala handelte es sich um ein sehr altes System, mit dem Geldmengen in andere Länder transferiert wurden, ohne Einsatz einer Bank und ohne dass es offiziellen Stellen sichtbar wurde. Das wusste er jetzt. Jemand, der aus Deutschland einen Betrag in den Iran schicken wollte, ging zu einem Hawaladar, der sich hinter der Fassade irgendeines regulären Geschäfts verbarg, und übergab ihm die zu transferierende Summe. Der Kunde bekam einen Code, den er dem Empfänger in dem anderen Land, zum Beispiel dem Iran, weiterleitete. Mit diesem Code ging derjenige dann zu dem dortigen Hawaladar und erhielt das Geld, abzüglich der Transferkosten. Auf diese Art konnte keine Behörde die Summen verfolgen. So wurden jährlich Hunderte von Millionen an Beträgen aus illegalen Quellen, im Rahmen der Geldwäsche oder für eventuelle terroristische Aktivitäten bewegt.
Sven wartete, ob Elke sich dazu äußern wollte. Sie zuckte nur mit den Schultern.

„Nicht mal ins Kino kann man mehr gehen", fuhr er fort, als sie keine weitere Reaktion zeigte.
Elke deutete auf den Eingang des Ladens. Eine Frau im Tschador, der traditionellen Frauenkleidung des Iran, näherte sich. Ein dunkles Tuch, das die Haare und den Körper bis zu den Fußspitzen bedeckte und nur das Gesicht frei ließ. Sie trug eine Reisetasche und begann ein Gespräch mit dem Verkäufer. Die Glock in Svens Halfter drückte. Er hatte sich immer noch nicht an das Tragen der Dienstwaffe gewöhnt, seit er zu dieser Einheit beim Zoll gewechselt war. Er rutschte in eine bequemere Haltung, hob die Kamera, fixierte das Gesicht der Kundin und löste aus.

„Sieht nett aus. Dass die ihre hübschen Körper hinter solchen Umhängen verstecken müssen …"

Er redete lieber nicht weiter. Zwar verstand er sich gut mit seiner Kollegin, aber wer konnte schon wissen, ob nicht ein Wort zu viel irgendwie sexistisch ausgelegt werden würde. Sah sie ihn etwa schon kritisch von der Seite an?
„Schon ziemlich dunkel. Hast du sie?"
„Ja. Gut zu erkennen."
„Mir ist völlig schleierhaft, wie es Menschen geben kann, die diesen Typen Geld anvertrauen. Ich würde immer befürchten, das nie wieder zu sehen", sagte Elke.
„Die vertrauen dem System. Wenn nur einer jemals betrügen würde, funktioniert es nicht mehr. Deshalb wird das niemand wagen."
„Müssen wir bis zum Geschäftsschluss bleiben? Macht es dir etwas aus, wenn wir unsere Zelte hier früher abbrechen? Marcus hat heute Geburtstag. Wenn wir schon nicht feiern dürfen, will ich ihm wenigstens einen Kuchen backen."
Marcus war seit zwei Jahren Elkes Freund. Da war die sonst so korrekte Elke sogar bereit, den Arbeitgeber zu hintergehen? Ihm sollte es recht sein.
„Bringst du mir ein Stück mit?"
Sie schaute demonstrativ, erschien es ihm, auf seinen Bauchansatz und zog die Augenbauen hoch.
„Okay, okay, ich verzichte." Er hatte sich seit Beginn der Pandemie nicht besonders diszipliniert verhalten, was die Nervennahrung während der langwierigen Observierungen betraf, und Ausgleichssport war ja momentan gesetzlich verboten. Das kam ihm entgegen, darauf legte er sowieso keinen großen Wert.
„Ist auch besser so", sagte Elke und fuhr nach einer Pause fort, „Wir sammeln und sammeln Aufnahmen und erfahren nie, ob die Auswertungen je etwas

bringen. Das müssen doch Hunderte sein. Allein die von heute."

„Du kennst das doch. Die geben die in das System ein und dann überprüfen sie, ob jemand davon schon aufgefallen ist."

02

Februar 2021

Der Gebäudekomplex des Bundesamtes für Verfassungsschutz wirkte bei dem fleckenlos blauen Himmel nicht so monströs wie sonst. Dieses Jahr hatte es richtigen Schnee gegeben, der liegen geblieben war, und nicht die Matsche, die sonst für diese Jahreszeit hier kennzeichnend war. Babette hatte Kinder rodeln sehen. Die zwei Wochen Winterzeit lagen jetzt hinter ihnen, ebenso wie die harten Einschränkungen des zweiten Lockdowns. Sie befürchtete aber, dass es mit Corona noch lange nicht zu Ende sein würde. Man munkelte von mutierten Viren, der dritten Welle und dass vorzeitige Lockerungen zu weiteren Problemen führen könnten. Sie schüttelte ihre roten Locken, die dringend einen Haarschnitt benötigten. Wie üblich, war sie vor den anderen im Büro. Heute stand die wöchentlich stattfindende Teamsitzung auf der Tagesordnung. Sie stellte Fläschchen Wasser, Orangensaft und Apfelsaft an jeden Platz und bereitete Teller mit kleinen Snacks vor. Obwohl Babette Kahn längst von der Position einer Chefsekretärin zur Assistentin aufgestiegen war, nahm sie zusätzlich auch weiterhin diese Aufgaben wahr.

Nacheinander liefen die Kollegen ein. Vor allen anderen erschien Jean-Baptiste Hansen. Es war sein erster Arbeitstag nach einer stationären Reha wegen seines ausufernden Cannabiskonsums. Er sah schlanker aus, die Augen lagen tief in ihren Höhlen. Mehr konnte sie aufgrund der FFP2-Maske nicht sehen. Vorsichtig und zurückhaltend wirkte er und irgendwie strahlte er eine innere Zufriedenheit aus. Er schien sich zu freuen, wieder da zu sein. Babette umarmte ihn trotz der geltenden Maßnahmen.

„Kann ich dich nach der Teamsitzung unter vier Augen sprechen?", fragte er, sobald sie ihn aus den Armen gelassen hatte.

Als Nächstes stürmte Freddie Rees durch die Tür und schimpfte sofort los. Er hatte mit seinem neuen Jeep Renegade, den das Amt ihm als Dienstfahrzeug zur Verfügung gestellt hatte, auf dem Weg zur Arbeit Altpapier zum Container gebracht. Da alles so schnell gehen musste und er mit der offenen Tür nicht andere Verkehrsteilnehmer beeinträchtigen wollte, hatte er sich in der Hektik einen Winkel in sein Jackett gerissen.

„Was meinst du, Babette, gilt das als Arbeitsunfall? Muss der Arbeitgeber mir das ersetzen? Es geschah ja auf dem Weg zur Arbeit." Dann sah er Jean-Baptiste und begrüßte ihn mit dem Coronagruß, Ellenbogen an Ellenbogen. „Da bist du ja wieder. Hast abgenommen, was?"

Zuletzt herein kamen gleichzeitig Jade Taylor, aktuell

die einzige Außenagentin, und ihr Chef Dr. Lawrence Hall, der Jade, ganz die alte Schule, den Vortritt ließ.

„Nehmen Sie schon mal Platz!" Mit diesen Worten verschwand er in sein Büro und erschien Minuten später wieder, ohne Mantel, Handschuhe und Aktentasche.

Babette durchschaute sein Verhalten. In letzter Zeit gab er sich nach außen hin weiter dynamisch, wie man ihn gewöhnt war. Sie merkte aber, dass es ihm von Tag zu Tag schwerer fiel, sich positiv und motivierend zu zeigen. Babette ahnte, dass seine Stimmung damit zusammenhing, dass Tom Forge seit zwei Monaten verschwunden war. Der Einzige, der seine Maske aufbehielt, war Jean-Baptiste, der sich sehr zurückhielt. Erst nachdem alle Platz genommen hatten, bemerkte Hall ihn.

„Herr Hansen, willkommen zurück. Sie können ruhig die Maske abnehmen. Maulkorb, Schnutenpulli oder wie sie die Dinger inzwischen noch alle nennen, benötigen wir hier nicht. Der Abstand zwischen uns ist groß genug. Schön, dass Sie wieder da sind." Er schaute über den Tisch und in die Runde.

„Sehr schön haben Sie das wieder vorbereitet", sagte er in gedämpfter Lautstärke zu Babette und richtete sich dann an seinem Stammplatz vor Kopf gerade auf.

„Wie Sie wissen, haben wir seit zwei Monaten alles Erdenkliche unternommen, um unseren Mann zu finden, haben jeden Stein umgedreht, jede Möglichkeit in Betracht gezogen, aber …" Hier pausierte er und sah jeden Einzelnen an, „… ohne Erfolg."

Jade hob an, etwas zu sagen. Hall wischte es mit einer Armbewegung weg.

„Wir haben zu wenig Mitarbeiter, um allen Ideen

zu folgen, jeder Spur nachzugehen. Ich bin, wie Sie mitbekommen haben, dazu übergegangen, mehr an andere Abteilungen zu delegieren."
Babette wusste, dass das ganz und gar nicht seine Art war. Normalerweise würde er bis zum Umfallen arbeiten, um ein einmal gestecktes Ziel zu erreichen. So hatte er auch vor Urzeiten diese operative Untereinheit in der Abteilung IV des Verfassungsschutzes aufgebaut. Aber er schien zu müde zum Kämpfen zu sein. Ihrer Meinung nach war es die Trauer um Tom, den verlorenen Mitarbeiter, die ihn auffraß. Sie vermutete, dass für ihren Chef, der keine Kinder hatte, der junge Kollege so etwas wie einen Ersatzsohn darstellte.
Eine der Aufgaben des Verfassungsschutzes bestand in der Bekämpfung des organisierten Verbrechens, wenn es in Verbindung mit verfassungsrechtlichen Themen stand. Sie waren auf der Jagd nach dem führenden Mitglied einer weltweit agierenden Gruppe, bei der es sich um sechs Familien handeln sollte. Sie waren unter der Bezeichnung die *großen Sechs* bekannt. Tom Forge hatte versucht, sie aufzuhalten, als sie dem Zugriff entfliehen wollten, und war von ihnen entführt worden. Jade hatte es durch ein Fernglas beobachtet. Wenn sie doch nur von Tom etwas hören würden. Hoffentlich lebte er überhaupt noch.
Babette hatte Halls flammende Worte aus einer zurückliegenden Teamsitzung noch im Kopf. Als er tönte, dass er es leid sei, für die Organisation der *großen Sechs* nur ein Lakai zu sein. Für die die Karre aus dem Dreck zu ziehen. Sie erinnerte sich an die Vehemenz in seiner Stimme, als er gebrüllt hatte: „Jetzt gibt es nur ein Ziel, wir bringen die zur Strecke!"
Wo war dieser Enthusiasmus geblieben?

03

Jade hatte ihn wirklich erschossen. Daran gab es nichts zu beschönigen. Immer wieder kamen die Bilder hoch. Es gelang ihr nicht mehr zu unterscheiden, ob in wachem Zustand oder im Traum. Die Szene drängte sich in allen Einzelheiten auf. Tom stand neben ihr, sie selbst leicht vorgebeugt, eine Hand auf der Stuhllehne. Beide schauten zur Eingangstür, in der der Feind stand und eine Waffe auf sie richtete. Jade stieß den Stuhl nach hinten und sprang zur Seite. Es war eine fließende Bewegung, bei deren Abschluss sie wieder eine stabile Position innehatte. Die Glock lag fest in ihrer Hand. Alles automatisiert, ohne einen Gedanken daran zu verschwenden. Dank des langen und intensiven Trainings. Noch ehe Tom einen Schritt auf den fremden Mann zugehen konnte, in ihr Schussfeld geriet, drückte sie ab. Ohne zu zögern. Treffer.
Das Bild wiederholte sich in Zeitlupe immer wieder

vor ihrem inneren Auge. Der Moment, in dem die Kugel einschlug, durch die Jacke und das Hemd in den Körper des Mannes. Der Knall des Schusses war nicht zu hören, sondern nur das leise Klatschen des Aufpralls. Zumindest bildete sie sich das ein. Eigentlich konnte das überhaupt nicht sein. Das konnte man doch gar nicht wahrnehmen. Spielte ihre Fantasie ihr einen Streich? Gaukelte ihr vor, dass es sich so anhörte? Es war Notwehr. Sonst hätte er Tom oder sie erwischt. Abzudrücken war die einzig richtige Entscheidung gewesen. Das hatte man ihr immer wieder versichert. Aber stimmte das? Hätte es keine andere Lösung gegeben? Wäre es nicht möglich gewesen, ihn nur zu verwunden? Sie fühlte sich kraftlos und gleichzeitig aufgekratzt. Ihre Augen brannten von dem Starren in der Dunkelheit. Dieser Mann, Beck war sein Name, blieb tot. Es war ihre Schuld, ihr Gewissen war damit belastet. Sie hatte sich vorher nie damit beschäftigt, was passieren würde, wenn sie im Einsatz jemanden töten musste. Doch als es dann geschah, war das etwas ganz anderes als das Reden darüber und das Trainieren. Nach Lehrbuch hatte sie ihre Aufgabe bravourös erledigt. Das Ergebnis blieb dasselbe. Die Person war tot. Egal, was dieser Mann getan hatte, er war ein Mensch, der Eltern hatte, vielleicht Kinder, Freunde, eine Ehefrau oder Gefährtin und Nachbarn.

Jade hatte ihm das Leben genommen. Sie hatte das angerichtet. Aber vielleicht musste es so sein. Das war das Leben, für das sie sich entschieden hatte. Es war halt nur das erste Mal, dass es dazu gekommen war. Es konnte jederzeit wieder geschehen. Bei zukünftigen Einsätzen. Das war nicht zu ändern. Gehörte zu ihrem Job. Sie hatte es nicht anders gewollt. Nur – jetzt hatte sich ihre Einstellung

geändert. Der Tod war so etwas Endgültiges. Durfte ein Mensch so handeln? Durfte sie richten, ohne dass ein Richter vorher die Sachlage beurteilt und die Entscheidung getroffen hatte? War sie in so einer Situation überfordert, in der es keine Zeit dafür gab, einen Vorgesetzten zu informieren? Seine Zustimmung einzuholen? War es wirklich Notwehr? Hatte es keine andere Handlungsalternative gegeben? Jetzt war es nicht mehr zu ändern. Würde sie das aushalten? Damit leben können? Wieder kämpfen, wenn es eine neue Situation erforderte? War sie noch dienstfähig im Sinne ihres Auftrages? Konnte sie sich weiter ohne Vorbehalt für ihre Aufgaben im Verfassungsschutz einsetzen lassen? Sie wollte diesen Beruf nicht aufgeben. Es war genau das, was sie tun wollte. Schon immer. Jade hatte nicht gezählt, wie oft sie sich in ihrem Bett hin und her geworfen hatte. Schweißgebadet: Wieder tastete sie nach ihrem Handy, drückte darauf und starrte auf das erleuchtete Display. Drei Uhr sechsundfünfzig. Hatte sie überhaupt ein Auge zugemacht? Es kam ihr vor, als wenn sie höchstens eine Stunde geschlafen hatte.
Diese Träume, dieses Grübeln, diese Gedanken sollten aufhören. Hoffentlich merkte das im Amt niemand. Sie musste stark sein. Was würden die anderen sonst von ihr denken? Sie würden ihr den Job wegnehmen, ihr andere Aufgaben im Innenbereich geben. Oder sie zum Psychodoktor schicken. Auch Tom durfte nicht wissen, wie sehr es sie noch belastete. Er musste sich auf ihre Hilfe auch in Extremsituationen verlassen können. Er durfte nichts von ihren Zweifeln wissen. Sonst hätte er recht, dass er ihr nicht mehr vertrauen könnte. Das war schon einmal Thema zwischen ihnen. Am Anfang ihrer Zusammenarbeit hatte er ihr eingeschärft, wie wichtig Vertrauen zwischen den

Partnern sei. Sonst wollte er nicht mit ihr in einem Team bleiben. Sie hatte ihm zugesagt, dass er sich auf sie verlassen könne. Hoffentlich gelang es ihr, diese Gedanken eines Tages zu vertreiben. Sie spürte ein Kratzen im Hals. Ihr Mund war ausgetrocknet, das Bett ein einziges zerwühltes Durcheinander und der Schweiß auf ihrer Haut war eiskalt. Die Haare klebten ihr im Gesicht. Sie strampelte sich frei und tappte im Dunkeln in die Küche, hielt ein Glas unter den Kran, ließ es volllaufen und trank es in einem Zug aus. Dann ging sie ins Bad, streifte ihre feuchten Sachen ab und stellte sich unter die Dusche. Das Wasser beruhigte sie. Nach und nach fühlte sie sich besser. Die negativen Gedanken verschwanden. Zumindest für den Moment. Aktiv werden, konstruktiv vorgehen, das half ihr. Tom, ja, was mochte mit ihm sein? Sie erinnerte sich an die letzten Sekunden, als er auf dem Dach in den Hubschrauber gezogen wurde. Wo mochte er sich jetzt aufhalten? Lebte er noch? Sie hatte schon alles nur Erdenkliche getan, um seiner Spur zu folgen. Was konnte sie noch tun? Sie musste ihn finden!

04

Ihre angenommene Identität war typisch englisch, eben dem neuen Zuhause angepasst. Aus Gao Xia war Shirley Wang geworden. Man hatte sie nach London geschickt. Ein Beamter des britischen Inlandsnachrichtendienstes, der Sektion MI5, erwartete sie am Airport und stellte sich als Mike Deacon vor. Dr. Lawrence Hall kooperierte hin und wieder mit dem MI5. Aufgrund einer Information, die er den Kollegen vor einiger Zeit gegeben hatte, konnte in Cornwall ein Anschlag verhindert werden. Dafür schuldeten die Engländer ihm einen Gefallen. Die neue Identität der Chinesin beinhaltete die Coverstory, dass sie nach einem längeren Aufenthalt in Hongkong nach England zurückkehrte, um eine Stelle als Mitarbeiterin eines Brokerhauses in London anzutreten. Shirley Wang war von den unterschiedlichen und vielfältigen Anforderungen

ihres neuen Lebens so abgelenkt, dass sie kaum die Muße fand, an Tom zu denken. In seltenen Augenblicken erinnerte sie sich an die wilden Nächte mit ihm. Die aufkommende Trauer, ihn so schnell wieder verloren zu haben, unterdrückte sie. Dafür blieb ihr wenig Zeit. Ihr Arbeitsplatz befand sich in der fünften Etage eines Hauses auf dem Berkeley Square, den man erreichte, wenn man gegenüber dem Hotel Ritz der Berkeley Street folgte. Ihre Aufgabe bestand darin, weltweit vermögende Menschen zu akquirieren und sie zu überreden, ihr Geld in Spekulationen zu stecken, die auf die Veränderungen zwischen den Währungen abzielten. Es war ein nettes Team, auch wenn ein starker Konkurrenzdruck herrschte. Sie bekam ein Grundgehalt und einen prozentualen Anteil von dem Umsatz, der durch ihre Kunden entstand.
Sie hatte wenig Verständnis für Menschen, die darüber klagten, dass sie als Kind wegen des Berufes der Eltern gezwungen waren, oft umzuziehen und deshalb nicht so etwas wie ein stabiles Zuhause kannten, die darunter litten, sich nie irgendwo heimisch gefühlt zu haben.
Ihre Kindheit und Jugend in China beinhaltete alles andere als angenehme Erinnerungen. Ihr war seit ihrer Geburt jeder Umzug wie eine Befreiung vorgekommen. Jeder Ortswechsel hatte eine Verbesserung ihrer Lebenssituation mit sich gebracht. Eine neue Umgebung bedeutete, neue Menschen kennenzulernen und neue Möglichkeiten, die sich daraus ergaben. Sie hatte sich angewöhnt, immer positiv in die Zukunft zu schauen, immer mit der Hoffnung auf weitere Chancen. Sie hatte sich noch nie so frei gefühlt wie heute. Außer Tom gab es in ihrem Leben nichts, dem sie nachtrauern konnte.

Gerade hatte sie begonnen, sich einzugewöhnen, als ihre Gedanken sich bereits mit der Zukunft beschäftigten. Sie war für alles offen. Wer weiß, was das Leben ihr noch anzubieten hatte und wohin es sie verschlagen würde.

05

Die drei deutschen Geheimdienste, BND, MAD und das Bundesamt für Verfassungsschutz, BfV, haben unterschiedliche Funktionen. Die Aufgabe des BfV besteht darin, das Land vor politisch motivierten und den Staat oder das Grundgesetz untergrabenden Straftaten zu schützen. Die Tätigkeit des MAD betrifft den militärischen Bereich und der BND vertritt die deutschen Interessen im Ausland. Aufgrund der politisch motivierten organisierten Kriminalität fiel der Kampf gegen die *großen Sechs* in die Zuständigkeit des BfV. Tom Forge, der Agent des BND, war Halls Verbindung zum Auslandsgeheimdienst. Da nicht nur die *großen Sechs*, sondern mittlerweile viele Feinde Deutschlands weltweit operierten, war ihm diese Kooperation wertvoll. Die Zusammenhänge waren Babette bewusst, als sie ihren Chef beobachtete, wie er an seinem Stammplatz im großen Konferenzsaal die Dienstbesprechung leitete. Er wirkte verloren. Statt seiner geraden Körperhaltung saß er geknickt, in sich zusammengesunken da und stierte vor sich hin. Sonst hatte er immer demonstrativ Berge von Akten durch die Gegend geschleppt, obwohl er sie nicht benötigte, da er alles im Kopf hatte. Das ersparte er sich, seit Tom weg war. Er hatte einen leeren Schreibtisch und auch bei den Teamsitzungen lag nichts mehr vor ihm. Einmal hatte Babette ihn in seinem Büro sitzen sehen. Wie eine leere Hülle hatte er die Wand angestarrt, bewegungslos. Sie hatte irgendwo einmal gelesen, dass das wohl ein typisches Symptom für Depression sei. Sie machte sich große Sorgen um ihn. Irgendwie musste sie ihn wieder aktivieren, ihn aus seiner Lethargie herausholen. Babette überlegte, mit welcher Aufgabe sie ihn wieder motivieren konnte.

„Wir sollten das Hawala-Finanzsystem weiter observieren lassen", sagte Babette, „Aisha Siddika wurde bei dem Besuch eines Standortes dieser Organisation beobachtet." Das war die IS-Terroristin, die in den Kauf des atomaren Sprengsatzes verwickelt war, den Tom in Kooperation mit der Organisation der *großen Sechs* sichergestellt hatte. Babette beobachtete seit Langem mit Besorgnis die Entwicklung des IS. Hinter der Bezeichnung Islamischer Staat verbarg sich eine radikale islamistische Miliz, die mit brutaler Gewalt und Terrorakten gegen Andersgläubige vorging. Große Landesteile in Syrien und dem Irak wurden vom IS kontrolliert. Ziel der Organisation war es, ein weltweites Kalifat zu errichten. Man ging davon aus, dass über diese Kanäle vorwiegend Beträge zur Finanzierung des Terrorismus und große Summen illegal erworbener Schwarzgelder zur Geldwäsche verschoben wurden. Seit Januar überwachte eine andere Behörde diese Form des Geldtransfers.

Hall horchte auf, brauchte länger, um den Vorschlag zu verarbeiten, als Babette es von ihm gewöhnt war.

„Das fällt doch in die Aufgabe einer anderen Abteilung. Überlassen wir das denen." Auch seine Stimme klang gebrochen.

„Sicher", sagte Babette, „aber wir sollten die Kontrolle behalten."

Hall schien darüber nachzudenken.

„Ja, Sie haben vollkommen recht, machen Sie ruhig ..."

Sie hatten Unterlagen von der FIU bekommen, dass die IS-Terroristin, nachdem sie entkommen war, an einem der überwachten Hawala-Standorte aufgetaucht war. Sie war fotografiert worden. Aber erst später hatte die Überprüfung der Fotos ergeben, dass es sich um die Gesuchte handelte. Sie war von den Sicherheitsbehörden als Gefährderin eingestuft, aber man hatte es verpennt, rechtzeitig die Außendienstmitarbeiter, die mit der Überwachung des Hawalasystems betraut waren, über die Flüchtige zu informieren. Die Bilder aus der Beobachtung lagen Babette jetzt verspätet vor. Zugriff nicht mehr möglich, Aufenthaltsort unbekannt. Sie hatte die Ausdrucke an Hall weitergereicht.

Hall betrachtete sie eingehend, nahm seine Brille ab und legte sie vor sich.

„Da kann man nichts machen. Das ist halt das übliche Kuddelmuddel. Wenn die unterschiedlichen Abteilungen der Behörden zusammenarbeiten, geht doch immer etwas schief. Es lohnt sich nicht, sich zu ärgern."

„Aber Chef, mein Ansprechpartner dort war ganz zerknirscht. Es war nur eine routinemäßige Überwachung, zur Orientierung. Er sagte mir zu, dass sie jetzt alle ein Bild dieser Aisha Siddika bei sich haben und besser darauf achten würden. Falls sie wieder auftauchen sollte, wollen sie uns sofort informieren und den Zugriff mit uns koordinieren."

„Sie hat vermutlich das Geld, das sie für den Kauf des nuklearen Sprengsatzes in ihrem Besitz hatte, zurück transferiert. Das war es dann. Wir werden nie wieder etwas von ihr hören. Davon können Sie ausgehen."

Babette ließ sich nicht abwimmeln. Sie wartete. Sie sah, wie Hall sich unter Druck gesetzt fühlte, bis er sich dazu durchrang, noch etwas hinzuzufügen.

„Ist doch sehr unwahrscheinlich, dass sie da noch einmal auftaucht. Aber was soll es! Sonst haben wir ja nichts. Machen Sie ruhig."

Babette fiel auf, dass er bei vielen Dingen inzwischen diese Sichtweise an den Tag legte. Im Januar waren die Ergebnisse der ballistischen Untersuchung gekommen. Es stand nun fest, welche Waffen bei dem Massaker in einem sicheren Haus benutzt wurden. Man hatte festgestellt, dass es sich ausschließlich um Waffen amerikanischer Herkunft handelte. Er hatte abgewunken.

„Was soll uns das schon bringen?", hatte er damals gesagt, „Die kann jeder überall auf dem Schwarzmarkt gekauft haben."

Im Prinzip war das natürlich richtig, aber früher hätte er auch diesen Hinweis weiterverfolgt. Gut, hierbei ging es nicht direkt um Toms Verschwinden. Nur das allein war für ihn vorrangig. Am Anfang war es noch jeder falsche Atemzug, der ihn auf eine weitere Möglichkeit gebracht hatte. Aber das war einer unglaublichen Passivität gewichen. Am Ende der Sitzung sah Babette, wie Hall Jean-Baptiste einen kritischen Blick zuwarf. Sie wusste, dass er die Veränderungen des Kollegen begrüßte, aber nicht von deren Dauer überzeugt war. Für Hall musste Jean-Baptiste sich erst beweisen, bevor er ihm wieder vertraute. Diese kurze Aufmerksamkeit ließ sie Hoffnung schöpfen, zumindest bewegte sich in ihrem Chef noch etwas.

***

Jade hatte der Teambesprechung wenig Aufmerksamkeit geschenkt. Der gestrige Traum beschäftigte sie noch. Ob sie die Erinnerung an das Erlebnis wohl je wieder loswurde?
Hall nahm seine Brille vom Tisch, ohne sie aufzusetzen, und nickte ihr zu. Sie folgte ihm in sein Büro. Nach Toms Entführung war das ein Ritual geworden.

„Mir fehlt Tom", sagte er zu Jade, „seine weitere Sichtweise auf komplexe Zusammenhänge und durch spontanen Perspektivwechsel. So kritisch und provozierend er oft war …"
Jade war klar, dass es auch etwas Persönliches zwischen den beiden Männern war, das Hall umtrieb. Hall sinnierte in diesen Gesprächen mehr vor sich hin, als dass er Konstruktives von sich gab. Jade kam sich die ganze Zeit wie eine Priesterin oder eine Psychologin vor. Was war nur mit ihm?

***

Babette grübelte in ihrem Büro über die Situation. Sie war es Hall schuldig, alles aufrechtzuerhalten, bis er wieder übernehmen konnte. In einem Workshop, den sie absolviert hatte, war es um Führungsqualitäten gegangen. Hatte sie die? Es gab anscheinend unterschiedliche Führungsstile. Sozial kooperativ und autoritär zielorientiert. Eine andere Unterscheidung bestand in einem prozess- versus zielorientierten Vorgehen, sie konnte sich nicht genau erinnern. Zu Hause wollte sie die Unterlagen der Weiterbildung heraussuchen und noch einmal hineinsehen. Sozialer Führungsstil? Ja, den hatte sie bestimmt. Sie konnte schon immer gut mit den Kollegen umgehen. Sich abzugrenzen, hatte sie mittlerweile gelernt. Ihr fiel Jean-Baptiste mit seinem früheren übergriffigen Verhalten ein. Sie war nicht nachtragend und sorgte gut für die Mitarbeiter. Aber wie war es mit dem zielorientierten Vorgehen? Konnte sie in ihren Überlegungen alle Fakten berücksichtigen? Sie hatte Hall all die Jahre beobachtet und bewundert, wie er das hinbekam. Aber genau genommen: Hatte sie nicht vieles auch schon aus eigenem Ermessen für ihn geregelt? Hatte sie nicht ebenfalls schon den Überblick?

Jean-Baptiste stürmte herein und unterbrach ihren Gedankengang. Stimmt, er wollte ein Zwiegespräch mit ihr. Was er wohl auf dem Herzen hatte? Nach seiner Therapie machte er auf sie einen guten Eindruck, auch wenn Hall noch skeptisch wirkte. Er hatte sein Äußeres verändert, sah gepflegter aus. Die kurze, modische Frisur stand ihm gut, die schwarzen Locken waren nur noch im Ansatz zu erkennen. Seine erste Frage, ob er sich setzen dürfe, ließ sie fast vergessen, Atem zu holen. Sie war es gewöhnt, dass er sich einfach immer irgendwo niederließ. Ob er sein vorlautes Mundwerk verloren hatte? Das konnte sie sich nicht vorstellen. Ihr fiel der Ausdruck *freche Schnauze* ein. Sie musste unwillkürlich lächeln. Das passte zu ihm, aber nicht diese zurückhaltende Art.

„Babette, ich habe dort gelernt, dass man sich bei allen Personen, denen man Unrecht getan hat,

entschuldigen und es wieder gutmachen soll."
Sie schaute ihn an und wartete. Als sie bemerkte, dass sie den Kugelschreiber zwischen die Lippen hielt, legte sie ihn schnell hin.

„Es tut mir leid, dass ich mich dir gegenüber so verhalten habe. Du machst hier so gute Arbeit. Ich sollte dir dankbar sein." Er wurde rot, ein kleiner Schweißtropfen bildete sich auf seiner Oberlippe. Babette konnte es kaum glauben, aber es klang, als meinte er, was er sagte.

06

Jade Taylor hatte den Raum verlassen. Dr. Lawrence Hall saß jetzt allein in seinem Büro im Amt für Verfassungsschutz in Köln, Merianstraße 100. Die Bezeichnungen Nachrichten- oder Sicherheitsdienst sollten nur die Tatsache beschönigen, dass es sich um einen Geheimdienst handelte. Hall fühlte sich verantwortlich, Unregelmäßigkeiten und Abweichungen, hervorgerufen durch Feinde unseres Landes, aufzuspüren. Er sah seine Aufgabe als erfüllt an, wenn er die Bedrohung von Feinden aus dem In- und Ausland rechtzeitig erkennen, im besten Fall ihr vorbeugen, sonst angemessen auf sie reagieren und sie

abwenden konnte. In erster Linie gehörte dazu das Sammeln von Informationen mit allen ihm zur Verfügung stehenden Mitteln. Das Einsetzen von Außenagenten in Undercovermissionen hatte er selbst mit zu seinem Tätigkeitsbereich erklärt. Aufgrund der Gesetzeslage in Deutschland, die für ihn einengende Reglementierungen enthielt, ging er bisweilen Kooperationen ein, die nicht unbedingt in jedem Fall von Außenstehenden als legal eingestuft würden.
Die aktuelle Zusammenarbeit mit dem BND bestand ausnahmsweise im Rahmen der gesetzlichen Vorgaben und beinhaltete, dass ihm ein Außendienstmitarbeiter auf unbestimmte Zeit ausgeliehen worden war. Diesen Mann, Tom Forge, setzte er zusammen mit seiner Agentin Jade Taylor ein. In seinen Augen war das ein gut funktionierendes Team. Je schneller er eine wichtige Information erhielt und je näher er an einem potenziellen Feind dran war, umso eher war ein Problem zu lösen. Verbindungen und erweiterte Ressourcen waren seine Hilfsmittel. Nur hatte ihm die Gegenseite jetzt seinen besten Mann, eben diesen Agenten Tom Forge, entführt. Die Befürchtung, dass sie ihn mittlerweile umgebracht haben könnten, ließ ihn seit Toms Verschwinden schlecht schlafen. Dieser junge Kerl wusste gar nicht, wie sehr er ihm, Hall, in seiner eigenen Jugend ähnelte. Als alles begann, hatte er auch oft Regeln gebrochen, es war sogar ein Teil seiner Aufgabe geworden. Genau genommen umging er auch heute noch ständig Regeln. Hall lächelte, als er daran dachte, wie er Tom oft eine Predigt gehalten hatte, damit sein junger Agent nicht zu stürmisch vorging.
Hall hatte seine operative Einheit in Form einer Unterabteilung eingerichtet, die klein, aber schlagkräftig war. Er hatte sie zu Beginn seiner

Karriere nach seinen Vorstellungen gestaltet und die Finanzierung über schwarze Gelder und geheime Konten der Regierung organisiert. Damit hatte er sich eine Machtposition geschaffen, in der er nur von wenigen Personen kontrolliert werden konnte. Überprüfungen durch das geheim tagende Parlamentarische Kontrollgremium des Bundestags umging er nach Möglichkeit. Bei vereinzelten Operationen war Hall tatsächlich ausschließlich dem Innenminister gegenüber verpflichtet, Rechenschaft abzulegen. Und selbst der war nur selten über alles informiert worden. Hall hatte die damit verbundenen Befugnisse oft bis an die Grenze und darüber hinaus ausgenutzt. Wenn er zurückdachte, war er verantwortlich für den Tod einiger Menschen, hatte aber – und das war seine einzige Entschuldigung – immer für die Interessen des deutschen Staates gehandelt. So sehr er die erforderlichen Verluste bedauerte, so stolz war er auf einen gewissen Patriotismus für sein Vaterland. Es hatte genug Situationen gegeben, die nur aufgrund seiner Fertigkeiten nicht in einen Skandal ausgeartet waren. Niemand außer ihm selbst wusste, wie viel Dankbarkeit Deutschland ihm schuldete.

***

Frank Scheller bezeichnete sich gerne als einen simplen Mitarbeiter der Botschaft der Vereinigten Staaten in der Bundesrepublik. Das war die übliche Tarnung, wenn man zur CIA gehörte. Es war fast drei Uhr morgens, und er war mit seinem Audi auf der Rückfahrt in das Ruhrgebiet. In München hatte er ein Gespräch geführt, das den persönlichen Kontakt benötigte. Er legte gerne nachts weite Strecken zurück. Die Straßen waren leer, er konnte seinen Gedanken nachhängen und hatte seine Ruhe. Fahren, unterwegs sein. Nur mit dem Alkohol musste er sich dabei zurückhalten. Auf dem Boden vor dem Beifahrersitz kullerten zwei leere Dosen Heineken herum, die er seit Beginn der Fahrt getrunken hatte. Die Palette mit den restlichen Dosen stand zur Sicherheit im Kofferraum, damit er nicht verführt wurde. Auf dem Sitz neben ihm lagen das zerknüllte Papier eines Mars-Riegels und eine leere Schachtel Kekse. Er schlürfte den letzten Schluck aus der Diet Coke, zerdrückte die Dose, ließ das Fenster gerade genug herunter, dass der Spalt breit genug war, um sie hinauszuwerfen. Durch den Fahrtwind bemerkte er, wie verschwitzt er war. Er öffnete das Fenster vollständig und entsorgte den Abfall vom Nebensitz. Als er nach den Dosen im Fußraum angelte, kam er kurz ins Schlingern. Es gelang ihm aber, den Wagen wieder zu stabilisieren.

In diesen frühen Stunden schafften es manche Radiosprecher tatsächlich, bei Scheller ein Gefühl von sozialer Nähe aufzubauen, und das wollte was heißen – er schnaufte bei diesem Gedanken – bei jemandem wie ihm, der persönliche Kontakte nicht aufrechterhalten konnte und jedes weibliche Wesen aus seinem Leben vergraulte. Ein Berufskollege musste ihm mitteilen, dass sein Sohn Marc wohl dabei war, sein Jurastudium zu vollenden. Ob er nicht stolz auf ihn sei? Er hatte nicht einmal gewusst, welches Fach Marc überhaupt studierte. Julie sollte mittlerweile verheiratet sein. Er konnte kaum glauben, dass sein kleines Mädchen schon so alt war. Das brachte eben sein Job mit sich, entschuldigte er sich. Der kühle Wind tat ihm gut. Er schlief wenig und wenn, dann schlecht. Sein Leben bestand aus

Bewegung, Gesprächen, Taktieren, Drohungen, Intrigen. Überall in Europa brodelte es und die aktuellen Coronabedingungen machten es nicht leichter, die Interessen der USA zu vertreten.
Er strich sich über das stoppelige Kinn. Er sollte aufhören, sich etwas vorzumachen. Meistens war er ausschließlich bemüht, für sich zu sorgen und sein eigenes Auskommen abzusichern. Es war nicht leicht, aber als alter Hase hatte er eine Menge Tricks drauf. So schnell machte ihm niemand etwas vor. Immerhin hatte er in der Botschaft schon vier Vorgesetzte überlebt. Der aktuelle war ein hirnverbrannter Idiot, der nicht den geringsten Überblick hatte. Außerdem so jung, dass er sein Sohn hätte sein können. Wieso setzten sie ihm solche Kinder vor die Nase? Der hatte ihn doch tatsächlich aufgefordert, ihm einmal schriftlich seine sämtlichen Aktivitäten zu dokumentieren, damit er einen Überblick über das Arbeitsfeld Schellers bekäme. Ein Nachweis seiner Tätigkeiten! Hatte der sie noch alle? Die Tage dieses Schnösels waren seiner Meinung nach gezählt. Er musste nur auf seine eigene Position achten. Sich so lange in Deckung halten.
Die letzte Nachricht seines Führungsoffiziers aus den Staaten beunruhigte ihn da viel mehr. Veränderungen in der Agency waren selbst nach all den Jahren immer noch etwas Gefährliches. Was wollten sie? Wurde dort eine andere Strategie entwickelt, von der er nichts wusste? Wo sollte das hinführen? Dinge waren ständig in Bewegung. Er musste vorsichtig sein. Keine voreiligen Schlüsse ziehen, abwarten. Aber er hatte so etwas oft genug mitgemacht, um die Zeichen deuten zu können. Er musste Tom erreichen, erfahren, wo der stand, was er bisher aufgedeckt hatte. Wie nah er der Organisation gekommen war. Es wurde langsam zu

gefährlich, er musste auf jeden Fall verhindern, dass irgendetwas von seinen Machenschaften – oder denen, die er für sein Land angestoßen hatte – bekannt wurde. Manchmal schämte er sich für all die Tricksereien und wollte sich nicht mehr im Spiegel gegenübertreten. In solchen Momenten half der Alkohol, ihn von seinen Schuldgefühlen zu befreien. Dann gelang es ihm wieder, sich für seine Strategien zu bewundern. Es war schon ein genialer Schachzug, wie er sich an den jungen unerfahrenen Kerl damals in London herangemacht hatte. Bei Toms erstem Auslandsaufenthalt, da trug er noch nicht den Decknamen, hieß noch Tom Hagen und nicht Forge. Scheller hatte ihn für seine Zwecke rekrutiert. Eine Investition in die Zukunft sozusagen. Seitdem hatte er den Kontakt zu Tom immer wieder aktiviert, wenn er ihn für seine Zwecke einsetzen wollte, ohne dass es Tom aufgefallen wäre. Er hatte ihn in dem Glauben gelassen, dass er, Frank, eben sein zufälliger, praktischer Kontakt zur CIA wäre.

***

Jennifer Tauber hatte es sich gegönnt, länger zu schlafen, da sie als Kindergärtnerin wegen Corona aktuell wieder beurlaubt war. Als sie aufwachte und hörte, dass ihr Lebensgefährte Christian Hellenkamp noch schnarchte, zog sie ihm die Decke weg. Er verzog das Gesicht, fasste sich an den Kopf und stöhnte.

„Erzähl mir nichts von Kopfschmerzen", sagte sie, „ich ruf auch nicht wieder in der Redaktion an und entschuldige dich. Das kannst du dir abschminken."
Sie wollte nicht in den Tag starten, indem sie sich ärgerte, aber mit seiner Sauferei, das ging ihr

inzwischen auf den Keks. Das Einzige, das Christian noch hinbekam, war Stöhnen. Natürlich waren immer alle anderen schuld an seiner Misere.
Christian langte nach der Decke.

„Ach, komm, Jen, noch ein Viertelstündchen. Jetzt ist es doch sowieso egal."

„Ist es nicht. Guck dich an und überhaupt. Das Schlafzimmer stinkt wie eine Brauerei"

„Was erlauben uns die Politiker denn noch? Man darf nicht mal mehr in ein Café oder eine Kneipe gehen. Ein Bierchen zu Hause ist das Einzige, was man sich noch gönnen kann."

„Ist das alles, was von deinen Idealen übrig geblieben ist?"

„Nicht wieder eine Grundsatzdiskussion. Dazu ist es zu früh."

„Für dich ist es nie der richtige Zeitpunkt."

Er kam mit einem Stöhnen im Bett hoch und stützte den Kopf auf beide Hände.

„Mein Lebenstraum war immer, etwas verändern zu können. Daran zumindest mitzuwirken, Dinge, Missstände meine ich, aufzudecken und den Leuten zu zeigen, was falsch läuft."

„Die Welt verändern? Guck dich an, was aus dir geworden ist. Deine hochtrabenden Ideen? Darauf bin ich anfangs reingefallen. Jetzt sehe ich dich nur noch trinken und rumnörgeln."

„Ist das ein Wunder, die haben mich kaltgestellt. Wenn Tom nicht da ist, habe ich keine Quelle mehr, kann nur noch über so banales Zeug wie Mülltonnen berichten, die überquellen, und dass die neueste Errungenschaft darin besteht, dass die Müllcontainer jetzt elektronische Füllanzeiger bekommen sollen, damit die dann rechtzeitig geleert werden. Alles für die Umwelt."

Was war nur aus ihrem Plan für ein schönes gemeinsames Leben geworden?, ging es Jen durch den Kopf. Tom, immer wieder Tom. Sie hatte auch eine Vergangenheit mit dem Kerl, doch nachdem er sie wegen ihrer besten Freundin hatte sitzen lassen, war sie bei Christian gelandet, anfangs fasziniert von seinen Idealen. Sie wollte genauso sein, nur realisierte sie das im Kleinen auch wirklich. In ihrem Beruf konnte sie für die Kinder da sein und die Fehler der Eltern ausgleichen. Ihnen helfen, den richtigen Start ins Leben zu bekommen. Das war ihre Möglichkeit, die Welt zu verbessern.

Wenn sie an Toms letzten Besuch dachte, als er die verletzte Chinesin in ihrem Haus untergebracht hatte und gleichzeitig hinter Christians Rücken wieder etwas mit ihr anfangen wollte, standen ihr die Haare zu Berge. Nicht zu glauben, dass sie sich fast wieder auf ihn eingelassen hatte!

07

Tom Forge saß auf einer Terrasse an der Küste Gibraltars. Zum hundertsten Mal suchte sein Blick jeden Quadratzentimeter des massiven, ocker getünchten Bauwerks hinter sich ab und streifte dann über die zerklüftete Küste. Als guter Kletterer würde er es schaffen, aber da seine Wächter immer in der Nähe waren, sah er keine Chance, von diesem Felsbalkon zu entkommen. Die auf einem Felsen an der Südspitze der iberischen Halbinsel liegende Kronkolonie Gibraltar war britisches Hoheitsgebiet, unter der Herrschaft Queen Elizabeth II. Der Zwergstaat breitete sich auf einer Fläche von etwa 10 Quadratkilometern aus. Von hier betrug die Entfernung zum afrikanischen Kontinent nur 21 Kilometer. Sie hatten ihm gesagt, worin seine Aufgabe bestehe, und jetzt warteten sie zusammen auf den richtigen Zeitpunkt für seinen Einsatz. Warum hielten sie ihn gerade hier fest? Gab es eine Möglichkeit für die Kollegen aus seiner Abteilung, diesen

Aufenthaltsort herauszufinden?
Die vierundzwanzigjährige Renate Bartel leistete ihm beim Frühstück Gesellschaft. Sie gehörte zum Wachpersonal, das für seine Sicherheit sorgen sollte. Anders ausgedrückt, sie kontrollierte ihn, damit er keinen Fluchtversuch unternahm. Tom war es gewohnt, Menschen einzuschätzen. Er achtete auf jede Kleinigkeit, die ihm nützlich sein konnte. Diese junge Frau hatte eine enorm schnelle Reaktionsfähigkeit, ein hohes Aggressionspotenzial, das Tom auf eine versteckte Wut zurückführte, und enormen Ehrgeiz. Wenn andere anwesend waren, bemühte sie sich, wachsamer, schneller und einsatzbereiter als alle zu sein. Soweit er wusste, war sie die erste Frau, die für Omega arbeitete. Tom gegenüber hielt sie sich eher zurück. Abweisend. Nachdem, was er mit der Chinesin erlebt hatte, wertete er das als gutes Zeichen, war sich aber nicht sicher. Gao Xia, die chinesische Kämpferin, die er bei dem letzten Einsatz kennengelernt hatte, war anfangs auch sehr zurückhaltend gewesen. Hinter ihrer abweisenden Fassade hatte sie ihr Interesse für ihn lange verborgen gehalten. Bei dem Gedanken an sie sank er ein wenig nach vorne und schaute auf den Boden. Der Tag wirkte auf einmal trüber als gerade eben noch. Sie hatte eine neue Identität erhalten, und er würde sie wohl nach ihrer kurzen, heftigen Affäre über Weihnachten nie wiedersehen. Er nahm einen Schluck von dem hervorragenden Kaffee und betrachtete die Frau an seiner Seite. Sie war nur wenig kleiner als er, hatte eine helle moderne Kurzhaarfrisur und versteckte ihre Augen hinter einer überdimensionalen Dolce & Gabbana-Sonnenbrille. Sie kleidete sich immer sportlich, vermutlich, um nicht in ihrer Bewegungsfreiheit eingeengt zu sein.

Heute trug sie ein rotes Top mit dünnen Trägern, Sport-BH, schwarze Leggins mit roten Farbspritzern und Leinenschuhe.
Tom atmete die salzige Meeresluft ein und betrachtete, wie in der Ferne die weißen Schaumkronen der Wellen miteinander um den höchsten Punkt wetteiferten.
„Herrliche Aussicht, nicht?"
Sie sah von ihrer Zeitung auf, richtete ihre dunklen Brillengläser auf ihn und nickte.
„Tom, Sie werden es nicht schaffen, hier herauszukommen."
Sein Mund verzog sich, als er unwillkürlich seine Kieferknochen mit aller Gewalt aufeinanderdrückte. War er so leicht zu durchschauen? Oder konnte sie Gedanken lesen?
Als aktiver Mensch war er hier zur Untätigkeit, zur Bewegungslosigkeit verurteilt. Am liebsten wäre er auf und ab gelaufen, um die Anspannung aus allen Körperteilen loszuwerden. Aktuell bestand seine einzige Herausforderung darin, alles immer wieder zu durchdenken, einen Weg aus der Gefangenschaft zu finden. Er würde die momentane Hilflosigkeit aushalten müssen, wachsam bleiben, vorbereitet sein und den geeigneten Moment nutzen.
Es gab noch einen weiteren Wächter, den jungen, dynamischen Elmar Scholl. Sechsundzwanzig, ein harter und absolut loyaler Typ. Er sah so aus, als wenn es ihm eine Ehre wäre, sich vor seinen Chef zu werfen, um eine Kugel abzufangen. Dann war da noch der IT-Spezialist Kai Uwe Rentenberg, einunddreißig, der ausschließlich Interesse für seine Computer zeigte. Er war immer bereit, Tom etwas über sein Fachgebiet zu berichten. Tom förderte das Bedürfnis, indem er ihm zuhörte und aufmunternde Worte sprach, obwohl

er weniger als die Hälfte von dem verstand, was Kai so von sich gab. Außerdem gab es eine Köchin und einen weiteren Bodyguard, der auch als Mädchen für alles fungierte: Boyd Rieger. Er hielt sich selten in Toms Nähe auf. Durch seine kantige Figur wirkte er auf Tom wie ein brutaler Schläger. Dem widersprach aber die Ruhe und Besonnenheit, die er ausstrahlte. Er war für Einkauf und sonstige Erledigungen zuständig.
Zwischen Tom und der gesamten Truppe hatte sich ein nettes Verhältnis entwickelt. Niemand wollte dem anderen etwas. Aber sie waren so professionell, dass er sich im Ernstfall nicht darauf verlassen konnte, dass sie wegsehen würden. Im Gegenteil, sie blieben auch nach den zwei Monaten, die sie ihn mittlerweile hier gefangen hielten, auf der Hut und ließen ihn keinen Moment unbeaufsichtigt. Das musste er Omega und Gatow lassen, sie hatten sich ein hervorragendes Team zusammengestellt.
Als Agent des BND war Tom Forge für den Einsatz gegen die weltweit operierende kriminelle Vereinigung, die *großen Sechs*, an das Bundesamt für Verfassungsschutz ausgeliehen worden. Im Morgengrauen hatte er versucht, Omegas Flucht zu verhindern, indem er den unscheinbaren Anführer dieser Gruppe mit immer weiteren Fragen in ein Gespräch verwickelte, um ihn aufzuhalten, bis das GSG-9-Team vor Ort sein würde. Zu seiner Überraschung war er zum Schluss plötzlich in den Hubschrauber bugsiert worden. Seine Verblüffung war so groß, dass er sich nicht einmal im Ansatz gewehrt hatte. Während des Fluges hatte Schweigen geherrscht, sodass er seinen widerstreitenden Gedanken nachhängen konnte. Die Bodyguards hatten all ihre Kraft benötigt, ihn die ganze Zeit über fest in den Sitz zu drücken. Angst war es nicht gewesen. An

sich selbst und die Gefahr, in der er schwebte, hatte er nicht eine Sekunde gedacht. Wütend war er, dass der Zugriff auf die Organisation gescheitert war. Auf der anderen Seite gab es auch Euphorie. Solange er sich in ihrer Nähe befand, dachte er, war nichts verloren. Dann wusste er immer, wo sie sich aufhielten, und es gab noch die Chance, sie zu erwischen.

Sie waren mit dem Leonardo-Mehrzweckhubschrauber zum Düsseldorfer Flughafen gebracht worden. Von dort ging die Reise mit einer Gulfstream weiter nach Heathrow Airport. Tom nahm an, dass ihr Fluchtweg bis dahin für den Verfassungsschutz nachvollziehbar war. Er quälte sich mit Selbstvorwürfen. Den ganzen Flug über wälzte er Gedanken, was er hätte anders machen können. Bis ihm klar wurde, wie müßig diese Selbstkasteiung war. In London verließen sie den Flughafen, und damit würde sich ihre Spur verlieren. Das gesamte Team wurde zur weiteren Verschleierung ihrer Route in einem Kleinbus nach Stansted Airport transportiert. Von dort flogen sie mit einer eigenen Maschine nach Gibraltar.

Man hatte sich in keiner Minute Gedanken gemacht, Tom gegenüber irgendetwas geheim zu halten. Sie waren sich sicher gewesen, dass er bei der bevorstehenden Aufgabe mitmachen würde. Nach der Landung auf dem Affenfelsen hatte er sich die Straßen gemerkt, soweit er sie unterwegs erkennen konnte. Nach der Devil's Tower Road war der Fahrer der Sir Herbert Miles Road die Küste entlang gefolgt. Den Stadtkern hatten sie gemieden. Die letzte Straße, deren Schild er erkannt hatte, als sie an einer Moschee vorbeifuhren, war die Europa Road. Danach ging es zwischen einem Gewirr kleiner Unterkünfte hindurch, bis sie an einer Reihe gleicher, ockergelber Gebäude hielten. Omega besaß wohl mehrere davon oder hatte sie angemietet. Tom kannte also ziemlich genau seinen Aufenthaltsort, konnte ihn aber weder verlassen noch Kontakt aufnehmen, um Hilfe von außen zu holen.

Als Grund für seine Entführung hatten sie ihm genannt, dass sie seine Hilfe bei einer größeren Aufgabe benötigten. Der Kontakt über den Verfassungsschutz, wie er vorher stattgefunden hatte, sei zu umständlich gewesen. Für die große Aufgabe, die bevorstünde, wäre die direkte Zusammenarbeit vorteilhafter und würde den Fortgang der Mission nicht so verzögern. Mehrfach und mit beschwörendem Unterton hatte Omega Toms Kooperation eingefordert.

„Tom, wir brauchen Sie. Wir wollen mit Ihrer Hilfe den größten Anschlag verhindern, der je auf europäischem Boden stattfinden soll."

Als sie ihm den Grund für seine Entführung nannten, änderte sich seine Stimmung. Sie hatten mit der Information nicht lange gezögert, weil sie sich recht sicher waren, dadurch seine Kooperation zu fördern. Ihr Telepath Gatow hatte durch seine Fähigkeit von der Planung terroristischer Aktivitäten nie da gewesenen Ausmaßes erfahren. Toms Fertigkeiten und seine persönliche Erfahrung mit der involvierten Terroristin waren die Gründe, warum sie seine Mitarbeit für sinnvoll erachteten. Jetzt hatte er eine neue Aufgabe, ein konkretes Ziel, für das er planen, auf das er hinarbeiten konnte. Langsam kam er zu der Überzeugung, dass Omega mit dem Einfluss der *großen Sechs* trotz der unkonventionell erzwungenen Zusammenarbeit mehr Möglichkeiten hatte als der Verfassungsschutz in Köln mit seinem eigenen Vorgesetzten Dr. Lawrence Hall, der ihn meist mit eher strenger Hand von zu viel Eigeninitiative abhielt. Eine der Hauptaufgaben des Bundesamtes für Verfassungsschutz war und blieb auch nur das Sammeln von Informationen.

„... und nicht das direkte Eingreifen", betonte Hall mit schöner Regelmäßigkeit, „dafür können wir andere Institutionen um Amtshilfe ersuchen."

„Das dauert zu lang", war Toms Standardantwort. Er wusste, dass Hall dem nichts entgegensetzen konnte. Auch er war sich dieses Problems der Langsamkeit der Behörde, der Zähflüssigkeit der bürokratischen Wege bewusst. Hall schimpfte zwar, vergaß aber nicht, den korrekten Dienstweg immer wieder deutlich zu machen. Wenn Tom trotzdem aktiv wurde, beschwerte er sich jedoch nicht. Also ging Tom davon aus, dass Hall es stillschweigend guthieß oder zumindest tolerierte.

Was mochte beim BND und in seiner Abteilung beim Verfassungsschutz in Köln vor sich gehen? Arbeiteten die beiden Geheimdienste jetzt zusammen bei der Suche nach ihm? Was unternahm Hall inzwischen, um ihn zu finden? Hatte er eine groß angelegte Suche eingeleitet? Wie ging es seiner Partnerin Jade? Wo wurde sie jetzt eingesetzt? Tom zermarterte sich das Hirn, wie er ihnen einen Hinweis zukommen lassen konnte. Ob sie in Deutschland inzwischen wussten, auf welchem Pulverfass sie saßen? Tom drängte Omega immer wieder dazu, den Verfassungsschutz, die operative Abteilung für die Verhinderung terroristischer Aktivitäten, einzubinden. Zumindest die Kollegen zu unterrichten und ihre Mitarbeit zu ermöglichen.

08

Tom hörte, wie sein Begleiter hinter ihm verriegelte, sobald er seine Unterkunft betreten hatte. Die Tür war massiv, das Schloss ohne Hilfsmittel nicht zu knacken. Das Fenster zur Straße lag hoch und war vergittert. Außerdem wurden die Räume mit Kameras überwacht. Die Möglichkeiten, die er zu seiner Flucht durchspielte, wurden immer abstruser. Vielleicht könnte er mit einem Spiegel Lichtzeichen nach dem Morsealphabet aus dem Fenster senden. Wie groß wäre wohl die Chance, dass jemand seine Botschaft mitbekam und verstand? Die Überwacher würden auch das bestimmt sofort bemerken. Wie er es auch drehte und wendete, sein momentanes Gefängnis bot ihm keine Chance, zu entkommen. Er fand keine Möglichkeit, das Gebäude zu verlassen oder jemanden zu kontaktieren, irgendein elektronisches Spielzeug zu organisieren und Nachrichten nach außerhalb zu senden in der Hoffnung, dass sie empfangen wurden. Dann war da die Terrasse, von der aus er auf das

Mittelmeer blicken konnte. Welche Möglichkeiten bot sie ihm? Dort durfte er viel Zeit verbringen. Das war der Bereich, in dem er sich so frei bewegen konnte, wie es unter den gegebenen Umständen ging. Er könnte eine Flaschenpost losschicken: eine Nachricht in eine Flasche schmuggeln, diese verschließen und über die Brüstung werfen. Das würde er hinbekommen. Seine Wächter würden bestimmt einmal einen Moment weniger achtsam sein. Irgendwann hatte Omega das sogar als Scherz angeboten. Zum einen würde selbst dieser Versuch von Gatow schon vor der Ausführung erkannt, und zweitens war die Chance, dass die Flasche gefunden wurde und deren Inhalt nicht als Scherz verstanden würde, verschwindend gering. Also war es einfach nur lächerlich.

Tom stand immer zur selben Zeit auf, früh, damit er genug Zeit hatte, seinen Körper zu trainieren, und betrieb dann seine Körperpflege. Er stand immer frisch rasiert bereit, wenn sie kamen, sein Verlies aufschlossen und ihn zum Frühstück brachten. Tom registrierte die Gewohnheiten und Regeln in seinem Gefängnis. Aber wozu? Gatow kannte jeden seiner Gedanken. Immer wenn er ihm begegnete, lächelte er ihn an, wie um ihm das zu bestätigen.

Regelmäßig, jeden Dienstag um 09:00, verließ Boyd Rieger – „die Kante" nannte Tom ihn insgeheim – das Haus, um Besorgungen für die Woche zu erledigen. Die Mitarbeiter im Computerraum saßen an ihren PCs, nur einer der Bodyguards hielt sich dann in seiner Nähe auf. Wenn es Renate Bartel war, nutzte Elmar Scholl die Zeit, um im Sportstudio im Souterrain zu trainieren, oder umgekehrt. Gatow schlief meist noch. Omega begleitete Boyd Rieger. Die Reinigungskraft kam montags, die Haushälterin,

die auch für die Küche zuständig war, erschien täglich um 11:30.
Es war ein eingespielter Rhythmus. Tom konnte sich nicht sicher sein, ob Gatow wirklich schlief oder bereits in den Gedanken anderer Menschen nach für die Unternehmungen der *großen Sechs* verwertbaren Informationen schnüffelte. Ansonsten wäre dieser Zeitpunkt der Einzige, an dem weniger Leute im Haus waren. Die Computernerds, allen voran Kai Rentenberg, waren kein Problem. Mit denen würde er ohne Weiteres fertig. Er könnte ihren Raum verriegeln, damit sie ihm nicht im Weg stünden. Genau genommen waren nur Renate und Elmar zu beachten. Beide waren bewaffnet und nicht zu unterschätzen. Sie legten nie ihre In-Ear-Kopfhörer ab. Das bedeutete, falls er Renate angreifen würde, bekäme Elmar das sofort mit. Aber bevor Tom aktiv werden würde, hätte Gatow ihnen schon den ersten Gedanken für Toms Vorgehen verraten.
Tom grübelte täglich über seine Situation. Je nach seiner Stimmung artete es manchmal in ein hoffnungsloses Gedankenkreisen aus. Dienstags, sobald Omega und die Kante das Haus verlassen hatten, wäre eine Möglichkeit, vielleicht die einzige. Dann müsste er Renate und Elmar ausschalten. Ihnen die Schlüssel abnehmen und zur Eingangstür hinausgelangen. Oder könnte er es schaffen, einen der beiden zu betäuben, ohne dass der andere das mitbekam?
Ein anderes Szenario sah vor, dass er in einem unbeobachteten Moment über die Felsenseite verschwand. Er war ein guter Kletterer. Dann kam ihm der Gedanke, dass der passendere Augenblick sein könnte, wenn Gatow wieder einmal unter zu starkem Druck stand, seine Auramigräne bekam, dann

könnte er die anderen nicht vorwarnen. So weit waren Toms Überlegungen gediehen. Es gab allerdings einen Haken, der seine Anwesenheit hier in einem anderen Licht erscheinen ließ.

Er wälzte immer wieder das Gespräch in seinem Kopf herum, in dem Omega ihm das bevorstehende Attentat so anschaulich als Bedrohung geschildert hatte.

„Erinnern Sie sich an diese IS-Terroristin", hatte Omega begonnen, „Aisha Siddika? Die, die Sie haben laufen lassen, ja? Haben Sie eigentlich gedacht, damit wäre es gut? Erledigt?" Er schüttelte den Kopf, wie ein Hund, der seinen Stress loswerden will.

Tom sah die Araberin vor sich, mit ihren schwarzen langen gelockten Haaren, den goldenen Ohrringen. Die Frau, die sich in Tschador oder Hidschab gleich dynamisch bewegen konnte wie in Jeans und Sneakers. Die Initiatorin hinter dem nuklearen Anschlag, den Tom verhindern konnte.

„Haben Sie etwa geglaubt, so eine Fanatikerin gibt auf? Weit gefehlt!" Omega schwieg einen Augenblick und sah Tom an. „Jetzt werden Sie sich fragen, was sie plant. Ich werde es Ihnen sagen. Es ist nichts für schwache Nerven, nicht geeignet für Personen, die klaustrophobische Ängste kennen. Aisha Siddika hat nichts Geringeres vor, als den Eurotunnel zu sprengen, dieses Jahrhundertbauwerk, das die britischen Inseln mit dem europäischen Kontinent verbindet. Dafür nimmt sie in Kauf, dass alle Menschen, die sich zu dem Zeitpunkt der Explosion im Tunnel befinden, draufgehen. Im Gegenteil, sie möchte sogar, dass dabei so viele Menschen wie möglich sterben. So viel dazu. Sind Sie schon einmal durch diese Röhre gereist? Man kann nicht selbst fahren. Die Autos werden in einen Zug verpackt und der transportiert sie hinüber. Leute, die unter Platzangst leiden, bemühen sich während der zwanzig Minuten, die die Durchfahrt dauert, möglichst nicht daran zu denken, wo sie sich befinden. Es wird alle erwischen, die sich zu diesem Zeitpunkt im Zug befinden."

Er pausierte wieder, wie es seine Art war, um seine Worte wirken zu lassen.

Tom war selbst in der Lage, sich das Schlimmste auszumalen. Menschen, die zu fliehen versuchten und nirgends hinkonnten. Weil auch die Fluchtwege zerstört waren. Die Hitze des Feuers würde die Menschen nicht nur rösten, nein, es würde nichts, nur ein Häufchen Asche von den Reisenden übrig bleiben. Er stellte sich die Panik vor. Wie sie hilflos umherliefen, verzweifelt nach dem Ausweg suchten, den es nicht gab. Dann würde das Wasser durch die Decke brechen und die Röhren fluten.

Toms Gehirn begann auf Hochtouren zu arbeiten. Diese Terroristin konnte nur siegen, wenn sie Angst verbreitete, und wenn sie ihr Ziel, diesen Anschlag durchzuführen, erreichte, würden noch mehr Menschen in Europa Angst haben. Das zu verhindern, war also seine Aufgabe. Dafür wollte Omega und seine Organisation ihn haben. Die Auswirkungen dieses Terroranschlags waren kaum abzusehen. Da Tom diese gefährliche Frau einmal entkommen war, fühlte er sich mitverantwortlich für die drohende Gefahr. Ihm war bewusst, dass Omega seine persönliche Struktur hier ausnutzte. Aber das war ihm egal. Er würde alles daransetzen, diese Person unschädlich zu machen, auch wenn er sich dafür mit dem Teufel verbünden musste. Diese Tatsache war wichtiger, als seine ganzen Fluchtpläne. In diesem Fall eben mit Omega. Der Zweck heiligt die Mittel, sagte Tom sich. Zumindest in diesem Fall. Es würde sonst viele Menschenleben kosten, und das musste er verhindern. Aber wann würde das Ganze stattfinden? Omega verfolgte zwei Strategien mit der Verhinderung des Anschlags, wie Tom wusste. Zum einen waren die Auswirkungen auf die Wirtschaft und damit auf seine Pläne mit Sicherheit verheerend und zum anderen konnte er damit beweisen, dass sich die *großen Sechs* für das Gute einsetzten, wenn sie dieses Verbrechen verhinderten. Aber solange sie warteten, es keine weiteren Informationen gab, wo sich Aisha Siddika aufhielt oder wann sie starten würde, welche Vorbereitungen sie traf, waren sie zur Tatenlosigkeit verdammt. Ein Zustand, den Tom hasste. Ohne konkretes Wissen konnte er das weitere Vorgehen zur Verhinderung der Katastrophe nicht planen. Also blieb ihm nur, weiter über Fluchtmöglichkeiten zu grübeln. Sinnlose Gedankenkonstrukte, die zumindest seinen Geist aktiv hielten. Er drehte sich im Kreis. Seine einzige Hoffnung war, dass er durch jede zusätzliche Information seine Ausgangsposition stärken würde. Für Tom war das nur ein winziger Trost. Der Anschlag, der auf Europa zukam, würde ein katastrophales Ausmaß annehmen, und um ihn zu verhindern, war es bestimmt sinnvoll, auszuharren, erst einmal abzuwarten und das Spiel mitzuspielen. Jede weitere Information, die Gatow *abhörte*, konnte sinnvoll sein. Tom zeigte Omega nicht, wie schockiert er war.

Einen Tag, nachdem Tom bei seinen Überlegungen die Schwäche Gatows eingefallen war, erschienen zwei zusätzliche Wächter, die sich in einem festgelegten Turnus mit Elmar und Renate abwechselten, sodass jetzt ständig zwei Aufpasser in seiner Nähe waren. Omega überließ wirklich nichts dem Zufall. Die neuen Bodyguards, Philipp Hartmann und Norbert Stamp, waren beide von durchschnittlicher Größe.

Stamp sprach kein Wort, wenn es nicht unbedingt nötig war. Er wirkte untersetzt, bullig. Seine Anzüge spannten, als wenn sie eine Nummer zu klein wären. Die Furchen in Hartmanns Gesicht ließen ihn älter wirken, als er vermutlich war. Er machte einen agilen, fitten Eindruck. War immer in Bewegung. Selbst wenn jetzt jemand zur Toilette ging, wurde für die wenigen Minuten ein Ersatz vom anderen Team geholt.

In den Gesprächen mit Gatow oder Omega wurde auf diese Änderungen nicht eingegangen. Es war auch nicht nötig. Gatow kannte ja bereits seine Meinung zu der neuen Situation. Warten war nicht Toms Sache. Er lief auf der Terrasse herum wie ein Tiger an den Stangen seines Käfigs entlang. Wohin mit seinen Kräften und seinem Drang zu Taten? Wenn er an diesen Punkt kam, würde er sich am liebsten die Haare ausreißen. Aber dann versuchte er sich zu entspannen. Er konnte im Moment eben nichts ändern. Dann nutzte er den Trainingsraum und genoss den Blick über das Meer. Sie würden ihm schon seinen Einsatz erklären, wenn es neue Fakten gab und die Zeit reif wäre. Dabei würden sich bestimmt Möglichkeiten ergeben.

Wenn ihm die hoffnungslose Grübelei über die Fluchtpläne zu viel wurde, wanderten seine Gedanken zu verschiedenen Frauen zurück, die sein Leben begleitet hatten. Wie ging es Jade, seiner Partnerin beim Verfassungsschutz, die ihm eine wirkliche Freundin war? Er hatte nie gedacht, dass es zwischen Mann und Frau so etwas wie Freundschaft geben könne, ohne dass die sexuelle Anziehung dazwischenfunken würde. Aber Jade hatte ihn eines Besseren belehrt. Dann war da Jen. Vor Jahren war ihre Beziehung gescheitert, da er sie mit ihrer besten

Freundin, Mary-Lou, hintergangen hatte, die später im Auftrag der *großen Sechs* umgebracht wurde, weil sie deren Plänen im Weg gestanden hatte. Jen hatte sich anschließend in seinen Freund Christian verliebt. Die beiden waren noch immer zusammen. Tom hatte das Verlangen nach Jen nie ganz verdrängen können. War es ein Fehler gewesen, sie aufzugeben? Vor ein paar Monaten hatten sie sich wieder getroffen. Sie war immer noch eine faszinierende Frau. Aber dann kam Gao Xia. Die chinesische Kämpferin, erst Gegnerin und Feindin, die dann mit derselben Macht, wie er sie vorher bekämpft hatte, zur großen Liebe geworden war. Zu seinem Bedauern war sie aus seinem Umfeld verbannt worden. Er würde sie vermutlich nie wiedersehen. Offenbar hatten gerade die Frauen für ihn eine besondere Anziehungskraft, die weit weg oder unmöglich zu erreichen waren.

***

Der Mann, der sich Tom gegenüber Omega nannte und zu einer der sechs Familien gehörte, die die Geschicke der Menschheit nach ihrem Gutdünken beeinflussten, unterhielt sich mit Gatow, dem Telepathen, über Toms Entwicklung.

„Es wird von Tag zu Tag schwieriger mit ihm", berichtete Gatow, „er beschäftigt sich mit immer neuen Ideen, wie er flüchten kann. Ich hoffe, dass ich bald Neues von dieser Terroristin höre, damit wir eine Beschäftigung für ihn haben."

Omega ging wie üblich dazu über, seinen Part der Diskussion ausschließlich im Kopf abspielen zu lassen. *Gut, dass du darauf achtest, deshalb haben wir ja bereits die Wachen verdoppelt. Wie sind die Chancen, dass wir ihn grundsätzlich mehr von*

unseren Ideen überzeugen können?
Das hatte sich in den Jahren zwischen ihnen so eingespielt. Omega fand es angenehm, nachdem er sich daran gewöhnt hatte. Da er nicht über Telepathie verfügte, musste Gatow seinen Part natürlich aussprechen. Omega bedauerte das, es wäre sonst noch bequemer gewesen.

„Eher ungünstig", sagte Gatow. „Wie lange sollen wir es noch versuchen?"
Omega atmete schwer. *Lass uns nicht zu schnell aufgeben. Der Junge hat Potenzial. Wenn wir ihn von unseren Zielen überzeugen und ohne Bedenken einsetzen können, wird uns das erhebliche Vorteile bringen.*

09

Seit Toms Entführung war kein Tag vergangen, an dem er nicht von ihnen in die Mangel genommen worden war. Das hieß nicht, dass sie irgendeine Form von Gewalt gegen ihn angewandt hätten. Sie hatten nur stetig versucht, ihn von ihren guten Absichten zu überzeugen. Mal direkt, mal unterschwellig manipulativ. Er wurde zu einer Konferenz geladen, so nannten sie die Gespräche, in denen sie ihn von ihrem Vorgehen, ihrem Denken überzeugen wollten. Dazu brachten sie Tom in einen Raum, in dem mehrere Personen an Rechnern arbeiteten. An einer Wand hingen mehrere Bildschirme in großen Formaten, auf denen in stetigem Fluss Informationen aus aller Welt aufeinander folgten. Omega erklärte ihm, was sich hinter den unterschiedlichen Nachrichten, die dort gezeigt wurden, an Strategien verbarg – einige davon hatten sie selbst eingefädelt – und welche Zielsetzungen dahintersteckten.

„Sehen Sie", begann Omega dann, „nehmen wir die

Pharmakonzerne. Wir brauchten nur so etwas wie Corona und den passenden Impfstoff, um in diesem Bereich die Kassen klingeln zu lassen. So einfach ist das. Damit haben wir Millionen Arbeitsplätze gesichert."

Es erschien Tom wie eine subtile Gehirnwäsche. Der Begriff Stockholm-Syndrom war ihm natürlich bekannt. Dahinter verbarg sich die Annahme, dass Geiseln nach einer gewissen Zeit begannen, sich mit den Unterdrückern und Wächtern zu identifizieren und mit ihren Ideen zu sympathisieren. Tom betrachtete es als Spiel. Er versuchte im Gegenzug dasselbe mit seinen Wächtern und mit Gatow, dem Telepathen, den er für das wertvollste Werkzeug hielt, das die *großen Sechs* hatten. Das Verhältnis zu Gatow war persönlicher geworden. Gatow hatte sich seinen Bart abrasiert. Er wirkte jetzt wie ein kleiner, alter, abgemagerter Mann. Immer wenn Tom ihn sah, drängte sich ihm unwillkürlich der Gedanke auf, ob er wohl krank sei. Gatow äußerte sich dazu nicht. Irgendwann erzählte er ihm, dass sein Vorname Michael sei, er schon von seinen Eltern Mischa genannt worden war. Tom dürfe ihn auch gerne so nennen. Er erzählte ihm, dass er als kleiner Junge sehr stolz auf diesen Namen gewesen sei, da es in seiner Kindheit einen Comic gegeben habe mit dem Titel *Mischa im Weltraum*. Damit habe er sich gut identifizieren können. Das war sein Held. Tom bemühte sich, dieser persönlichen Geste entgegenzukommen, aber es fiel ihm schwer, sich von Gatow auf Mischa umzustellen. Gatow lächelte dazu.

So nett sich alle ihm gegenüber auch verhielten, Tom vergaß nicht, für wen sie arbeiteten und dass sie auch vor Mord nicht zurückschrecken und ohne Widerspruch die Anordnungen Omegas ausführen würden. Bei allen Gesprächen mit Omega ging es immer nur um eines, ihm deutlich zu machen, dass sie nur Gutes beabsichtigten.

„Sie wollten wissen, was wir tun? Verstehen Sie es nicht? Wir haben es Ihnen schon erklärt ...", sagte Omega bei einer dieser Zusammenkünfte. „... die Welt retten, indem wir sie vereinigen. Einen äußeren Feind bekämpfen, den wir nur gemeinsam besiegen können."

„Sie meinen so etwas wie die vereinte Erde gegen die Invasion der Außerirdischen? So in etwa?"
Omega ignorierte Toms spöttischen Kommentar.

„Ja genau, Sie beginnen es zu verstehen. Sehen Sie, die Seuche ermöglicht einen Neuanfang, ohne die Verluste, die ein Krieg mit sich bringt. Alles wiederholt sich in Wellenform. Gleichzeitig beinhaltet diese Pandemie auch die Chance der Zusammenarbeit aller Nationen. Es wird noch etwas dauern, bis sich das Gleichgewicht der Mächte in der Welt wieder eingespielt hat. In dieser Zeit werden wir noch viel auf den Weg bringen. Nach und nach wird in der Bevölkerung die Toleranz für die einschränkenden Maßnahmen geringer. Alle werden den Tod ein paar alter Herrschaften eher in Kauf nehmen wollen, als weiter wie Gefangene gehalten zu werden."

Auf diesen Spruch Omegas antwortete Tom nicht.
Und das, dachte Tom, in dem Moment an Mischa gerichtet, *ist der Herr, dem du dienst, Mischa?*
Dabei begegneten sich Mischas und sein Blick.
Tom gab sich Mühe, die eigene Strategie zu verfolgen, indem er versuchte, Argumente zu finden, in der Hoffnung, damit bei Mischa ein Körnchen Zweifel setzen zu können. *Was wollen die überhaupt von mir? Mich gegen die Regierung aufwiegeln?*

„Glaubst du wirklich", fragte Mischa daraufhin,

„das ist alles richtig, was die Regierung da veranstaltet hat?"
Vermutlich nicht, aber wieso sollte ich euch mehr vertrauen? Ich weiß über euch bisher nur, dass ihr manipuliert und betrügt aus finanziellen Erwägungen heraus. Neuanfang, statt durch Krieg eben durch Seuche. Was soll das denn? Wie viele Menschenleben habt ihr auf dem Gewissen? Nehmen wir einmal nur die, von denen ich weiß. Da war zuerst Mary-Lou, dann der Bodyguard, der Chinese und das gesamte Personal des sicheren Hauses ...

„Du hast da eine Liste aufgestellt", sagte Mischa.

„Ja. Eure Opfer", die Vorstellung hatte Tom so wütend gemacht, dass er den Gedanken aussprach. Er nahm sich zusammen und formulierte den nächsten Satz wieder nur in seinem Kopf. *Die großen Sechs nehmen Mord als selbstverständliches Mittel zum Erreichen ihrer Ziele hin.*

„Aber das ist verkehrt. Wir hatten nichts mit dem Überfall auf das sichere Haus zu tun."

„Wieso sollte ich dir das glauben?", entfuhr es Tom.

„Weil ich es sage." Mischas Lächeln wirkte traurig. Nicht so selbstbewusst wie die Aussage.

Tom nahm sich zusammen. *Wann erfahre ich endlich mehr über die Planung Aisha Siddikas? Damit wir etwas gegen diese Bedrohung unternehmen können. Was soll meine Aufgabe dabei sein?* In einer hoffentlich tieferen Ebene seines Geistes rumorte ein anderer Gedanke. *Vielleicht gelang es ihm, Mischa abzuwerben, wenn Omega sich häufiger in die Karten schauen ließ und er Mischa klarmachen konnte, dass Omega nur an sich dachte?*

***

Omega stand neben Gatow auf der Terrasse. Beide stützten sich auf die Balustrade, deren Farbe abblätterte. Sie schauten in den Sonnenuntergang. Gatow genoss die Ruhe und die leichte Brise, während er Omegas Überlegungen nachspürte.
Wir haben Tom jetzt über sechs Wochen in der Mangel, wie sieht es denn mit Fortschritten aus?

„Alles braucht seine Zeit", sagte Gatow, war sich aber selbst nicht sicher, ob sie Erfolg mit ihrer Beeinflussung haben würden.

Wird unsere Strategie bei Tom jemals von Erfolg gekrönt sein? Ich glaube nicht mehr daran. Schicken wir ihn zurück, er wird schon etwas für die Sache tun, ohne dass wir ihn großartig umdrehen müssen.

„Ja, aber ...", gab Gatow zu bedenken, „für die Zukunft?"

Das können wir immer noch dann überlegen, wenn es so weit ist.

Sie tauschten sich noch eine Weile über dysfunktionale Anteile in Toms Persönlichkeit aus. Insbesondere sein Frauenproblem machte Omega Sorgen. Das war in seinen Augen ein Unsicherheitsfaktor. Ob er trotzdem geeignet war? Welche anderen Anreize sie finden konnten?

Jeder ist käuflich, es kommt nur auf die Summe an ...

„Oder das spezielle Bedürfnis", ergänzte Gatow den Gedanken.

10

Februar 2021

Edith Kremer war Frisörin. Sie hatte einen jungen Mann als Freund, Klaus, der aber nur an Sex mit ihr interessiert war. Er kam vorbei, wann es ihm gefiel. Manchmal blieb er wochenlang weg. Sie hatten zusammen einen Sohn, Daniel. Edith schaffte es gerade so eben, sich und den Jungen durchzubringen, weil sie einen Beruf hatte, in dem sie flexibel arbeiten konnte. Sie konnte ihre Arbeitszeiten so legen, dass sie immer dann arbeitete, wenn ihr Sohn im Kindergarten untergebracht war. Dann kam Corona dazwischen. Man verbot ihr zu arbeiten. Sie verstand das und hoffte, dass es bald wieder weiterging. Sie beschäftigte sich viel mit dem Jungen, der ihr Freude bereitete. Dann las sie ein Buch und ging einem weiteren Hobby nach, malte ein wenig. Wenn es das Wetter zuließ, fuhr sie mit Daniel Fahrrad. Sie schlief viel und träumte vom Urlaub am Meer, der auch

verboten war. Nun ging die Waschmaschine kaputt und das Geld wurde knapp. Klaus zeigte sich nicht, war nicht zu erreichen. Die Kita wurde wegen Corona immer wieder dichtgemacht. Langsam wurde Edith nervös. Dann bat sie ihre Nachbarin, die gleichzeitig ihre beste Freundin war, auf Daniel aufzupassen, und ging wieder arbeiten. Sie besuchte einen Teil ihrer Kunden zu Hause. So gelang es ihr, zu überleben. Auf die Dauer reichte das aber nicht aus. Also besorgte sie sich einen Schlüssel für den gemeinsamen Partykeller im Haus, der einen Eingang durch den Garten an der Rückseite hatte. Sie hängte dort einen Spiegel auf, stellte einen Gartenstuhl davor und informierte ihre Kunden.
Sie argumentierte so: Da saßen die ganzen Prominenten in irgendwelchen Talkshows im Fernsehen, ohne Masken, kein Abstand, frisch und wunderschön frisiert, und philosophierten über das Leben. Was sollte sie davon halten? Die zeigten ihr doch, das alles war nicht so gefährlich. Oder? Woher hatten die bei jedem Auftritt die gepflegten Frisuren? Wie konnte das sein? Die durften doch auch nicht zum Frisör! Frisierten die sich alle selbst? Das glaubte sie nicht. Auch fiel ihr auf, dass die bei den ganzen Sendungen im TV auch nie den angeblich dringend erforderlichen Abstand voneinander einhielten. Und Masken trugen die auch nicht. Da konnte etwas nicht stimmen. Und ehe sie verhungerte, arbeitete sie eben wieder. Hatte der Mensch nicht auch ein Recht auf Arbeit? Viele ihrer Kunden sahen das ebenfalls so. Sie hatte alle Hände voll zu tun. Die Termine wurden immer enger. Da sie zu Hause arbeitete, konnte Daniel bei ihr sein. Er war ein lieber Junge. Viele unterhielten sich gerne mit ihm, wenn sie auf dem Gartenstuhl saßen, den Umhang um, und ihre Haare in Form

gebracht bekamen.
An einem Freitagnachmittag hatte sie besonders viele Anmeldungen. Plötzlich wurde es laut. Mehrere Beamte in Uniform stürmten in den Partykeller. Im Garten hinter dem Haus und auf dem kleinen Weg bis zur Gartentür hatten vier Personen im vorgeschriebenen Sicherheitsabstand gewartet. Das war einem Nachbarn aufgefallen. Der hatte seiner Bürgerpflicht Genüge getan und die Obrigkeit informiert, die zum Schutz der Bürger eingeschritten war. Polizei und Ordnungsamt. Edith befürchtete, dass sie vor ihrem Sohn in Handschellen abgeführt werden würde. Nur weil sie gearbeitete hatte. Oder dass sie eine Geldstrafe erhielt. Man klärte sie auf, dass es sich um ein Bußgeld handele, keine Geldstrafe.

***

Februar 2021

Ernst W. Hammers hatte ein Kneipe, an der sein ganzes Herz hing. Das W stand für Wolfgang. Er war mit Leib und Seele Wirt. Seine Gäste kannten ihn nur als Wolli. Er war unverheiratet, lebte aber mit seiner Lebensgefährtin Sieglinde zusammen. Sie hatte zwei Jungs aus einer früheren Beziehung, Jan, acht Jahre, und Kevin, vier Jahre alt. Die Kneipe war der Mittelpunkt ihres Lebens und ernährte die Familie mehr schlecht als recht. Nach dem Schreck des ersten Lockdowns hatte er sich Geld geliehen und Sicherheitsmaßnahmen eingebaut: Plexiglasscheiben über der Theke an die Decke gehängt, die Hälfte der Stühle entfernt und vieles mehr. Dann kam der zweite Lockdown. Wolli pumpte sich weiter Geld von einigen Stammgästen. Die Brauerei kam ihm entgegen, sie verzichtete auf die Pacht. Da die Lebensgefährtin mit in der Gaststätte gearbeitet hatte, fielen die kompletten Einkünfte weg. Sie saßen in der leeren Kneipe und tranken. An ihrem freien Abend waren sie, wenn sie einen Babysitter gefunden hatten, ins Kino gegangen oder ganz selten auch ins Theater: Die einzige Abwechslung, die sie sich sonst gegönnt hatten, fiel nun auch aus, war verboten. Jetzt gingen sie viel spazieren. Auch mit den Kindern. Sie redeten viel. Was sollten sie tun? Sie trafen den einen oder anderen Stammgast unterwegs oder im Supermarkt.

Wovon sollten sie leben? Es ging ihnen nicht so gut wie all den Beamten, die ohne Antrag automatisch eine Zulage wegen der schwierigen Situation bekamen, oder den Menschen mit den sogenannten systemrelevanten Berufen. Sie hatten keinerlei Einkünfte mehr. Ein privater Freundeskreis oder sonstige Bekannte existierten nicht, da die Wirtschaft das Zentrum ihres Lebens gewesen war. Dann gab ihnen einer ihrer Stammgäste einen Tipp.

Also betrat Wolli an einem der nächsten Abende sein Lokal, ließ sämtliche Rollos unten, schaltete das Licht ein, ging hinaus und um den Laden herum. Kein einziger Lichtstrahl war zu sehen. Der Eingang war auch verrammelt. Gut. Er ging zum Hauseingang, durch den die anderen Mieter ins Haus gelangten, und betrat durch den Hausflur und die Küchentür wieder sein Geschäft. Dann hängte er sich ans Telefon und rief alle Stammgäste an, von denen er die Nummer hatte, und gab ihnen Bescheid. Es sprach sich weiter herum. Sie klopften an dem heruntergelassenen Rollo, das zur Küche gehörte, dort saß seine Frau und spielte mit den beiden Kindern. Sie ließ die Besucher dann durch den Hausflur herein. So nahm Wolli seinen Betrieb wieder auf. Er musste ja irgendwie überleben.

Nach einer Woche am Samstagabend hatte er das Haus voll. Alle waren daran gewöhnt, leise zu sprechen, die Musik lief auch nur als kaum wahrnehmbare Untermalung. Man kam sich vor wie in einer Flüsterkneipe in der Zeit der Prohibition. Die Sirenen hörte Wolli zuerst. Dann wurde gleichzeitig an der verschlossenen Eingangstür laut geklopft und am Ausgang hinter der Küche, der nur Hausbewohnern und Lieferanten zugänglich war, geschellt. Polizei und Ordnungsamt. Sie kamen gleich mit einer ganzen Mannschaft. Sie nahmen die Personalien der Gäste auf. Lautstark wurde die Gruppe über die Konsequenzen dieser Ordnungswidrigkeit aufgeklärt. Sie hätten alle mit Bußgeldern zu rechnen. Auf seine Frage, wovon er denn bitteschön leben, seine Familie ernähren solle, zuckten die Beamten mit den Achseln.

„Wir machen die Gesetze nicht. Wir sorgen nur dafür, dass sie eingehalten werden!"

11

März 2021

Jade hörte auf dem Weg zur Arbeit Nachrichten. Nach langen Diskussionen hatten sich die Politiker auf das weitere Vorgehen geeinigt. Wieder wurden die Grundrechte ausgehebelt. Erst gab es einen Lockdown light, dann verschärfte Regeln, dann Ausgangssperren. Es wurde härter. Einige Menschen kämpften gegen die Regeln, andere wurden erfinderisch, um die Einschränkungen legal zu umgehen. Sie hatte von einem Paar gehört, das mit seinem Wohnmobil nach Hessen fuhr. Dort durfte man nach Voranmeldung in der Halle Tennis spielen. Sie fuhren nach Frankfurt, blieben drei Tage, bekamen einen Türcode und spielten jeden Tag zur vereinbarten Zeit ein Match. In Deutschland durfte man vierundzwanzig Stunden an einer Stelle mit dem Wohnmobil stehen. Als Begründung galt, dass man diese Zeit benötigte, um die Fahrtüchtigkeit wieder herzustellen. Viele machten

sich am Wochenende zu einem Ausflug nach Luxemburg auf. In dem kleinen Ländchen hatten alle Geschäfte, die Gastronomie und die Frisöre auf. Die Atmosphäre sei sehr nett. Die Leute suchten und fanden die Lücken, die der Gesetzgeber gelassen hatte. Es wirkte wie eine Schattengesellschaft, die in Kellern und geheimen Treffen entstand.
Es gab aber noch weit schlimmere Auswirkungen:
Eine Frau, die mit drei Kindern in einer sechzig Quadratmeter großen Wohnung lebte, wurde von ihrem Mann, der im Homeoffice tätig war, so zusammengeschlagen, dass sie in ein Krankenhaus eingeliefert werden musste. Ihm seien einfach die Nerven durchgegangen.
Die harmlose Grillparty, an der drei Personen teilnahmen, wurde durch Einsatz einer achtköpfigen Polizeitruppe in voller Montur aufgelöst.
Jade fragte sich, wohin das führen sollte.

***

Sie betrat Babettes Büro, die mit sorgenvollem Gesicht in eine Zeitung schaute, die sie über ihrer Tastatur ausgebreitet hatte. Ihre Haare fielen ihr nicht wie sonst bei ihren Tätigkeiten ins Gesicht, sodass sie sie ständig zur Seite streichen musste. Sie hatte sie hinten zusammengebunden. Eine Frisur konnte man das nicht mehr nennen. Babette deutete auf einige Berichte und schimpfte darüber, dass die Menschen dafür bestraft wurden, wenn sie ihrer Arbeit nachgingen.

„Die Gastronomie und die Frisöre gehen in den Untergrund! Wo sind wir hingekommen? Tom hat immer … Oh, ich will keine Wunden aufreißen."

„Schon gut. Inzwischen kann ich seine Meinung zu

diesem Thema verstehen oder, sagen wir mal vorsichtig, eher nachvollziehen."

Jade goss sich eine Tasse Kaffee ein aus der frisch aufgebrühten Kanne, die Babette wie immer vorbereitet hatte, und setzte sich zu ihr auf einen Bürostuhl, der nicht mit Akten belegt war. Sie deutete auf eine weitere Überschrift.

„Da warnt ein weiterer Politiker vor der dritten Welle – ist wohl schon Propaganda für die Wahl, nehme ich an. Was soll das? Schluss mit dem Wahnsinn!"

Jade verstand das gut. Sie hörte Babettes Klagen weiter zu.

„Kleine Geschäftsleute sind doch inzwischen so gut wie pleite. Wer weiß, wer von denen noch wieder aufmacht! Wenn man durch die Straßen geht, sind viele Läden bereits ausgeräumt. Ist das alles wirklich gerechtfertigt? Die Leute halten sich doch sowieso nicht an die Maßnahmen. Ich habe von Fällen gehört, wo noch viel Schlimmeres passiert ist. Als der Unterhalt für die Kinder nicht mehr aufgebracht werden konnte, haben Mütter schon mehrfach versucht, ihr Kinder im Internet zu verkaufen. Die eigenen Kinder zum Missbrauch angeboten. Stell dir das mal vor!"

Jade sah Hilflosigkeit in Babettes Augen.

„Wenn Tom das mitbekommen würde und dazu das ganze Theater mit dem Impfen, der würde sich richtig aufregen", sagte Jade und schlürfte das heiße Getränk.

„Diese Auflösung der Strukturen hat etwas absolut Diktatorisches, beängstigend, vor allem bei unserer Vergangenheit. Das muss ich leider sagen, auch wenn ich in diesem Amt arbeite." Nach einem Moment des Nachdenkens schob Babette hinterher: „Oder gerade, weil ich hier arbeite."

Jade stellte ihren Becher auf eine freie Ecke des Schreibtischs. Das Bild, als sie Tom zum letzten Mal gesehen hatte, drängte sich ihr auf. Gegen die aufsteigende Sonne geblinzelt, hatte sie auf dem Dach Personen beobachtet, wie sie Tom in den Hubschrauber zogen. Ihr Magen hatte einen Satz gemacht. Ein Schaudern überkam sie bei der Erinnerung. Von Weitem war für sie nicht eindeutig zu erkennen gewesen, ob Tom freiwillig mitgegangen oder gestoßen worden war. Sie hatte ihren Zweifel niemandem gesagt. Jetzt erzählte sie Babette davon, die sich während ihres Berichts mit ernstem Gesicht zurücklehnte. Es tat gut, ihre Gedanken loszuwerden. Vielleicht sollte sie Babette auch gleich von ihren Alpträumen beichten? Aber sie entschied sich dagegen. Ihre Angst, dann aus dem aktiven Dienst genommen zu werden, war größer. Als Jade geendet hatte, sagte Babette einen Moment nichts, schaute Jade nur an, als wenn sie sich ihre Bedenken durch den Kopf gehen ließ. Jade wartete. Sie fühlte sich durch Babettes Reaktion ernst genommen und bei ihr aufgehoben. Babette erklärte ihr, dass es völlig egal sei, ob er gestoßen worden oder freiwillig mitgegangen sei. Sie nehme an, dass das Eindringen, die Unterwanderung Toms der Organisation der *großen Sechs* wie eine der klassischen Operationen sei, an denen sie früher oft beteiligt war.

„Er infiltriert die Organisation, um alles herauszufinden, was es über Omega gibt und wie die Verbindung der *großen Sechs* zu der Pandemie ist."
Sicher, dachte Jade, es machte Sinn, das Ganze so aussehen zu lassen. Sie wollte an Tom glauben.

„Da gibt es nur ein Problem: In diesem Fall geht das nicht, da alles von der Gegenseite durch diesen verdammten Telepathen sofort erkannt wird."

Beide schauten auf das Handy, durch das damals die einzige Verbindung zu den *großen Sechs* stattgefunden hatte. Es lag immer in Sichtweite auf Babettes Schreibtisch. Jade wusste, dass Babette täglich mindestens einmal darauf schaute und hoffte, dass es klingeln würde, dass Tom sich meldete, über diese Nummer, die nicht existierte und nicht zu verfolgen war.

„Hall hat angeordnet, dass ich die Glock behalten soll", sagte Jade. „Solange nicht klar ist, wie es weitergeht, stehen wir in ständiger Alarmbereitschaft." Wofür benötigte sie die Waffe? Jade sah keinen Grund dafür. Schließlich gab es außer Langeweile und Verdruss darüber, dass sie nicht vorankamen, keinen Einsatz für sie. „Haben wir heute etwas Neues? Was ist mit Hall?"

Babette faltete die Zeitung zu einem undefinierbaren Klumpen Papier zusammen und stopfte sie in den Abfallkorb. Sie stellte die Ellenbogen auf die Tischplatte und stützte ihren Kopf ab. Sie wirkte müde. Jade fielen die dunklen Ringe unter ihren Augen auf. Anders als sonst entsprach das heutige Aussehen tatsächlich ihrem Alter.

„Ich versuche, ihn so gut wie möglich zu vertreten", sagte Babette, „Ich weiß nicht, was ich mit ihm machen soll. So kann es nicht weitergehen."

„Er wird sich schon einkriegen."

12

Tom bekam durch die Auswertung sämtlicher zugänglicher Medien und die Analysen seiner Gastgeber mit, wie die Welt weiter mit der Pandemie umging. Er versuchte, gelassen zu bleiben bei den Streitereien um den Einsatz der Vakzine im Kampf gegen das Virus, der nicht zu gewinnen war. Tom und Mischa schlenderten nebeneinander an der Brüstung der Terrasse entlang, Mischa die Arme auf dem Rücken verschränkt und leicht vorgebeugt. Ein Bodyguard stand neben der Terrassentür. Die Küchenhilfe räumte den Frühstückstisch ab, an dem noch Renate Bartel saß und im Guardian blätterte.
Das erinnerte Tom an seinen Freund, den Journalisten Christian Hellenkamp. Auf Toms Fragen nach Möglichkeiten, sich einigermaßen objektive Nachrichten zu beschaffen, hatte Christian seinerzeit die Washington Post empfohlen und den Guardian, um einen Vergleich zu haben, wie in anderen Ländern über das eine oder andere Problem gedacht wurde. Ob

dort diese Themen überhaupt als Drama gesehen wurden.

Tom fand es unfassbar, wie die Regierung in Deutschland es nicht schaffte, die Impfung zu organisieren. Immense bürokratische Hürden. Die Unfähigkeit war nicht zu ertragen. Durch diesen ganzen Coronawahnsinn kamen die wahren Gesichter unserer Politiker ans Tageslicht, dachte Tom, sonst fiel es ja nicht so auf, wenn die Blödsinn machten, aber jetzt wurde alles wie unter einer Lupe beobachtet. Da erkannte man die wahren Idioten und falschen Entscheidungen. Er dachte, dass die uns wahrscheinlich schon seit zwanzig Jahren genauso betrogen, wir es nur nicht bemerkt haben. Da wurden Maßnahmen getroffen und keiner hielt sich daran, keiner nahm sie ernst, nahm überhaupt noch die Regierung ernst.

Mischa hatte seinen Gedankengang aufgefangen. Er lachte. Es klang in Toms Ohren gutmütig.

„Wenn jedes Mal, wenn das Wort *Impfen* irgendwo im Fernsehen, Radio oder anderen Medien auftaucht, einer geimpft würde, wären schon alle geimpft."

Der russische Impfstoff Sputnik? Nein, es ging nicht um das Wohl der Menschen, es ging darum, dass die westliche Pharmaindustrie mehr verdiente. Persönliche, materielle Interessen gingen vor das Allgemeinwohl der Bevölkerung. Bei den Verhandlungen um den Impfstoff waren die Politiker knauserig, daran konnten sie ja nichts verdienen. Aber zwei Milliarden für Masken rausschmeißen, Geld, dass sie ihren Freunden zuschoben, das konnten sie. Für die Summe hätten sie die doppelte Menge an Impfstoff kaufen können, die sie jetzt bekommen haben. Und dann schrieben sie sich ihre Sparsamkeit noch auf die Fahnen. Dadurch wurde deutlich, was in diesem Land nicht funktionierte. Nichts wurde so richtig zu Ende gedacht. Da setzten die sich in Europa hin und verhandelten im Impfgipfel neun Stunden. Sie verplemperten die Zeit damit, Prio-Listen zu erstellen und sich zu überlegen, nach welchen Regeln die Menschen bestraft werden sollten, die sich vordrängten. Bevor wir einen Falschen impfen, schmeißen wir die Impfdosen lieber weg. Es sollte doch eher heißen: Besser den Falschen als gar keinen geimpft! Oder? Wer geimpft ist, ist geimpft, einer weniger, um den wir uns Sorgen machen müssen, und fertig. Anstatt zu impfen, beschäftigte man sich mit einem solchen Kleinscheiß, das konnte doch nicht wahr sein!

Mischa schmunzelte. Sie blieben an der Balustrade stehen. Mischa stützte sich auf, Tom setzte sich auf die Brüstung und ließ die Beine darüber baumeln, in Richtung Meer und Afrika. Tom schaute zur Seite und betrachtete die vielen kleinen Fältchen in Mischas altem Gesicht und das warme Lächeln, das um seinen Mundwinkel spielte. Tom fühlte sich plötzlich wie ein kleiner Junge an der Seite dieses Mannes. Ein wenig, wie er es auch bei seinem Chef Dr. Lawrence Hall empfunden hatte. Ihm war klar, dass es damit zu tun hatte, dass er seinen Vater früh verloren hatte und deshalb anfällig dafür war. Er suchte eine Nähe, die er als Kind nicht gehabt hatte. Tom ermahnte sich: Das war und blieb der Feind!

Mischa schmunzelte jetzt und legte Tom seine Hand auf die Schulter.

„Ich bin nicht dein Feind, Tom."

Tom ließ die Berührung zu. Er spürte die Wärme, den angenehmen Druck, während Mischa weitersprach.

„Das Vorgehen der Behörden ist schnarchig, blöd und nach Schema F. Statt sich um Impfstoff und

Termine zu kümmern, beschäftigen sie sich mit Strafen. Klar, macht ja auch Sinn!"
Diesen zynische Unterton, auch das war etwas, das er mit Mischa gemein hatte. Dann war der Moment vorbei. So sind wir Männer eben, dachte Tom, und sie setzten ihre Unterhaltung in Gedanken fort. In den USA wurden täglich 3 Millionen, an jedem Wochenende 6 Millionen Menschen geimpft. So viel hatten sie insgesamt in Deutschland noch nicht geschafft.

„Sieh dir doch einmal das Vorgehen in den USA an", warf Mischa ein und erinnerte Tom damit an einen Clip, den sie gestern zusammen auf YouTube gesehen hatten, in dem sechs Impfreihen nebeneinander aufgebaut waren. In sechs Reihen fuhren die Autos durch. Gleichzeitig wurden Fahrer und Beifahrer geimpft und – zack! – fertig. Tom hätte am liebsten Beifall geklatscht. Da wurden nicht diktatorisch die Leute eingeengt, sondern es wurde sich bemüht, dass so viele wie möglich drankamen, bei jeder möglichen Gelegenheit. Wer auch immer gerade in die Nähe einer Nadel kam. Der neue Präsident versprach, alles für die Menschen zu tun, damit sie am Unabhängigkeitstag wieder frei feiern konnten, und wurde dafür bejubelt. Bei uns wurde mit Strenge und jeder Menge Bürokratie eingeengt. Was waren das für Leute, die uns regierten!
Mischa nickte zu Toms Überlegungen. Das Lächeln war aus seinem Gesicht verschwunden.

Dass das Impfen in den USA so klappt, das haben die dem Trump zu verdanken, egal was man von dem halten mag, stellte Tom fest. *Er hat rechtzeitig für ausreichend Impfstoff gesorgt. So schlecht war sein Vorgehen in diesem Fall nicht. Er hatte halt nur einen derben Ton am Leib. Damit hat er den ganzen*

Kritikern natürlich immer etwas geliefert.
„Im Nachhinein wird oft vieles anders interpretiert", sagte Mischa, „dann erkennt man die Zusammenhänge besser. Diese Dinge vorher zu wissen und zu inszenieren, das ist ja unsere Aufgabe."
Tom kam sich vor wie in einer anderen Welt. Diese Leute mussten sich wirklich für Gott halten, wie sie die Strömungen in den Medien beobachteten und durch ihre Kontakte weltweit zu ihren Gunsten und ihren Strategien passend manipulierten. Je länger Tom in dieser abgeschlossenen Isolationshaft verbrachte, umso mehr verstand er die Denk- und Vorgehensweisen dieser Leute und konnte sich emotional in ihre Lage versetzen. Die Details, über die er sich sonst Gedanken gemacht hatte, wurden weniger wichtig. Er bekam die kleinen Ereignisse, die die Menschen bewegten, weniger mit. Langsam verstand er, warum sie ihn gerne in ihr Team aufnehmen wollten. Ihre Denkweise kam seiner systemischen Betrachtung des Ganzen sehr entgegen. Auf diese Weise war er gegen die störenden Einflüsse der individuellen Probleme des Einzelnen geschützt und konnte das große Ganze leichter im Auge behalten. An diesem Punkt angelangt, wurde er stutzig. Begann er etwa, sich mit dieser Gruppe zu solidarisieren? Omega würde das bestimmt freuen, wenn Mischa ihm diesen Gedanken mitteilte.
Andererseits beobachtete und wartete er auf eine Gelegenheit, die sich bieten könnte, an ein Handy zu gelangen. Renate Bartel hatte ihr Handy meist in der hinteren rechten Hosentasche, der dynamische Elmar Scholl in seinem Hemd. Der Computernerd Kai Rentenberg legte seines immer neben die Tastatur. Aber es war, als wenn sie alle Gedanken lesen konnten, nicht nur Mischa. Sobald er in die Nähe

kam, waren mindestens zwei Personen in Sichtweite und achteten genau auf ihn.

***

Tom war wieder in seinem Zimmer eingeschlossen. Der Tag war ereignislos verlaufen. Omega und Gatow saßen am Abend zusammen und überlegten ihre weitere Vorgehensweise.

„Ich kann Tom gut verstehen. Die Untätigkeit ist auf die Dauer nicht auszuhalten. Hoffentlich empfängst du bald etwas von dieser Terroristin, damit es weitergeht", sagte Omega und ließ seine Gedanken weiterlaufen. *Wenn er mit uns eine gemeinsame Aufgabe hat ...*

„Ja ja, ich weiß, damit habe ich ihn auch bearbeitet."

... hat er etwas Konkretes, mit dem er etwas anfangen kann. Hoffen wir das Beste. Sobald du die kleinste Aktivität von ihr wahrnimmst, starten wir. Vielleicht reicht es wenigstens für ein vorübergehendes Arrangement? Das sollten wir hinbekommen.

„Ich gebe mein Möglichstes", sagte Gatow, „wenn wir ihn freier laufen lassen, wird das für mich noch mehr Arbeit." Tom nahm jetzt schon viel Zeit in Anspruch. Er musste sich ständig mit ihm beschäftigen. Auch wenn ihm der Junge ans Herz zu wachsen begann, war es mühevoll. Wie würde es erst dann, wenn Tom jede Gelegenheit nutzen und seinen Leuten den Standort verraten konnte?

Omega nickte verständnisvoll. *Vielleicht,* dachte er, *wird es auch besser, wenn er eine Aufgabe hat? Ist es nicht einen Versuch wert?*

Gatow überlegte, nickte zögerlich.

„Ich hoffe nur, dass ich keine Migräne bekomme.

Das würde dann sehr problematisch." Er verschwieg Omega, dass Tom seit Langem auf diese Gelegenheit wartete.

Sie diskutierten wieder Toms Schwachpunkte. Sie hatten sich bereits über Toms Probleme mit Frauen unterhalten. Omega kam nun darauf zurück. *Inwieweit beeinträchtigt das unsere Interessen, macht ihn das unberechenbar oder können wir das nutzen, um ihn zu steuern?*

„Mir kommt da eine Idee", sagte Gatow. „Ich denke da speziell an diese Chinesin, die bedeutet ihm eine Menge. Wenn wir unseren Einfluss spielen und sie hierher versetzen lassen? Wie wäre das? Vielleicht können wir ihn damit ködern?"

... er scheint für ziemlich viele Frauen etwas übrig zu haben ..., unterbrach ihn Omega.

Gatow lächelte und nickte. Er dachte an Omegas frühere Aussage, dass jeder käuflich sei, jeder seinen Preis habe.

Die Frauen sind ein Punkt, überlegte Omega, *der mich zweifeln lässt, ob er jemals ein zuverlässiger Mitarbeiter werden könnte. Ich befürchte, dass er mit den ganzen Damen, die er im Kopf hat, einfach nur abgelenkt ist, wenn es drauf ankommt.*

„Ich halte trotzdem viel von ihm."

Omega konzentrierte sich auf seine Antwort. *Was ist dein Vorschlag?*

„Wenn Tom sich für unsere Zwecke engagiert, sein erster Einsatz positiv verlaufen ist, könnte die Kleine sein Preis, seine Belohnung sein. In den stillen Momenten, in denen er bei sich ist, vermisst er sie und leidet darunter. Er geht davon aus, dass er sie nie wiedersehen wird."

Omega ließ in Gedanken die Optionen noch einmal Revue passieren und kommentierte sie mit einem

Nicht schlecht! Falls er nicht nach unseren Regeln spielt, können wir damit drohen, ihr etwas anzutun! Diese Optionen gefallen mir.

„Ich kenne ihre neue Identität und ihren Aufenthaltsort. Wir könnten sie hierher versetzen lassen."

Omega nickt. *Sie muss den Grund nicht kennen. Es kann wie ein zufälliges Zusammentreffen wirken.*

„Es gibt einen weiteren Grund, warum sie für uns interessant sein kann. Sie ist eine gute Kämpferin, sie langweilt sich in ihrem neuen Umfeld und wenn wir sie für uns gewinnen, könnte sie eine loyale Mitstreiterin werden."

Noch besser. Omega lachte. *Wenn ich deine Informationen über sie habe, werde ich ein paar Strippen ziehen. Er wird sich wundern, sie hier in Gibraltar zu sehen.*

„Noch etwas", sagte Gatow, „wir müssen auf die Amerikaner achten. Ich habe diesen Scheller überwacht. Er kommt uns langsam zu nah."

„Der von der CIA?"

Gatow nickte.

„Wenn es ihm gelingt, eine Abschirmung zu beschaffen, haben wir keine Möglichkeit der Kontrolle mehr über ihn. Das kann gefährlich werden."

Omega ließ seinen Gedanken freien Lauf. *Wenn er uns wirklich zu nahe kommen sollte, lasse ich mir etwas einfallen. Wir haben schließlich auch einflussreiche Kontakte bei der CIA.*

13

Laura hatte Jade zu einer Immobilienbesichtigung überredet. Verabredet war, dass Jade Laura bei ihr zu Hause am Moltkeplatz in Essen abholte. Jade hatte bisher keine Ahnung, um welches Objekt es ging. Kaum war sie zur Tür herein, begann Laura sie mit Informationen über Immobilienpreise, Makler, wie man den Preis drücken könne und so weiter zu überfluten, von denen Jade keine Ahnung hatte. Laura trug ein Bikini-Top und ein kurzes weites Höschen aus einem feinen Stoff, durch den bei jeder Bewegung die Vibrationen des verhüllten Körperteils zu beobachten waren. Laura lief, während sie erzählte, die ganze Zeit mit nackten Füßen herum. Sie band dabei die Haare im Nacken zusammen. Ihre goldenen Ohrringe klimperten bei jeder Bewegung. Das wirkte ganz und gar nicht so, als wenn Laura auf einen Auswärtstermin vorbereitet war. Sie sah Jade derart an, sodass es ihr am ganzen Körper kribbelte.

„Ich habe ein fantastisches Objekt für dich gefunden", sagte Laura, „wir müssen zur Besichtigung nach Bochum."
Jade bemühte sich, ihre Stimme normal klingen zu lassen.
„Willst du so gehen?"
Laura lachte, ging ins Schlafzimmer und stieg aus dem Höschen.
„Natürlich nicht. Ich zieh mich nur schnell um."
Sie schlüpfte aus dem schwarzen Slip und sah durch die offene Tür zu Jade. Als sie mitbekam, wie Jade sie beobachtete, formte sie mit ihren Lippen einen Kuss.
„Wie kommt ihr im Amt voran?"
Sie griff in eine Schublade und streifte Slip und Strumpfhose über, hakte den BH zu und rückte alles zurecht, bevor sie die Bluse zuknöpfte.
„Ach, frag nicht. Seit Tom verschwunden ist …"
„Gibt es denn keine Möglichkeit …"
„Wir haben wirklich alles Erdenkliche versucht."
Jade ging in Gedanken durch, wie sie selbst noch einmal in Düsseldorf am Flugplatz gefahren war, vor Ort jeden Stein umgedreht, jeden, der nur in der Nähe war, persönlich verhört hatte, die Besatzung des Hubschraubers, die Inhaber der Firma, der er gehörte. Pilot, Crew und jeden, der nur irgendetwas gesehen haben konnte. Sie hatten nicht den geringsten Hinweis gefunden. „Du weißt, ich darf dir keine Interna anvertrauen. Als Mitarbeiterin des BfV muss ich darauf achten, dass ich mein Privatleben strikt von der Arbeit trenne. Ich habe dir sowieso schon viel zu viel erzählt. Das ist auch für dich nicht ungefährlich. Du könntest dadurch als Mitwisserin möglicherweise auch einmal für eine feindliche Macht ein Ziel werden."
Laura winkte ab, als wenn sie eine lästige Fliege

vertreiben wollte und stellte sich auf die Zehenspitzen, ein Bein angewinkelt in Positur, einen Arm in die Taille, den anderen zur Decke gestreckt.

„Und? Wie sehe ich aus?"

„Perfekt – bis auf die Füße."

Laura verschwand im Schlafzimmer. Jade hörte sie hinter der Tür in einem Schrank kramen. Dann erschien sie wieder und führte nacheinander zwei Paar Schuhe vor, stolzierte vor dem bis auf den Boden reichenden Wandspiegel hin und her.

„Was meinst du? Die oder die?"

Sie wechselte noch einmal zu dem ersten Paar. Während sie ihre Wirkung im Spiegel begutachtete, erklärte sie weiter.

„Der Projektentwickler – ich kenne ihn aus einem Unternehmernetzwerk – hat ein wunderschönes Objekt ganz billig geschossen."

Als sie am Kemnader Stausee ankamen, verliebte Jade sich sofort in das wunderhübsche alte Haus aus Natursteinen.

„Das ist süß, aber mit Ausflugslokal? Du hast nicht gesagt, dass da eine Kneipe drin ist."

„Der letzte Betreiber, dem auch Grund und Boden gehörten, hat aufgrund der Pandemie endgültig schließen müssen. Die haben ihm ein Angebot gemacht, das er nicht ablehnen konnte."

Laura lachte über ihren Witz. „Der ist endgültig pleite, da wird nie mehr Gastronomie hineinkommen. Das Rustikale wird erhalten, nur modernisiert und in mehrere Eigentumswohnungen aufgeteilt. Ich habe die beste für dich reservieren lassen."

Jade dachte an den Wirt, der seiner Existenz beraubt worden war.

„Der Inhaber war wohl sowieso schon verschuldet.

Corona hat ihm den Rest gegeben", sagte Laura.
Es durchzuckte Jade: War das nicht herzlos? Der arme Mann hatte seine Existenz verloren und sie profitierten jetzt davon.

Die Immobilienmaklerin erschien zehn Minuten später, überfiel sie mit einem Redeschwall und entschuldigte sich mit dem Üblichen: Baustellen und Stau. Sie war schlank, wirkte im ersten Moment jünger als sie wohl war, lächelte sie von Weitem an, bevor sie ihre Maske aufsetzte, und hatte sofort den Schlüssel parat. Bei der Besichtigung bemühte sie sich, sich nicht schmutzig zu machen, und manövrierte gekonnt um dreckige Bereiche herum. Dabei verlor sie nicht ihre Grazie, schien es gewohnt zu sein, auf Baustellen herumzustöckeln. Weißer Blazer, graue Bluse, beigefarbener Rock, die blonden Haare zu einer perfekt sitzenden Hochfrisur verarbeitet. Jade wünschte sich, dass sie das auch einmal so perfekt hinbekommen würde. Bei ihr hielt das nie wie geplant. In einem Arm hielt Frau Breuer eine rote Mappe mit Unterlagen. Laura nannte sie „Sabrina", aber sprach sie mit „Sie" an. Sabrina Breuers professionelles Lächeln ging hinter der blauen OP-Maske verloren. Es war nur noch zu vermuten. Eine kurze Absprache über das Tragen der Masken, sie ließ es den beiden Kundinnen frei, wie sie es handhaben wollten, aber bestand darauf, dass sie dabei blieb. Sie habe sich aus beruflichen Gründen dazu verpflichtet.

„Die ist aber gekünstelt", flüsterte Jade Laura zu, als die Maklerin vorauseilte. „Woher kennst du die? Sie wirkt auf mich, als wenn sie auch …?"

„Habe ich mir noch nie Gedanken drüber gemacht", sagte Laura.

„So wie sie dich ansieht, hat sie ein Auge auf dich geworfen."

„Ach was. Bist du etwa eifersüchtig?"

„Ich? Nein!" Das klang in ihren eigenen Ohren ein wenig übertrieben betont. Ja, sie war eifersüchtig, das musste Laura ja nicht bemerken.

Sie betraten den alten Schankraum, es roch nach abgestandenem Bier. Sabrina Breuer erklärte das Objekt. Es sollten sechs Wohnungen werden, jede Einheit mit Sicht auf den See, jede mit eigenem Zugang. Das Haus war bis zur halben Höhe und um die Fenster herum aus alten Bruchsteinen errichtet. Es wirkte aktuell auf Jade reichlich marode. Auf den Plänen sah es aber schick aus. Dort waren alte und moderne Bauabschnitte harmonisch aufeinander abgestimmt.

„Stil und Charakter der alten Bausubstanz sollen erhalten bleiben", führte Sabrina Breuer aus. „Ganz ehrlich? Ich spiele selbst mit dem Gedanken, mir eine dieser Wohnungen reservieren zu lassen. Schauen Sie, von hier haben Sie einen fantastischen Blick auf den See und durch die Hanglage sind Sie etwas weiter von dem Fahrradweg direkt am Ufer entfernt, sodass Sie auch am Wochenende, wenn viele Besucher kommen, davon nicht gestört werden."

Jade vermutete, dass sie wohl sehr kritisch ausgesehen haben musste, weil Laura ihr zur Seite trat.

„Du kannst denen vertrauen. Wenn die etwas planen, dann wird es gut. Die haben einen Namen zu verlieren."

Als sie anschließend wieder vor dem Objekt standen, deutete Sabrina mit einer Geste über einen Bereich, in dem mit einem kleinen Natursteinmäuerchen ein größeres Areal eingefasst war, in dem einige Tische, Stühle und zusammengebundene, ausgeblichene

Sonnenschirme standen oder achtlos auf dem Boden lagen.

„Auf den ehemaligen Biergarten setzen wir ein größeres Objekt als Neubau. Da entstehen weitere zwölf Wohnungen."

Aha, das war der Haken an dem Objekt, dachte Jade.

„... Keine Sorge, es bleibt auch nur zweigeschossig, wird mit Flachdach errichtet nach den neuesten architektonischen, ökologischen Erkenntnissen, Sie verstehen, Umwelt und so ...", fuhr die Maklerin fort, „... sozusagen Null-Energie-Häuser. Flachdächer bepflanzt ... Bis auf eine Wohnung sind alle bereits verkauft."

Sie breitete auch diese Pläne auf ihrem Arm aus, sodass sie sich das ansehen konnten.

„Abstand ist genug, dazwischen werden noch Bäume gepflanzt, und die alten dort werden auf jeden Fall erhalten. Die modernen Wohneinheiten sind natürlich größer, allerdings auch doppelt so teuer wie die in dem alten Gebäude."

Aber Jade hatte sich schon in das Natursteinhaus verliebt. Wenn die Pflanzen, Efeu und Wisteria nur im Ansatz so erhalten blieben, dann würde sie sich darin bestimmt wohlfühlen. Es wirkte wie in einem Märchen. Von der Studentenbude in eine Eigentumswohnung mit Seeblick. Warum nicht? Laura hatte ihr vorgerechnet, dass die Finanzierung mit ihrem Gesparten als Anzahlung und ihrem Beamtengehalt kein Problem darstellen würde und die Belastung nicht so hoch wäre, dass sie sich in ihrem Lebensstil einschränken müsste.

Ein wenig unsicher war Jade schon noch. So etwas lernte man ja nicht in der Ausbildung wie andere Dinge, mit denen sie beruflich häufiger zu tun hatte. Schusswaffengebrauch und Faustkämpfe mit einem

Feind waren für sie weniger furchteinflößend als solch eine für sie undurchschaubare Transaktion. Sie würde sich dabei ganz auf Laura verlassen müssen.

Als die Maklerin sie mit ihrem auberginefarbenen Fiat 500 wieder verlassen hatte, standen Jade und Laura noch vor dem Haus und sahen zum See hinunter.

„Und ist das etwas für dich?"

„Ist schon schön", sagte Jade, „ich überlege es mir."

Ihr kam eine Idee.

„Sag mal Laura, so ein Konzern wie eurer, der hat doch bestimmt auch Immobilienbesitz und Autos auf die Firma zugelassen, so wie den Tesla, den du mir geliehen hast?"

„Natürlich. Wieso fragst du?"

Plötzlich hatte sie es eilig, ging zur Seite und telefonierte. Wieso waren sie da nicht vorher draufgekommen? Wie hieß gleich das Konsortium, hinter denen vermutlich diese Organisation steckte, der sie den Namen die *großen Sechs* verpasst hatten? DUBESOR. Genau. Die würden sich doch nicht immer nur in gemieteten Objekten kurzfristig aufhalten, sondern auch so etwas wie einen oder mehrere feste Standorte besitzen. Gemietet oder Eigentum. Davon sollte man doch ausgehen. Hielten sie Tom an einem dieser Orte gefangen? Bei Autos war das schon festgestellt worden. Das hatte sie damals nicht weitergebracht, weil das betroffene Kfz auf eine Briefkastenfirma zugelassen war. Aber Immobilien waren keine Autos, die waren exakt zu verorten. Vielleicht war das eine Möglichkeit? Selbst wenn nicht feststellbar war, wer sich als Person oder Personen hinter einem Firmenkonsortium verbarg, unbewegliches Gut hatte einen festgelegten Standort. War also zu finden.

14

Gegen halb eins kehrte Jen nach Hause zurück, nachdem sie an dem sonnigen Vormittag über die Rü gebummelt und bei Plus und Rewe für das Mittagessen eingekauft hatte. Die Tüten hatte sie die ganze Girardetstraße hinuntergeschleppt. Die Supermärkte waren *systemrelevant* und hatten geöffnet. Nur das Wort nicht aussprechen, sonst würde Christian wieder einen Vortrag über das Sterben der Gastronomie halten und wie wichtig die für das soziale Gefüge sei. Sie hatte auch ihren Arzt aufgesucht. Als sie Christian am Küchentisch vorfand, tiefe Ringe unter den Augen, immer noch in Unterhose und T-Shirt, beschloss sie, erst einmal für sich zu behalten, was sie erfahren hatte. Das musste sie erst selbst verarbeiten. Er sagte keinen Ton, starrte auf sein Notebook und verfolgte eine Talkshow mit leisem Ton. Roch sie richtig? Hatte er sich schon wieder etwas in den Frühstückskaffee gegossen? Er war ihr nicht zur Tür entgegengekommen, um zu helfen, als sie sich mit Schlüssel und den schweren Einkaufstüten abplagte. Er half auch nicht beim Auspacken und Einsortieren der Lebensmittel. Stattdessen zeigte Christian auf ein zusammengefaltetes Blatt der WAZ.

„Täglich präsentieren die hier Corona-Zahlen. Kriegen wir jetzt auch täglich die Grippemeldungen? Oder die Meldungen über MRSA-Ansteckungen? Die zählen schließlich mehr Tote im Jahr, ich glaube, allein in Deutschland bis zu 30.000 jedes Jahr."

Jen beschloss, nicht zu reagieren, und räumte die Fischfilets in das Tiefkühlfach.

Christian ließ sich nicht stören und fuhr mit seinem Sermon fort.

„Zu den Masken sagt ein führender Biologe, dass sie eigentlich nutzlos seien. Die Partikelgröße und Filtergröße stehen in keinem Verhältnis. Es sei wie der Versuch, durch einen Maschendraht ein Reiskorn abhalten zu wollen. Sie sollen nur den Menschen ein vermeintliches Gefühl von Sicherheit vermitteln, etwa wie ein Placebo. Außerdem macht Maske tragen krank. Nach kurzer Zeit nimmt die Sättigung von Sauerstoff im Blut erheblich ab. Ich habe das gegoogelt."

Jen ging sein ständiges Quengeln auf die Nerven. Sie wollte keinen Streit anfangen, aber sie wollte das auch nicht so stehen lassen.

„Der Umgang mit Corona wird immer mehr zur Weltanschauung. Ständig wird in Gesprächen abgewogen, die einen sehen das so, die anderen so. Lass es doch einfach stehen. Du kannst es doch nicht ändern!"

Als sie das gesagt hatte, war ihr sofort klar, dass sie einen Fehler begangen hatte. Jetzt würde er erst richtig loslegen. Vermutlich würde er es auch wieder als Grund zum Trinken nutzen.

„Diese weltweite Krise ist doch nur von den Medien selbstgemacht. Pandemie, dass ich nicht lache."

„Wie kannst du so ignorant sein? Die Leute haben Angst, verstehst du das nicht?"

Mit ihm war nicht zu reden. Jen hatte das Gefühl, ihn gar nicht zu erreichen.

„Angst? Wovor? Wenn du dir die Zahlen ansiehst, ist nichts, aber auch gar nichts von den Einschränkungen gerechtfertigt. Der ganze Aufwand, für … wie viel sind es, 0,02 % der Weltbevölkerung? Die spanische Grippe, eben eine wirkliche, echte, richtige Pandemie, hat 30 % der Weltbevölkerung dahingerafft. Mit dem, was die sich heute geleistet haben, ist wahrscheinlich 30 % der Bevölkerung mehr Schaden zugefügt worden durch die Maßnahmen gegen das Virus, als dadurch gerettet wurden."

„Du bist ja verrückt. So kannst du das doch nicht sehen."

„Siehst du, das sage ich doch. Sobald man eine andere Meinung vertritt, ist man blöd, rechtsradikal oder Verschwörungstheoretiker."

Jen schüttelte den Kopf.

„Die Politiker nutzen das Ganze nur, um mit der erzeugten Angst ihre Interessen durchzusetzen", redete Christian weiter. „Kneipen werden geschlossen, aber öffentliche Verkehrsmittel dürfen fahren. Wo ist denn da der Unterschied? In Bussen und Straßenbahnen ist es bestimmt enger als in Kneipen. Also auch gegen alle Sicherheitsregeln. Jetzt prüft die Regierung, ob sie uns auch noch das Reisen verbieten kann."

„Die dritte Welle der Pandemie fordert weltweit Opfer. Und du regst dich darüber auf, dass der

Lockdown das Leben in Deutschland einschränkt?"
„Wie klein ist die Prozentzahl der Todesfälle auf die Angesteckten? Die sind wie bei Grippe auch gar nicht das Problem. Die meisten Verläufe sind harmlos. Wichtig ist doch nur die Zahl der Todesfälle. Was soll dann die tägliche Dramatisierung der Ansteckungsraten? Die real schweren Verläufe sind verschwindend gering. Dafür können wir doch nicht die ganze Welt deinstallieren. Wie wäre es denn, nur die betroffene Gruppe, die älteren Leutchen, zu schützen? Bei denen sind immerhin 82 % betroffen. Die eigentlichen Ansteckungsraten sind nicht das Problem, nur die schweren Verläufe sind es. Da wird irgendein Wert aus der Luft gegriffen, Inzidenzwert, an dem man absolut nichts ablesen kann. Die sollen uns doch einfach sagen, wie viel Prozent tatsächlich einen sogenannten schweren Verlauf haben, oder? Wie viel wirklich sterben. 0,0-irgendwas Prozent? Und dafür schaden die allen anderen? Das kann doch nicht wahr sein. Ist es gerechtfertigt, die ganze Welt runterzufahren? Bei 0,0 ... Betroffenen? Steht das in Relation? Infektion ist eben nicht Todesurteil."
Christian stand auf, holte sich einen neuen Kaffee aus der Maschine und goss einen ordentlichen Schluck Cognac dazu. Jen hatte es geahnt, aber die Flasche, die griffbereit auf dem Küchenschrank hinter einem Stapel Bücher und Zeitschriften versteckt stand, nicht gesehen. Sonst hätte sie sie bereits in Sicherheit gebracht und versteckt. Christian schlürfte aus der übervollen Tasse.
„Dann ist der Kaffee gleich nicht so heiß und viel leckerer. Anders ist das alles nicht zu ertragen. Also, wo war ich? Jeder kann doch selbst für sich sorgen, vorsichtig sein. Wir brauchen so etwas nicht von außen aufgezwungen. Da fehlt jede

Verhältnismäßigkeit. Das Vorgehen der Politiker ist beeinflusst von Lobbyismus und politischem Kalkül. Es wird nicht nach Vernunft vorgegangen."
Wohltuend, wenn er eine Pause in seinem Vortrag einlegte. Aber Jen hatte nicht lange Ruhe.

„Da regt sich ganz Europa über menschenrechtsverletzende Regierungen in einigen Mitgliedstaaten auf und dafür haben sie extra eine Klausel im Finanzhaushalt, um Zahlungen an diese Staaten zu kürzen, wenn Menschenrechte nicht eingehalten werden. Was tun sie selbst? Sie setzen sich über jede rechtliche Voraussetzung hinweg. Was geschieht dann hier? Wichtige Proteste gegen die Einschränkung der Demokratie werden diktatorisch unterdrückt, diskriminiert und kriminalisiert. Was ist das anderes als eine Einschränkung der Menschenrechte? Was machen die denn anderes mit den Eingriffen in das Grundgesetz? Nachdem das Infektionsschutzgesetz durchgeprügelt wurde und die Möglichkeit bestand, auch eine nächtliche Ausgangssperre zu verhängen. Was kam dann? Ja genau, dann wurde im Geheimen darüber wild diskutiert, dass wir das unbedingt noch ausprobieren müssten, um zu überprüfen, ob es so funktioniert, wie das gedacht war. Rigoros aufdiktiert!"
Sie konzentrierte sich auf das Mittagessen, hörte nicht mehr zu. Aus Erfahrung wusste sie, dass es keinen Sinn machte, ihm zu widersprechen. Das hielt ihn nicht davon ab, seinen Gedankengang weiter zu verdeutlichen.

„Das ist Unterdrückung, reine Willkür", er riss beide Arme hoch, um seine Argumente zu unterstreichen. Speichel hatte sich in seinem Mund gesammelt und bei jedem Wort verteilte er Tröpfchen davon über den Tisch, so sehr ereiferte er sich, „mit dem Gesetz haben sie die politisch korrekte Legitimation zur Machtausübung geschaffen. Kannst du bei Bazon Brock nachlesen. Machtausübung durch Zensur ist getarnte Tyrannei, Diktatur. Das ist eine totalitäre Gesellschaft, die die hier schaffen. Und die Leute nehmen diese diktatorischen Einschränkungen einfach so hin. Wehren sich nicht. Kaum so etwas wie ziviler Ungehorsam. Und wer das wagt, wird sofort diskriminiert."

Es waren nur noch Wortfetzen, Worthülsen, die zu ihr durchdrangen. „… das ist dann ein autokratisches System … Unterwerfung ist antidemokratisch …"

Was sollte sie nur tun? So konnte es mit ihm nicht weitergehen. Hätte sie sich doch auf Tom einlassen sollen? Christian stand zu ihr, aber dafür musste sie seine Sauferei ertragen und die Spinnereien. Und Tom? Wäre er wieder weggelaufen? Könnte er die Verantwortung für eine Familie übernehmen?

Christians Sätze wurden langsamer, bei manchen Worten bereitete ihm die korrekte Aussprache Schwierigkeiten.

„Lange Zeit haben Virologen ihr Dasein nur im Untergrund gefristet, haben sich in dunklen Höhlen in Indien auf die Suche gemacht, in dem Kot der Fledermäuse nach neuen unbekannten Viren zu forschen. Das hat sich nun geändert. Jetzt stehen sie im Licht der Öffentlichkeit und haben etwas zu sagen. Diese narzisstische Auftrittsfläche lassen die sich nicht mehr nehmen. Davon kannst du ausgehen. Konsens ist einfach und für alle leicht herstellbar, wenn immer dasselbe wiederholt wird. Und es immer nur eine Stelle gibt, die das Sagen hat: RKI und Charité." Er überlegte, kratzte sich zwischen den Beinen. „Wie aus der Nummer wieder rauskommen?"

Was brachte ihn nur zu diesen Vorstellungen? War er

jetzt noch neidisch darauf, dass andere Aufmerksamkeit bekamen? Jen ging zuerst immer davon aus, dass die Leute es gut meinten. Sie wusste auch, was schon Warhol gesagt hatte, jeder bekäme seine fünfzehn Minuten Ruhm. Aber ihr war auch klar, dass der vergänglich war.

„Du hattest doch auch deine Schlagzeile bekommen und warst für kurze Zeit zum bewunderten Starreporter avanciert."

„Was habe ich denn von der besten Schlagzeile des Jahres? *Vergessener Atomsprengkopf sichergestellt!* Die ich ja nur Tom zu verdanken hatte", er stand auf, schwankte auf Jen zu und schlug ihr auf die Schulter. „*Guter Artikel*, haben sie da gesagt. Den haben sie gebracht, aber die Wahrheit über Corona verhindern sie mit allen Mitteln."
Jen stieß ihn zurück, er stolperte, wäre fast gefallen. Erstaunter Gesichtsausdruck, als wenn er sagen wollte, wie sie ihm so etwas antun konnte.

„Hör zu, ich mache das nicht mehr mit, wir haben noch nicht Mittag und du bist schon wieder voll."

„Aber …"

„Kein Aber."

„Ich trinke nicht mehr als andere auch."
Sein Redefluss geriet ins Stocken. Sein Blick glitt über die Wände, die vergilbten Ecken, die Tapete, die sich an einigen Stellen gelöst hatte. Sein starrer Blick, ein todsicheres Zeichen für Jen, dass er in Gedanken abdriftete.

„Vielleicht sollte ich die Küche renovieren? Was hältst du davon, wenn ich das Haus auch außen selbst streiche? Ich kenne da jemanden, von dem ich das Gerüst …"
Ihr Blick ließ ihn verstummen.

"Das ist jetzt nicht dein Ernst!"
Sie zählte ihm auf, was er alles angefangen und nicht zu Ende geführt hatte.
Christian setzte sich wieder, beide Arme auf den Küchentisch, schob Notebook, Zeitungsberge, Kaffeetasse weit von sich und legte den Kopf auf seine Arme. Er wirkte jetzt wie ein hilfloses kleines Kind, dem man sein Spielzeug weggenommen hatte. Jetzt würde er gleich wieder zu heulen anfangen, vermutete Jen.

"Silvesterparty, zusammensitzen haben sie uns verboten, geknallt werden durfte nicht …"

"Kann nur besser werden", versuchte sie ihn aufzumuntern. "Keine scheiß Partys mehr, keine Club-Besuche, von denen du besoffen zurückkommst." Dafür trank er jetzt zu Hause. Sie musste versuchen, ihn zu einer Therapie zu überreden. Vielleicht ging es ja doch mit Tom. Sie würde mit ihm sprechen, wenn er wieder auftauchte.

Jen nahm sich vor, allen Alkohol in der Wohnung wegzuschütten, sobald er eingeschlafen war. Aber warum warten. Sie stand auf, griff nach der halbleeren Cognacflasche und löste den Verschluss. Christian, durch die Bewegung aus dem Konzept gebracht, sah auf und lächelte. Sie vermutete, dass er davon ausging, sie würde ihm etwas nachschenken. Sie ging zur Spüle und entleerte die braune Flüssigkeit in den Abfluss. Christian beobachtete mit geweiteten Augen den Vorgang, wagte aber nicht, darauf einzugehen. Als das Plätschern und Gurgeln aus dem Abfluss verstummt war, setzte er stattdessen seine Rede fort.

"Meine Worte", lallte Christian, "merk sie dir gut. Im Nachhinein wird die Geschichte sagen: Eine angebliche Pandemie führte zur Versklavung der Menschheit und Schuld daran haben meine

Berufskollegen."

***

Sobald sich am anderen Morgen im Büro die Gelegenheit ergab, fragte Jade nach dem Immobilienbesitz des DUBESOR Konzerns. Sie hatte am Vortag, direkt nachdem sie die Eingebung gehabt hatte, Babette informiert. Bei ihr liefen jetzt alle Fäden zusammen, seit Hall unpässlich war. *Unpässlich*, was für ein Wort fiel ihr da nur ein? Aber irgendwie kam es ihr passend vor.

„Es ist tatsächlich so", sagte Babette, „es gibt eine ganze Reihe an Immobilien, die man diesem Konzern zuordnen kann. Freddie und Jean-Baptiste haben direkt, nachdem wir die Verbindung damals gefunden hatten, bei der Überprüfung auch das Immobilienkapital berücksichtigt. Allerdings hat das keine Hinweise auf die sechs Familien gebracht. Deshalb sind die wieder ad acta gelegt worden. Ich habe nach deinem Anruf Jean-Babtiste darauf erneut angesetzt. Also, du glaubst, dass wir da einen Hinweis finden können, wo Tom festgehalten wird?"

„Ist einen Versuch wert."

Eine halbe Stunde später sah Babette ihren Vorgesetzten durch die einen Spalt offenstehende Bürotür. Eigenartigerweise hatte er auf seinem Schreibtisch Platz genommen, die Beine baumelten in der Luft, wie bei einem kleinen Jungen. Sie sah, wie er sein Gesicht verzog und tiefe Furchen auf der Stirn entstanden, als wenn er über etwas nachgrübeln würde. Ein sonderbares Verhalten. Er zog sein Handy hervor, suchte nach einer Nummer, drückte für den Verbindungsaufbau und hielt es ans Ohr. Nichts geschah. Er steckte das Handy wieder in die Tasche. Dann sprang er auf, ging zur Tür, wendete und schritt am Schreibtisch vorbei zum Fenster, ohne den heller werdenden Tag außerhalb zu beachten, wendete und kam zurück zur Tür. Er schob sie weiter auf, als wenn er in seinem Zimmer nicht genug Luft bekäme. Er wendete sich um und setzte sich vor seinen eigenen Schreibtisch in den Besuchersessel. Was mochte mit ihm sein? So kannte sie ihn nicht. Sonst ließ er sie jede Nummer ermitteln, jeden Anruf tätigen. Babette begann mit ihrer Arbeit, behielt Hall aber im Auge. Nach dem dritten Versuch bekam er Verbindung, redete leise, nein, murmelte, flüsterte und neigte sich wiederholt vor und zurück. Der sonst so starke, durchsetzungsfähige Mann kam ihr in diesem Moment fast unterwürfig vor. Auch das war neu an ihm. Sonst war seine Ausdrucksweise eher herrisch, befehlsgewohnt, laut, sodass böse Zungen meinten, die auf der anderen Seite würden ihn auch ohne Telefon hören. So sehr sie sich bemühte, es gelang ihr nicht zu verstehen, um was es ging.

15

Babette wohnte seit ihrer Studienzeit in Bonn. Ihre Altbauwohnung in der Lessingstraße liebte sie über alles. Sie fühlte sich auch in dieser Gegend sehr wohl, trotz der Nähe zum Bahnübergang und obwohl die legendäre Schumannklause schon lange nicht mehr existierte. Dort hatte sie einen Großteil ihrer wilden Jahre erlebt. Auch die letzten 12 Jahre, in denen sie ein Verhältnis mit einem verheirateten Mann gehabt hatte. Im Nachhinein fragte sie sich, wieso sie den für den Mann ihrer Träume hatte halten können. Was war das gewesen? Der kam an drei Abenden in der Woche vorbei, sah mit ihr fern und übernachtete bei ihr. Anfangs hatten sie noch miteinander geschlafen, das wurde immer seltener. Nie konnten sie zusammen ausgehen, Essen oder Tanzen. Es hätte sie jemand sehen können. Höchstens, wenn sie zusammen ein Wochenende oder einen kurzen Urlaub unternommen hatten. Immer verstecken. Die Heimlichkeiten. Anfangs hatte sie gedacht, mehr stünde ihr nicht zu, hatte es sich schöngeredet. Die Vorteile ausgemalt, dass sie Freiheiten hatte und machen konnte, was sie wollte. Aber zum Schluss war ihr klar geworden, wie krank das Ganze gewesen war. Sie war es wert, dass man sich mit ihr sehen lassen konnte. Inzwischen empfand sie Erleichterung und war froh, den Absprung geschafft zu haben. Dann lieber allein leben. Eine neue Beziehung kam nur noch in Frage, wenn der Mann zu ihr stehen konnte.

Sie saß im Erker auf einem Sessel, der einmal ihrem Großvater gehört hatte. Der Lederbezug war längst verschlissen. Sie konnte sich aber nicht entschließen, ihn auszumustern oder neu beziehen zu lassen. Das war das Einzige, das von ihrer Familie noch existierte. Mit einer darübergelegten Decke ging es noch. Der Flur war nur durch eine Holzwand mit Glasscheiben vom Treppenhaus abgetrennt. Ihr Zuhause bestand aus einem Bad, einer Küche mit kleinem Wintergarten dahinter, einem verwinkelten Wohnraum mit dem malerischen Erker, in dem sie sich am liebsten aufhielt, und zwei Schlafzimmern. Eigentlich war die Wohnung für eine Person zu groß angelegt. Vor langer Zeit gab es ein paar Mal eine Untermieterin. Aber da sie es sich finanziell leisten konnte, hatte sie niemanden mehr gesucht, nachdem die Letzte ausgezogen war.

Umgeben von ihren Büchern, schaute sie aus der ersten Etage auf den Bahnübergang hinunter und ließ ihren Gedanken freien Lauf. Sie war schon lange nicht mehr zu ihren Hobbys gekommen, dem Lösen schwieriger Kreuzworträtsel oder Sudokus. Wenn sie in letzter Zeit zu Hause in Bonn ankam, plante sie das weitere Vorgehen im Amt. Für heute hatte sie sich vorgenommen, eine Liste anzufertigen. Es wurde wichtig, zu lernen, systematischer vorzugehen. Wenn

Hall zurzeit nicht dazu in der Lage war, musste sie einspringen. Das war sie ihm schuldig, fand sie. Ein dünner Schnellhefter mit einer Zusammenfassung der bisher ermittelten spärlichen Erkenntnisse lag vor ihr. Jetzt breitete sie die gesamten Unterlagen auf der Couch, dem kleinen Tisch und dem Fußboden aus. Sie ließ ihren Blick darüber kreisen und begann mit dem Brainstorming.

Was hatten sie bisher herausgefunden? SARS-CoV-2 wurde also in geheimen Biolabors in Wuhan entwickelt. Dieses brisante Ergebnis hatte auch die journalistische Recherche von Toms Freund Christian Hellenkamp ergeben. Seine Annahme wurde durch die Aussage der Chinesin Gao Xia bestätigt. Offen blieb das weitere Gerücht über den Auftraggeber. Nach den ersten dramatischen Ereignissen und mysteriösen Todesfällen wurde die WHO eingeschaltet, als die Seuche sich zu verbreiten begann. Nachdem ein bereits infizierter Mitarbeiter des geheimen Labors eine Probe an IS-Terroristen verkaufen wollte, trug er selbst das Virus in die Welt hinaus. Erste Todesfälle führten zu Seuchenkontrollen und Einschaltung der Gesundheitsministerien. Was waren die Symptome? Als erste Anzeichen der Erkrankung zeigten sich Husten, Fieber und Schnupfen. Bei schwerer Entwicklung auch Störungen des Geruchs- und Geschmackssinns, Halsschmerzen, Atemnot, Kopf- und Gliederschmerzen, eine allgemeine körperliche Schwäche. Die Krankheitsverläufe waren nicht einheitlich. Dann wurden die Behörden alarmiert. Die Forschung wurde vorangetrieben. Als Tarnung gab man an, an der Entwicklung eines Impfstoffes zu arbeiten. In Wirklichkeit handelte es sich um einen biologischen Kampfstoff. Ziel war es, genau das zu erreichen: ein Virus, gegen das bisherige Gegenmittel machtlos waren. In weiteren Verstecken in Wuhan wurde das neue Präparat an Tieren erprobt. Verharmlosende Darstellungen wurden in den wissenschaftlichen Magazinen The Lancet und Science veröffentlicht. Anfangs existierte kein geeigneter Impfstoff gegen die neue Kreation.

Aber, dachte Babette, wer steckte dahinter? Wer war der Auftraggeber? Waren es die *großen Sechs*?

Was war nun das Ziel dieser Gruppe? Die Ziele, verbesserte sie sich. Als Allererstes galt es, Tom zu finden und zurückzuholen und den *großen Sechs* das Handwerk legen. Also, was hatten sie? Was wussten sie nicht? Sie nahm sich ein Blatt Papier und einen Stift und notierte.

1. Die Waffen
Die Ermordung des Chinesen. Durch ihn und seine Mitstreiterin hatten sie die meisten Informationen über die Hintergründe der Pandemie erhalten. Wer hatte Interesse daran, zu verhindern, dass sie das erfuhren? War das der Grund für seine Ermordung? Gab es da noch mehr? Steckten die *großen Sechs* dahinter? Die Auswertung der Projektile hatte ergeben, dass es sich um Fabrikate amerikanischer Herkunft handelte. Wo kamen die Waffen her? Wo konnte man die illegal erwerben? Gab es Kollegen im Amt, die sich mit dieser Materie beschäftigten? Wen konnte sie darauf ansetzen? Machte das überhaupt Sinn? Was würde Hall tun?

2. Mitarbeiter der großen Sechs
Da waren die Bodyguards, denen Tom in Essen begegnet war. Nach seinen Angaben waren Bilder der beiden erstellt worden. Einen hatten sie gefunden. Erschossen. Es sah nach einer Hinrichtung aus. Von

dem zweiten fehlte bisher jede Spur. Wenn sie den auftreiben konnten, würden sie vielleicht von ihm mehr über die *großen Sechs* erfahren. Nach kurzer Überlegung entschied sie sich. Sie würde ihn erneut zur bundesweiten Fahndung ausschreiben. Wäre doch gelacht, wenn eine gezielte Suche kein Ergebnis brächte. Es standen ihr ja alle Ressourcen zur Verfügung. Sie betrachtete die Fotos mit den Konterfeis der Männer und strich den, den sie gefunden hatten, mit einem großen roten X durch. Gewonnene Erkenntnisse über den Aufenthaltsort des anderen, gleich welcher Art, sollten von jeder Polizeidienststelle sofort auf ihren Schreibtisch geschickt werden. Jeder, wirklich jeder auch noch so harmlos erscheinende Hinweis aus der Bevölkerung sollte ernst genommen werden. Sie musste das entsprechend formulieren und die Wichtigkeit der Suche hervorheben. Morgen würde sie als Erstes den Auftrag erteilen. Das Porträt des Mannes sollte überall präsent sein. Die Beamten sollten es ihren Informanten – überhaupt jedem – zeigen. Irgendjemand musste diesen Kerl doch kennen. Menschen verschwanden nicht einfach. Er musste ein Zuhause haben, eine Familie. Sie überlegte, die Suche auch über das Fernsehen verbreiten zu lassen. Es war absolut wichtig und sollte an erster Stelle stehen. Was hatten sie sonst noch?

3. Tom
Eigentlich, überlegte sie, sollte Tom an erster Stelle stehen. Warum fiel er ihr erst jetzt ein? Weil sie nichts wusste, was in irgendeiner Hinsicht Hoffnung vermittelte. Sie hatten bei allem, was sie versucht hatten, bisher nicht den geringsten Hinweis über seinen Aufenthaltsort entdecken können. Was war

daraus zu schließen? Was hätte Hall unternommen, um aus diesen rudimentären Informationen mehr herauszuholen? Sie würde das mit ihm besprechen. In Gedanken sah sie schon seine abweisende Reaktion und überlegte bereits, die Aufträge an Freddie und Jean-Baptiste zu verteilen, ohne Hall extra zu informieren. Da war eine Spur, fiel ihr ein, eine neue Idee. Die Immobilien, auf die Jade gekommen war. Jean-Baptiste würde morgen bestimmt eine Liste mit den Objekten vorlegen, die zum Kapital des unüberschaubaren Firmenkonstrukts der DUBESOR gehörten, hinter denen sie die *großen Sechs* vermuteten. Vielleicht wurde Tom dort irgendwo festgehalten? Sie gähnte und strich eine Locke aus dem Gesicht. Ja, außerdem musste sie unbedingt einen Termin bei ihrer Lieblingsfrisörin vereinbaren. Es brauchte ja niemand zu wissen, wenn sie zu ihr nach Hause käme. Es war 23:30 Uhr, als das Schellen des Telefons ihre Überlegungen unterbrach.

16

Tom begann im Dunkeln mit seinem Training. Er zählte die Liegestütze nicht, die er in dem kleinen Raum mit den vergitterten Fenstern absolvierte. Seine Gefängniszelle wurde nur ab und zu durch die Scheinwerfer eines vorbeifahrenden Autos erhellt. Dann schoben sich die Schatten der Stahlstäbe, die ihm die Freiheit versperrten, über die Zimmerdecke und den oberen Teil der gegenüberliegenden Wand. Er ging immer bis an die Grenze und dann noch einen kleinen Schritt darüber. Da er sonst schon nichts Produktives vorantreiben konnte, würde er sich zumindest für den Augenblick der Wahrheit fit halten. Falls sich eine Möglichkeit ergab. Nur mit seiner Boxershorts bekleidet, wiederholte er und wiederholte er, ging auf einarmige Liegestütze über, die eine Seite, dann die andere, bis sein Schweiß auf den Boden tropfte. Er erhob sich und ging zu Schlag- und Tritttechniken über. Dabei unterdrückte er die impulsiven Laute, die ihm bei jeder kraftvollen

Bewegung entweichen wollten. Niemand sollte ihn in seiner hilflosen Wut hören. Je mehr er sich auspowerte, je mehr Schweißtropfen auf den Boden tropften, umso deutlicher wurde ihm eines klar: Mischa konnte seine Gedanken lesen, so viel er wollte. Irgendetwas würde ihm trotzdem einfallen, es würde Tom gelingen, ihnen zu entkommen. Sie würden sich wundern!

***

Später am selben Tag kam Tom zu einem Treffen mit Omega zusammen. Sie hielten sich in dem Raum auf, den Tom schon kannte, in dem sie häufiger Gespräche führten. Es war eher eine Art Gewölbe, lag im Untergeschoss. Keine Fenster. Das war auch kaum nötig. Die IT-Anlage war eine viel größere Öffnung zu der Welt draußen, zu der gesamten Menschheit, als ein Fenster es sein konnte. Toms frühere Vermutung, dass es sich bei diesem Gebäude um ein dauerhaftes Domizil der *großen Sechs* handele, bestätigte sich hier. Alles war fest installiert. Lange Reihen von Computerarbeitsplätzen, übergeordnete Positionen mit größeren Anlagen, von denen alles gesteuert werden konnte. Kommunikationsformen aller Art. Alles war auf eine Seite hin ausgerichtet, sodass man alles im Blick hatte, sobald man eintrat.
Sie nahmen in einem geräumigen Sitzbereich Platz, von dem aus sie all das beobachten konnten. Über den PC-Arbeitsplätzen füllten drei große Bildschirme die Wand, auf die Informationen aus unterschiedlichen Medien der ganzen Welt geschaltet werden konnten. Die Sitzecke war zusätzlich an jeder Seite mit ebenso großen Monitoren ausgestattet, über die eine Videokonferenz zu einer Veranstaltung wurde, bei der

man vergaß, dass der andere nicht im selben Zimmer anwesend war. Es kam Tom so vor, als wenn Omega extra mit ihm hierher gegangen war, um ihm erneut seine Macht und die damit verbundenen Möglichkeiten vor Augen zu führen. Alles wirkte heute aber seltsam verlassen, so ohne Menschen, die sonst an den Arbeitsplätzen ihren Tätigkeiten nachgingen. Das Klicken der Tastaturen und das Murmeln der Gespräche im Hintergrund fehlte.

„Gatow hat mir gesagt, dass Sie beginnen, unsere Sichtweise als nicht mehr völlig falsch zu verstehen." Er betonte es nicht als Frage.

Tom sagte nichts.

„Deshalb möchte ich Ihnen erklären", fuhr Omega nach einem Zögern fort, „was unsere Intention hinter dem Aufbauschen der Pandemie ist. Einige Psychologen aus dem Fachbereich Sozialpsychologie haben vor vielen Jahren ein groß angelegtes Experiment durchgeführt. Bei der Ausgangssituation handelte es sich um zwei Ferienlager in den USA, in denen jedes Jahr Hunderte von jungen amerikanischen Kindern ihren Urlaub verbrachten. Diese beiden Lager waren von einem Wald und einem Hügel getrennt. Es entstand von Anbeginn an jedes Jahr Kampf und Feindschaft zwischen den Bewohnern der beiden Gruppen. Die groß angelegte Untersuchung war so angelegt, dass jeder Mitarbeiter und Betreuer informiert war und ständig die Kinder beobachtete und mit unterschiedlichen Erhebungs- und Messmethoden fortlaufend die Situation einschätzte. Zuerst wurde auf diese Weise ein Basislevel der Feindschaft zwischen beiden Unterkünften erfasst. Dann schuf man ein Problem, das alle betraf. Dazu wurde der Lkw, der alle mit Lebensmitteln versorgte, so sabotiert, dass es nur durch die Zusammenarbeit der gesamten Kontrahenten aus beiden Lagern möglich war, die Situation zu retten. Nur so konnte sichergestellt werden, dass die Kinder Essen auf den Tisch bekamen. Und siehe da, die Vermutung der Forscher bestätigte sich: Da nur gemeinsam das Problem gelöst werden konnte, fanden sich die sonst jedes Jahr verfeindeten Gruppen zusammen, und es entstanden viele Freundschaften zwischen ihnen, nachdem das äußere Problem gemeinschaftlich gelöst war. Die alte Feindschaft lebte auch anschließend nicht wieder auf." Er ließ demonstrativ eine Pause, bevor er seinen Bericht fortsetzte. „Sie verstehen, was ich damit sagen will?"

„Sie meinen, wenn die Menschheit als Ganzes ein Problem hat, das sie nur gemeinsam lösen kann, treten die politischen Diskrepanzen in den Hintergrund und man einigt sich und findet auf diesem Weg auch zusammen?"

„Exakt."

„Das wäre schön. Aber ich fürchte, Sie übersehen, dass die Politiker nur Marionetten des Großkapitals sind und nur ihre Positionen sichern, nicht für das Gute der Menschheit arbeiten. Sonst würde viel mehr geschehen, um die Umwelt zu retten, oder?"

„Ich hatte Sie nicht für einen Pessimisten gehalten."

Die Tür wurde geöffnet und Mischa gesellte sich zu ihnen. Tom war es gewöhnt, dass er immer wie auf ein Stichwort auftrat. Das war verständlich, da er wusste, an welchem Punkt in einem Gespräch die anderen angelangt waren. Ein Lächeln erschien auf dem faltigen Gesicht. Er nickte und setzte sich zu ihnen.

Omega ließ sich nicht stören.

„Ich hatte mit mehr Begeisterung gerechnet. Nichtsdestotrotz haben wir keine Zeit mehr. Die

Situation spitzt sich zu. Wir hatten anfangs ja deutlich gemacht, dass es sinnvoll wäre, wenn wir näher zusammenarbeiten, sobald die IS-Terroristin aktiv wird. Aisha Siddika beginnt mit der Organisation des Anschlags. Gemeinsam werden wir die Bedrohung, die durch sie ausgeht, besser bekämpfen können."

Tom erinnerte sich an die Probleme, die aufgetreten waren, als sie über Telefonkontakt Ortsbestimmung und Fluchtrouten einiger IS-Terroristen vornehmen wollten. Wie schwierig es war, über die Entfernung die Informationen des Telepathen zu erhalten, überhaupt die Verbindung aufrechtzuerhalten und den Einsatz zu organisieren und zu koordinieren. Vielleicht hatte Omega recht. Vielleicht hatten sie so eine bessere Chance, ein effektiveres Zusammenarbeiten zu gestalten. Jetzt würde er endlich wieder aktiv werden können, etwas Sinnvolles unternehmen. Sein Einsatz sollte das Schlimmste verhindern, viele Menschen retten, die diese Terroristin opfern wollte, um auf ihre Ziele aufmerksam zu machen.

17

Babette sah mit einem abwesenden Blick über ihren PC hinweg aus dem Fenster, während ihr Halls Zustand durch den Kopf ging. Sie war nicht nur Assistentin ihres Chefs, sie hatte sich im Laufe der Jahre viele Fertigkeiten angeeignet. Zu ihren Verwaltungsaufgaben hatte sie in einigen Workshops unterschiedliche Stile der Personalführung erworben und konnte die Abteilung nach den Vorgaben Dr. Lawrence Halls führen. Bisher war sie seiner Linie gefolgt, das war einfach. Aber schaffte sie das auch aus eigenem Antrieb? Würde sie den Überblick behalten, wenn sie selbst die Entscheidungen treffen musste?
Als alle sich nach und nach um den Tisch versammelt hatten, schaute sie einmal in die Runde. Da waren Jean-Baptiste, Freddie und Jade. Irgendwie sahen sie müde aus. Jean-Baptiste. starrte ins Leere. Freddie war unrasiert und Jade wirkte wie ein Häufchen Elend. Halls Niedergeschlagenheit in den letzten

Wochen schien auf alle abgefärbt zu haben. Aber es war nicht nur das. Babette hatte den Eindruck, dass auch die immer strengeren Reglementierungen im zweiten Lockdown die Motivation im Team zusätzlich verschlechterten. Sie musste sich etwas einfallen lassen. Babette setzte sich an den Konferenztisch und legte den Schnellhefter mit den Themen, die sie in der Nacht vorbereitet hatte, vor sich auf den Tisch. Eigentlich brauchte sie ihn nicht, sie wusste, was sie von ihrem Team wollte.

„Ich muss euch eine Mitteilung machen", begann sie, „Hall ..." Das übliche allgemeine Rascheln und Rumoren verschwand. Jetzt hatte sie ihre Aufmerksamkeit.

„Wo ist er? Kommt er später?", fragte Jade.

„Er wird für einige Zeit nicht erscheinen, hat sich unbezahlten Urlaub genommen. Ich werde ihn vorübergehend vertreten."

„Was ist mit ihm?", fragte Jade.

Babette berichtete von Halls spätem Anruf und gab zu, dass sie auch nicht mehr über seine Beweggründe erfahren hatte. Sie musste sehen, dass sie den Haufen wieder aufbaute. Es war nicht alles schlecht gelaufen. Sie würde es mit einem Rückblick auf vergangene Erfolge versuchen.

„Unsere bisherigen Fortschritte ..."

Weiter kam sie nicht, da wurde sie von Jade unterbrochen.

„Fortschritte kann man das kaum nennen, eher nur bei einigen Nebenschauplätzen."

Nein, sagte sich Babette, das waren nicht nur Nebenschauplätze, das waren wirklich gute Erfolge. Wie konnte Jade das bezweifeln? Aber Jade ließ ihrer Unzufriedenheit weiter freien Lauf. Babette vermutete, dass es daran lag, dass sie Tom vermisste.

„Diese vermeintlichen Glanzlichter täuschen nur darüber hinweg, dass die Jagd nach den *großen Sechs* völlig stecken geblieben ist." Jade lachte mit einem gequälten, verbitterten Unterton. „Diesen Leuten, die den Anspruch haben, dass sie die Geschicke der Menschheit zu ihrem Besten beeinflussen."
Babette wurde bewusst, dass in diesem Moment die Herausforderung begann. Ihr Mund war trocken, sie versuchte zu schlucken. In ihrem Kopf war nur ein Nebel, die Gedanken waren auf einmal wie weggeblasen. Alle sahen sie an. Ihr Kopf begann wieder zu arbeiten. Warum musste ausgerechnet Jade ihr den Anfang so schwer machen? Sonst verstanden sie sich doch gut. Aber das gehörte hier nicht her. Hall würde bestimmt nicht solche Überlegungen anstellen. Ihr wurde warm. Hoffentlich wurde sie nicht rot. Sie musste sich durchsetzen, sonst hatte sie von vornherein verloren. Sie nahm sich zusammen und hoffte, dass die anderen ihr inneres Zittern nicht sahen, schob ihren Stuhl zurück und erhob sich.

„Es hat einige große, gut koordinierte Einsätze im letzten Jahr gegeben, an denen auch andere Dienste beteiligt waren. Ich finde, dass wir alle stolz darauf sein können, wie wir zusammengearbeitet und es geschafft haben, einen nuklearen Anschlag zu verhindern. Auch darauf, dass wir eine Aktion der Chinesen im Bereich Wirtschaftsspionage verhindert und einem Überläufer zur Flucht verholfen haben. Außerdem ...", hier setzte sie bewusst eine Pause ein, „... halte ich es für wichtig, dass wir entdeckt haben, dass diese Organisation überhaupt existiert, die wir die *großen Sechs* getauft haben. Erst seitdem wissen wir, wer der Feind ist."

„Aber, die sind uns immer wieder entwischt ...", sagte Jade.

Babette winkte ab und ließ sich nicht noch einmal von ihrem weiteren Vortrag abbringen.

„Das genau ist aktuell unsere größte Aufgabe. Weil wir nur so auch Tom wiederfinden." Sie gab sich Mühe, hoffnungsvoller zu klingen, als sie war. „Jetzt verlangt unsere Regierung, dass Homeoffice zur Pflicht werden soll. Wo es nur geht. Will das jemand? In einer Situation wie dieser?"

Sie blickte erneut in die Runde, ließ sich Zeit dabei, jedem in die Augen zu sehen. Keiner sagte etwas. Es schaute aber auch niemand weg. Sie nahm das als ein gutes Zeichen. Das hatte sie so nicht erwartet – aber gehofft, gestand sie sich insgeheim ein.

„Ich zähle auf euch!"

„Ja, aber sie sind uns doch wieder entwischt!"

„Freddie hat recht", sagte Jade, „gegen Omega und den Telepathen haben wir keine Chance, wenn wir unsere Gedanken nicht auch abschirmen können. So lange wird Gatow immer rechtzeitig wissen, was wir vorhaben, wann wir kommen, und sie werden uns immer wieder durch die Lappen gehen. Diese IS-Terroristin ist uns auch entkommen."

Babette nickte.

„Wir haben aktuell nicht viel – und das ist noch übertrieben –, aber die Hände in den Schoß zu legen, war noch nie eine gute Strategie. Ich möchte, dass ihr jedem kleinen Fitzelchen nachgeht, das wir haben. Ziel ist natürlich: Tom finden, die Organisation zerschlagen und Aisha Siddika fassen!"

Jean-Baptiste meldete sich mit leisen Worten.

„Wir können uns nur vorbereiten. Falls sie einen erneuten Anschlag plant, muss sie das auch finanzieren. Also könnte es sein, dass sie noch nicht genug hat und sich wieder Geld über das Hawala-System beschafft." Er sah sich um, als wenn er prüfen

wollte, ob die anderen ihn jetzt auslachen würden.
Babette nickte und wandte sich an Freddie und Jean-Baptiste.

„Ok, aber erst mal das: Ihr beiden setzt euch an die Rechner und checkt alles, und ich meine wirklich alles, was ihr mit den bisherigen Daten über die *großen Sechs* findet. Vorrangig über den einen verbleibenden der Bodyguards. Schreibt ihn erneut zur Fahndung aus. Mit höchster Priorität. Dann seht zu, ob wir irgendetwas über die Waffen herausfinden können, die bei dem Überfall auf das sichere Haus und der Ermordung des Chinesen benutzt wurden."
Jean-Baptiste verfolgte weiter seinen Gedankengang.

„Die Projektile, die das Killerkommando im sicheren Haus zurückgelassen hat? Die stammten doch aus Waffen amerikanischer Hersteller."
Freddie zuckte mit den Schultern.

„Die kann sich jeder besorgt haben."

„Vielleicht haben die Amis aber wirklich selbst ihre Hand im Spiel?"
Freddie schüttelte den Kopf.

„Warum sollen sie uns erst informieren? Wir holen Chen Ze Ren aus dem Konsulat und dann erschießen sie ihn. Was hätten sie davon?"

„Angst vor seinem Wissen?"

„Du meinst, die hätten mehr mit dem Virus zu tun? Aber es kommt aus China. Und der amerikanische Präsident hat eine große Welle gegen China gemacht."

„Na eben. Es ist oft nicht, wie es scheint. Er lenkt damit vielleicht von etwas anderem ab", vertrat Jean-Baptiste weiter seine Sichtweise.

„Also, gehst du mit deinen Vermutungen da nicht ein wenig zu weit?"

„Ich denke nur logisch. Aber du hast recht, Freddie, wer kann das schon sagen?"

Babette ergriff wieder das Wort.

„Wie auch immer, versucht alles, um die Herkunft der Waffen zu klären! Ehe ich es vergesse", fügte sie nach einer kurzen Pause noch hinzu, „Jean-Baptiste, wie weit bist du mit der Liste des Immobilienbesitzes der DUBESOR?"

„Schaffe ich heute noch."

Jade sah Babette mit fragendem Blick an.

„Und für dich habe ich auch eine Aufgabe. Ich will, dass alle bekannten Hawala-Stationen 24 Stunden überwacht, nach Möglichkeit auch abgehört werden. Beantrage das. Setz dafür alle unsere Abteilungen in Bewegung. Stell Kontakt zu der FIU her. Soweit ich informiert bin, ermittelt der Zoll aktuell genau im Bereich Geldwäsche und Geldtransfer und hat das Hawalasystem sowieso im Blick. Wir brauchen alles, was die haben. Ich werde inzwischen auf unsere zentrale Datenbank zugreifen. Alle Erkenntnisse zur Thematik sollen sofort erfasst und hier zusammengetragen werden ..."

Pause.

„... auf meinem Tisch!"

Sie warf wieder einen Blick in die Runde.

„Ist das klar?" Babette erschreckte sich vor sich selbst. War sie das gewesen? Hatte sie das wirklich so gesagt? Sie merkte, wie plötzlich eine Euphorie sie überkam. Ein befreiendes inneres Seufzen. Ein Strahlen huschte über ihr Gesicht. Sollten die anderen doch denken, was sie wollten, sie hatte es hinbekommen. Sie setzte sich und nahm sich Zeit, ihre Unterlagen zu sortieren. Das half ihr, die Erleichterung und ihren ersten Erfolg zu genießen.

Babettes Vorgehen war clever, musste Jade zugeben. Sie versuchte, bei ihnen Hoffnung aufzubauen. Wenn alle beschäftigt waren, würde niemand mehr in Resignation verfallen. In den früheren aktiven Einsätzen war Babette ihr immer eine gute Leiterin gewesen. Sie hatte Jade über Funkverbindung oder Standleitung immer sicher geführt und unterstützt. Jade war zwar für operative Tätigkeiten da und darin sah sie ihre Bestimmung. Solange es aber keine konkreten Ziele gab, würde sie natürlich auch andere Aufgaben erfüllen. Es kam zwar etwas überraschend für Jade, aber Babette schien ganz gut mit ihrer neuen Rolle klarzukommen. Sie beschloss, ihr eine Chance zu geben und sich so einsetzen zu lassen, wie es die Lage erforderte. Soll sie ruhig die Leitung übernehmen, dachte Jade. Sie hatte kein Problem damit.

18

Mischa selbst holte Tom in seinem Domizil ab.
„Wir machen heute einen kleinen Ausflug."
Jetzt war es also so weit. Tom vermutete, dass sie endlich die ersehnten Informationen hatten und das gemeinsame Vorgehen besprechen wollten. Zu dieser besonderen Gelegenheit nahm man ihn mit in die Stadt. Mischa würde dabei sein, um Unklarheiten zu bereinigen und Verständnisfragen zu beantworten, ehe sie gestellt werden mussten. Eine klarere und von Missverständnissen freiere Kommunikation als mit Telepathie konnte Tom sich kaum vorstellen. Wenn alle dieses Phänomen beherrschen, gäbe es quasi keine Verbrechen mehr. Keinen Betrug, nichts. Das wären eigentlich paradiesische Zustände. Aber war das ein Leben, ohne die vielen kleinen und großen Geheimnisse? Schwierig vorstellbar. So sympathisch er Mischa inzwischen fand, er wirkte nicht gerade besonders glücklich und zufrieden.
Es wurde eine große Aktion. Sie benötigten zwei

Fahrzeuge, um alle in die Stadt zu bringen. Omega und Gatow ließen sich in der Jaguar-Limousine fahren. Im Escalade folgten die Bodyguards mit Tom. Auf dieser Enklave im Süden Spaniens war inzwischen fast die gesamte Bevölkerung geimpft. Die Einschränkungen waren aufgehoben, auf den Straßen trug niemand mehr Masken. Das Leben lief wieder in normalen Bahnen. Die Angst vor Ansteckung verblasste langsam zu einer Erinnerung.
Tom ging zwischen Omega und Mischa durch die kleinen Gassen. Er wunderte sich, wie der britische Lebensstil sich hier auf diesem kleinen Felsen ausgebreitet hatte. Der Union Jack flatterte in verschiedenen Größen an allen Ecken. Überall gab es Werbeschilder mit den typischen farbigen Schriften, die auf Angebote der Pubs hinwiesen. Der Fußgängerbereich hätte sich in jeder Stadt Großbritanniens befinden können. Tom bemerkte rote Briefkästen der Royal Mail. Ihm stieg sogar der Geruch von Fish'n'Chips in die Nase. Er fühlte sich hier auf Anhieb wohl. Es erinnerte ihn an seine Zeit in London.
Die drei Bodyguards, Boyd Rieger, Elmar Scholl und Renate Bartel, begleiteten sie in angemessenem Abstand. Sie bekamen nicht mit, über welche Themen gesprochen wurde, waren aber nah genug, um jederzeit eingreifen zu können. Natürlich behielten sie auch das Umfeld im Auge. Ihm fiel auf, dass sich keiner an dem eigenartigen Gespann störte. Es schien hier zum guten Ton zu gehören, dass Personen aus finanziell bessergestellten Kreisen von ihrem Wachpersonal durch die Fußgängerzone begleitet wurden.
Sie ließen sich in einem Straßencafé an einem blau lackierten Tisch auf Korbsesseln nieder. Renate Bartel

postierte sich neben dem Eingang zum Café und verschränkte die Arme vor der Brust. Sie wirkte in dem schwarzen Anzug, der dem ihrer Kollegen glich, heute sehr ernst. Auch die anderen Bodyguards setzten sich nicht zu ihnen, sondern stellten sich nebeneinander an die Hauswand der gegenüberliegenden Straßenseite. Riegers Arme hingen locker an seinem massigen Körper herunter. Scholl hielt die Hände vor sich verschränkt, die Rechte lag locker auf dem linken Handgelenk. In ihren Anzügen und der steifen Haltung erinnerten sie Tom an Kleiderschränke. Tom schmunzelte. Ihm fiel ein, wie er mit wenigen Tritten bei einer Wohnungsauflösung mehrere alte Kleiderschränke für den Sperrmüll in ihre Einzelteile zerlegt hatte. Es hatte nur Bruchteile von Sekunden gedauert.
Mischa grinste ihn an.
„So einfach ist das in diesem Fall wohl kaum. Ich rate dringend ab."
Tom nickte.
Omega sah Gatow verwundert an. Der schüttelte den Kopf. „Nicht weiter wichtig."
„Der Unterschlupf in Gibraltar hat sich angeboten", begann Omega, setzte sich bequem zurecht und legte Handy, Brieftasche und Schlüsselbund auf den Tisch, „weil wir gemeinsam verhindern wollen, dass der Eurotunnel, die Verbindung zu den britischen Inseln zerstört wird. Wir beide schätzen das kleine Königreich ja sehr, wie ich weiß." Er warf Mischa einen Blick zu, wie um Tom zu zeigen, wie er das erfahren hatte. „Hier ist es fast wie in einem kleinen London, nur wärmer und mit weniger Regen. Mit den neuen Informationen können wir jetzt endlich beginnen, das Schlimmste zu verhindern und der Terroristin das Handwerk zu legen."

Tom hörte nur mit halbem Ohr zu. Die andere Hälfte seines Gehirns beschäftigte sich mit Überlegungen zur Flucht. Das war bisher die beste Gelegenheit für einen Versuch. Was sollten sie schon tun, wenn er jetzt wegrennen würde. Mischa sah ihn direkt an und Tom erkannte an seinem Gesichtsausdruck: *Lass es.* Tom schaute sich unauffällig die beiden Bodyguards an. Beide waren gut trainiert und wären ihm an Schnelligkeit nicht unterlegen. Ein Wettrennen mit ihnen würde nichts bringen. Rieger wechselte die Fußstellung, dabei klaffte das Jackett kurz auseinander und die Waffe lugte hervor. Er korrigierte das, indem er die Revers zusammenzog.

Tom beschloss, zu warten und aufmerksam zu bleiben. So schnell würde er nicht aufgeben. Wer weiß, wann sich wieder eine Gelegenheit bot. Tom war klar, dass er ihnen nicht entkommen konnte, das wollte er auch nicht. Dazu war er zu sehr daran interessiert Aisha Siddika das Handwerk zu legen. Vielleicht ergab sich aber zumindest eine Möglichkeit, Kontakt zu seinen Leuten aufzunehmen.

Omega beendete seinen Monolog, also sagte Tom etwas.

„Was macht Sie so sicher, dass ich für Sie arbeiten werde? Wieso sollte ich wertvoll für Sie sein?"

Eine Kellnerin, weiße Bluse, schwarze Hose und fast bis auf den Boden reichende weiße Schürze, die schwarzen Haare zu einem Pferdeschwanz zusammengebunden, unterbrach sie und fragte nach ihren Wünschen. Omega setzte das Gespräch fort, als sie sich mit ihrer elektronisch gespeicherten Bestellung entfernte.

„Es spielt keine Rolle, ob Sie für uns arbeiten. Sie wissen, um was es geht, also werden Sie auf jeden Fall alles daransetzen, die Aufgabe zu erfüllen, die wir

Ihnen angedacht haben. Entweder im Auftrag Ihres Arbeitgebers oder direkt hier bei uns. Der Vorteil ist einfach, dass die Kooperation so besser funktioniert. Sie haben die Probleme beim letzten Mal erlebt. Die Übertragung der Informationen hat zu erheblichen Verzögerungen geführt. Auf diese Weise kann alles mit weniger Konflikten und Missverständnissen, sozusagen zielorientierter, verlaufen."
Tom nickte. Er konnte sich gut an die Probleme erinnern. Vielleicht hatte Omega nicht so unrecht. Er sah, wie Mischa lächelte und Omega zunickte.
Tom beobachtete die Menschen um sie herum, streckte sich und lächelte unwillkürlich. Es war lange her, die Freiheit hier draußen ungewohnt. Das Frühstück wurde serviert. Er nahm einen Schluck von seinem Kaffee. Hervorragend. Am Nebentisch fotografierte ein junger Mann im T-Shirt seine Liebste mit dem Handy. Dafür setzte er seine Baseballkappe verkehrt herum auf. Tom merkte, wie er sich seit Langem zum ersten Mal entspannt zurücklehnte. Eine Gruppe junger Leute unterhielt sich, einer daddelte auf seinem Handy herum. Es schien Tom, als seien fast alle in seiner Umgebung mit ihren Smartphones beschäftigt. Einer telefonierte, einer las eine WhatsApp oder SMS, tippte etwas ein.
Nur er nicht. Tom blickte sich um. Es war zum Verzweifeln. Da durchzuckte ihn eine Idee. Eine kühle Klarheit breitete sich in ihm aus. Jetzt wusste er, was er tun würde. Er versuchte sofort, jeden bewussten Gedanken daran wegzudrücken.
Mischas Kopf ruckte herum. Auf seinem Gesicht lag Misstrauen. Tom spürte seinen Blick. Hoffentlich bekam der Telepath nicht mit, was er plante.
Mit aller ihm zur Verfügung stehenden Kraft bemühte sich Tom, an eine *grün-weiß gestreifte Giraffe* zu

denken. Er hatte irgendwo gelesen, wenn es einem Menschen nicht gelänge, an etwas nicht zu denken, dann müsse er gerade daran denken. Es würde nur gehen, indem man sich ganz auf etwas anderes konzentrieren würde. Also: Man kann nicht *nicht nicht an einen pinkfarbenen Elefanten* denken, aber stattdessen an eine *grün-weiß gestreifte Giraffe*. Das Gehirn kann nicht zwei Gedanken auf einmal folgen. Tom stellte sich vor, wie *die grünen und weißen Streifen sich den Hals der Giraffe hinauf schlängelten*. Er sagte, er wolle die Toilette im Café aufsuchen, und erhob sich. Während er auf den Eingang des Cafés zuschritt, beobachtete er aus den Augenwinkeln, wie Mischa sich an einen der Bodyguards wandte und etwas sagte. Alle sahen zu Tom hin.

Die Konzentration, nicht an etwas zu denken, forderte eine enorme Anstrengung. Tom registrierte, wie sich Schweißperlen auf seiner Stirn bildeten. Er strich mit der Hand über die Stirn und wischte sie an der Hose ab. Omega gab den Bodyguards einen Wink. Zwei begleiteten Tom in das Café. Elmar Scholl beeilte sich, um die Position vor ihm einzunehmen, Rieger folgte Tom. Beim Betreten des Cafés lächelte Tom Renate Bartel zu. Keinerlei Reaktion.

Grüne Streifen, weiße Streifen, den langen Hals der Giraffe hinauf. Er folgte den *Drehungen der grünen Linie.* Scholl *schlängelte* sich vor ihm zwischen den Tischchen hindurch. *Schlängellinie in grün.* Tom drehte seinen Kopf nach links und beobachtete aus den Augenwinkeln, wohin der Mann hinter ihm schaute. Auch hier drin waren alle Plätze belegt. Sie kamen auf einen Tisch zu, an dem ein verliebtes Pärchen saß. Er hielt ihre Hand und schaute sie an, beugte sich vor, um sie zu küssen, sie schloss ihre Augen. *Jetzt*, dachte Tom, hob seinen rechten Arm und deutete nach rechts.

„Da hinten", sagte er. Rieger hinter ihm folgte mit seinem Blick der angegebenen Richtung. Tom bekam es aus dem Augenwinkel mit. *Grüne und weiße Linien, die Nüstern der Giraffe ganz flauschig.* Er musste sich beruhigen, die Muskeln entspannen, auf die bevorstehende Aufgabe konzentrieren, ohne an deren Inhalt zu denken. Aus Erfahrung wusste er, dass sich seine Reaktionszeiten dann verringerten. Toms linke Hand glitt unauffällig über die Kante des Tisches, an dem das Paar sich küsste. Wie von selbst sprang ihm das Handy, dessen Display noch erleuchtet war und das der Mann gerade dort abgelegt hatte, in die Hand und rutschte in seine Jackentasche. Tom drückte auf das Handy in seiner Tasche, damit es nicht in den Ruhemodus schaltete.

„Nein", korrigierte Rieger hinter Tom, „da vorne links." *Grüne Streifen. Geringelt.* Sie erreichten die Kabine, in der sich die Toilette befand. Scholl ließ ihn vorbei. Er betrat den Raum und verriegelte die Tür hinter sich. Die beiden würden sich wie üblich vor der Tür platzieren. Er riss das Handy heraus, das Display leuchtete. Die Sperrfunktion war noch nicht aktiviert. Tom drückte auf das Symbol mit dem Telefonhörer und gab die Nummer ein.

– 0049 – für Deutschland, *grüne Streifen den langen Hals hinauf, geringelt …*

Dann geschahen mehrere Dinge auf einmal.

– 163 –

Vor der Tür hörte Tom eine unbekannte Stimme rufen.

„Oye! Donde esta mi celular?"

Tom gab weitere Zahlen ein. Er hatte eine Nummer gewählt, die er ohne nachzudenken aus den Positionen der Tasten heraus im Schlaf hätte betätigen können. So gelang es ihm, während er die Ziffern drückte,

seine Gedanken weiter mit anderen Dingen zu beschäftigen.
– drei Drehungen den Hals der Giraffe hinauf, eine Kurve, sechs Streifen weiter –
Tom war klar, dass weder Scholl noch Rieger dumm waren. Beide würden keine extra Aufforderung benötigen, um zu checken, dass Tom die Ursache des Handyverlusts war. Ein Krachen, die Tür und der kleine Messinghaken, der als Verschluss diente, sprangen Tom entgegen, ebenso wie die Splitter der gesprengten Holzzarge. Eine zur Faust geballte Hand traf Tom am Kinn. Trotz seines größeren Gewichts hatte Rieger vor seinem jüngeren Kollegen Scholl geschaltet und die Tür erreicht. Tom hätte auf den brutalen, dynamischen Scholl gesetzt, ihn für schneller gehalten. Tom lag neben dem Toilettentopf auf dem Boden, das Handy in der Hand. Sein Bewacher Boyd Rieger hielt ihm wortlos die Hand entgegen. Tom ließ das Gerät in Riegers ausgestreckte Hand fallen. Rieger warf es auf den Boden und zerquetschte es unter seinem Schuh. Tom stützte sich auf dem nassen, mit Toilettenpapier bedeckten Boden ab und richtete sich auf.

An den beiden Männern vorbei sah er, wie Renate Bartel neben Mischa in den Eingang des Cafés stürzte. War das Mitleid, das er in ihren Augen sah, oder Bewunderung für seinen Versuch? Beim zweiten Hinsehen war das vorsichtige Lächeln um ihre Mundwinkel verschwunden. Hatte er sich das nur eingebildet?

„Er hat ein Handy", rief Mischa mit leiser Stimme, für Tom gerade noch wahrnehmbar. Klang da Enttäuschung mit?

19

Als die Meldung aus Juist einging, überlegten sie gemeinsam, was zu tun sei. Dort war aufgrund des Phantombildes der Bodyguard gefasst worden, den Babette zur Fahndung ausgeschrieben hatte. Das konnte das fehlende Puzzleteilchen sein, das ihnen endlich weiterhelfen würde, überlegte Jade.
„Schafft ihn her", sagte Babette, „oder besser, lasst uns hinfahren."
Ihn sofort nach Köln bringen zu lassen, erschien ihr fraglich. Was war ihm nachzuweisen? Gab es rechtlich genug Gründe, ihn länger festhalten zu können? Der Weg über die offiziellen Wege der Behörden würde sich zu lange hinziehen.
Jade war anderer Meinung.
„Verdacht auf Mitgliedschaft in einer kriminellen Vereinigung sollte doch ausreichen, oder?"
Babette wollte auf Nummer sicher gehen und die Vorgehensweise in der Rechtsabteilung überprüfen lassen.

„Welche Beweise haben wir?"
„Das dauert alles zu lange. Egal, nehmen wir ihn uns vor. Ich organisiere das, du fliegst runter."
Endlich bekam Jade etwas tun. Schluss mit rumhängen, sich Gedanken um Tom machen und über Coronamaßnahmen in Deutschland aufregen.
Der BND hatte für den Flug nach Juist ein Flugzeug zur Verfügung gestellt. Ihr Flaggschiff, die Falcon 900EX, war zu groß und stand auch aktuell nicht für einen externen Einsatz zur Verfügung. Die Firma Zeman Flugtechnik und Logistik, ein Tarnunternehmen des BND in München, vermittelte, basierend auf Babettes Anfrage, eine für die 700 Meter Landebahn auf Juist geeignete Maschine. Ihre Anfrage bei der Bundeswehr ergab, dass von dort kurzfristig nur ein Transporthubschrauber mit rustikaler Einrichtung frei gewesen wäre. Jade war froh, dass Babette bei jedem Einsatz dafür sorgte, dass sie es so angenehm wie möglich hatten. Die mit beigefarbenem Leder bezogenen Einzelsitze boten einen hervorragenden Komfort. Es gab Platz für neun Personen, aber Jade war die Einzige auf dem Flug.
Von oben sah die Insel märchenhaft aus mit ihren ausgedehnten Sandstränden. Beim Landeanflug kamen Jade allerdings Bedenken, ob die Maschine tatsächlich auf dieser kurzen Bahn landen konnte. Aber der Pilot brachte sie sicher zum Stehen, ohne im Wasser oder auf der Wiese zu enden.
Die Polizeioberkommissarin Regina Müller empfing sie am Flugplatz. Das wettergegerbte Gesicht und die vom Wind zerzausten Haare machten Jade die Kollegin, die die Polizeistation auf der Insel leitete, auf Anhieb sympathisch.
„Ich bin Regina", sagte sie. Sie trug zwar den vorgeschriebenen Atemschutz, reichte ihr aber die

Hand. Der Händedruck verriet, dass sie zupacken konnte. „Das muss ja ein wichtiger Fang sein, den wir gemacht haben, wenn du dich extra hierherbemühst", sagte sie mit einem offenen Lachen.

„Wenn es der ist, den wir vermuten, hoffe ich, dass das Verhör uns weiterbringt."
Sie fuhren mit einem E-Quad der Marke Polaris Ranger vom Landschaftsschutzgebiet, in dem der Flugplatz lag, zur Polizeiwache an der Carl-Stegmann-Straße 1. Es war eng in dem zweisitzigen Fahrzeug.

„Wir haben dieses Ding erst einmal für ein Jahr zur Probe. Aber es macht Spaß, damit zu fahren. Auch im Sand."
Das konnte Jade sich gut vorstellen. Das Haus aus Klinkersteinen beinhaltete sowohl die Diensträume als auch die Privatwohnung. Es wirkte alles wie in einer Puppenstube. Unter Reginas dunkelblauer Windjacke kam eine weiße Bluse zum Vorschein, verziert mit dem Emblem der Polizei und den zwei silbernen Sternen der POK auf den Schulterklappen.

„Wir sind hier nicht auf längere Inhaftierungen eingestellt. Höchstens mal zur Ausnüchterung. Sonst werden Delinquenten nach Norddeich oder direkt nach Aurich verfrachtet. Die Inseln gehören zur Polizeiinspektion Aurich. Dann sollen die sich auch kümmern. Magst du erst etwas trinken, bevor wir uns mit dem Gefangenen beschäftigen?"
Regina setzte Kaffee auf und ließ die Maschine laufen. Zwischendurch wurde sie abgelenkt, als sich über Funk ein weiterer Kollege von der Insel meldete. Dann ließ sie sich über Eck zu Jade an den quadratischen Holztisch nieder. Regina Müller hatte sich bei einem Urlaub auf Juist in die Insel verliebt, und vor einem halben Jahr war mit dreiundvierzig

Jahren ihr Lebenstraum in Erfüllung gegangen: Sie hatte es nach langem Kampf um die Versetzung endlich auf die Insel geschafft. Ihr Mann hatte eine Kneipe vor Ort übernommen und litt jetzt unter dem Lockdown, die 12-jährige Tochter begann gerade ihre ersten Freundschaften im neuen Umfeld zu schließen. Regina hatte Erfahrungen in unterschiedlichen Zuständigkeitsbereichen gesammelt, im Streifendienst, bei der Bereitschaftspolizei und sie hatte sich auch als Ermittlerin bewährt. Sie fühle sich *sauwohl* auf der Insel, gestand sie Jade. Hier war sie für alles zuständig, auch für Mord.

„Das ist in meiner Zeit aber erst einmal vorgekommen. Sonst ist es ziemlich ruhig hier. Ich bin gespannt, was es mit diesem Typ auf sich hat, dass sie dich extra herschicken. Zumal Einiges nicht korrekt gelaufen ist", sagte Regina. „Dieser Kollege aus eurem Amt, der den Typen erkannt hat, war auf Urlaub hier, obwohl wegen Corona Reise- und Beherbergungsverbot besteht, wie du weißt. Auf der Insel leiden natürlich alle unter den Maßnahmen gegen das Virus. Die leben ja normalerweise vom Tourismus."

Jade wusste bereits, dass ein kleiner Angestellter vom Bundesamt für Verfassungsschutz hier verbotenerweise Urlaub gemacht hatte. Sein Pflichtbewusstsein war so groß, dass er trotz seines illegalen Aufenthalts die Behörden informierte, auch wenn er dadurch mit seinem ordnungswidrigen Verhalten auffiel.

„Es ist richtig", sagte Jade, stützte beide Arme auf den Tisch und beugte sich vor, „dass unser Kollege außer Dienst da war. Er hat in der Ferienwohnung eines Bekannten eine neue Küche eingebaut."

„Da er zum Arbeiten hier war, durfte er

übernachten. Sozusagen eine kleine Gesetzeslücke", Regina grinste und kniff ein Auge zu.

„Immerhin hat der illegale Urlauber den Gesuchten erkannt. Euch müsste doch auch das Fahndungsblatt vorliegen, oder? Aber von euch hat ihn keiner erkannt."

„Nicht, dass ich wüsste."

„Du auch nicht?

„Und? Was soll das heißen?"

Das Lachen verschwand aus Reginas Gesicht. Sie schien empfindlich zu sein. Jade beschloss, vorsichtiger mit ihren Bemerkungen zu sein.

„Ich versuche nur den Hergang zu klären", sagte sie.

„Der illegale Gast, euer Mann", betonte Regina, „hat vor Ort Erkundigungen eingezogen und bekam heraus, dass der Gesuchte, den er erkannt zu haben glaubte, erst vor Kurzem hier etwas gekauft hat."

„Und dann kam er zu dir und hat unser Amt informiert?"

Regina nickte.

„Sind die Preise auf diesen Inseln nicht horrend?"

„Sicher. Nachdem ich den Verdächtigen festgenommen hatte, gab er an, dass er eine Abfindung erhalten habe. Die hätte er investiert. Er wollte seinen Lebensabend hier verbringen, das Klima würde ihm gut bekommen."

Als Jade ihre Bedenken äußerte, ob die Einwohner ihn vielleicht decken wollten, da er Geld mitbrachte, verneinte Regina vehement.

„So sind die Leute hier nicht."

Jade war es letztendlich egal. Sie wollte den Mann zu Gesicht bekommen und herausfinden, was er zu sagen hatte.

„Besteht er auf einen Anwalt?"

„Bisher nicht."

„Wir haben überlegt, ihn nach Köln zu bringen. Bestehen da von eurer Seite Bedenken?"

„Das sollen die Behörden in Aurich oder der Polizeipräsident in Osnabrück klären."

„Uns ist wichtig, was wir aus ihm herausbekommen. Hast du einen Hintergrundcheck durchgeführt?"

„Es gibt keinerlei Angaben über ihn. Er ist hier quasi aus dem Nichts aufgetaucht. Bis zu diesem Zeitpunkt hat er nicht existiert."

„Das gibt's doch nicht! Naja, passt aber zu dem, was wir über seine Organisation wissen. Könnte unser Mann sein. Dann wollen wir ihn uns mal vornehmen."

Jade begleitete Regina zu den drei Zellen im Keller.

20

Splitter und Staub der ausgerissenen Türzarge bedeckten Toms Hose. Die beiden Bodyguards zerrten ihn wie einen überführten Verbrecher durch das Lokal. Tom erblickte am Eingang Omega mit wütendem Gesichtsausdruck und schief hängender Jacke. Mischa stand mit einem Bein vorgestreckt, wie im Lauf gestoppt, zwei Meter weiter mitten im Raum. Um sie herum herrschte absolute Ruhe. Alle Augen waren auf sie gerichtet. Je näher sie dem Ausgang kamen, umso mehr löste sich die Spannung und die Stimmen der erstaunten Gäste füllten die Stille wieder mit Leben. Die Kellnerin kam zu ihnen und drehte ein leeres Tablett zwischen den Händen. Es ging um den angerichteten Schaden, soweit Tom es mitbekam. Omega zog sein Jackett gerade und richtete die Krawatte, drehte sich um und ging ihnen voraus, ohne ihr weiter Beachtung zu schenken. Sie hielt neben ihm Schritt und redete immer lauter auf ihn ein. Omega griff in die Jackentasche und blätterte im Vorbeigehen

einige Pfundnoten auf den Tisch, an dem sie vor wenigen Minuten noch gesessen hatten. Die Angestellte legte das Tablett auf den Tisch, zählte die Scheine, sah Omega mit gerunzelter Stirn hinterher und begann abzuräumen.
Auch draußen folgten ihnen die Blicke der Menschen.
„Hier können wir nicht bleiben", raunzte Omega missmutig. Seine Zähne mahlten bei geschlossenen Lippen. Er legte die Stirn in Falten und blähte die Nasenflügel auf, als er den Mund wieder öffnete.
„Wir wollen zusammenarbeiten, bringen Ihnen Vertrauen entgegen, und dann machen Sie so etwas. Warum? Wen haben Sie angerufen?"
Omega sah Gatow an, der ihm etwas zuflüsterte. Natürlich würde Mischa ihm sofort seine Gedanken verraten.
„Diesen Journalisten?"
Mischas Blick verlor sich in der Ferne.
„Und? Wie viel Informationen sind durchgegangen?" Omegas Bemerkung verriet Tom, was er wissen wollte. Es war tatsächlich eine Verbindung zustande gekommen.
Mischa schien sich weiter zu konzentrieren. Dann war er wieder vor Ort.
„Der Journalist ist betrunken. Hat bisher keine Schlüsse gezogen, die Tom oder uns betreffen."
„Gut", Omega wirkte erleichtert. „Hoffentlich bleibt es so. Eine weitere Baustelle, die du überwachen musst", sagte er zu Mischa. Er strich sich mit beiden Händen das Jackett glatt und wendete sich an Tom. „Es würde Ihnen bestimmt nicht gefallen, wenn wir Ihren Freund umbringen müssten."
Tom sah Mischa an und konzentrierte sich auf eine Botschaft für ihn. *Da siehst du es, Mischa. Für so einen Menschen arbeitest du! Das ist seine wahre*

Natur.
Tom wollte seinem Freund nicht schaden. Er wusste, wozu diese Menschen fähig waren. Aber er hatte das als die einzig machbare Möglichkeit gehalten. So gut sie mit dem Amt über eine Standleitung im Einsatz verbunden waren, so schwierig war es in dem Verwaltungsapparat, von außen über die Zentrale bis zu ihrer Abteilung vorzudringen, um jemand bestimmten zu erreichen. Deshalb hatte er sich für Christian entschieden und weil er die Nummer so gut kannte, dass er sie ohne nachzudenken, automatisch eingeben konnte. Tom hielt seinen Freund für clever genug, sich seine Gedanken zu dem Anruf zu machen und auf die Verbindung zu Tom zu schließen. Jetzt machte er sich Vorwürfe. Er hätte berücksichtigen müssen, dass er Christian damit gefährden könnte. Zu spät. Es blieb nur noch die Flucht nach vorne.

„Hören Sie, Omega, ich mache mit. Unter einer Bedingung: Lassen Sie meinen Freund in Ruhe."
Omega hielt inne und sah Gatow an.

„Was denkt er über den Journalisten?"
Wahrscheinlich formulierte er in Gedanken noch weitere Fragen an Mischa. Der sollte jetzt bestimmt überprüfen, ob er, Tom, es ehrlich meinte.
Mischa nickte mit ernstem Gesichtsausdruck.

„Nichts Wichtiges. Wir können es wagen. Er weiß, um was es geht, und wird schon aus eigenem Interesse mitarbeiten."
Im Parkhaus drängte Boyd Rieger Tom auf die Rückbank des Escalade. Renate Bartel übernahm das Lenkrad. Omega schien Mischas positiver Einschätzung nicht so ganz zu trauen und ordnete an, Tom mit Handschellen an Rieger zu ketten.

„Sonst springt er uns noch während der Fahrt raus."
Nachdem Tom auf diese Art gesichert war, nahm er

selbst auf dem Beifahrersitz Platz und Mischa auf der anderen Seite Toms.

Omega drehte sich halb um, stützte sich auf der Rückenlehne ab und fixierte Tom. Er wollte es anscheinend jetzt hinter sich bringen.

„Sie dämlicher Kerl. Was glauben Sie eigentlich, was wir mit Ihnen vorhaben? Wir wollen Ihnen, Ihrem blöden Verein, ganz Europa doch nur helfen. Für Ihre Spielchen haben wir keine Zeit!"

Renate Bartel lenkte den Cadillac gekonnt aus der Parkbox, kurvte um den Jaguar herum und setzte sich an die Spitze der kleinen Kolonne. Elmar Scholl fuhr den Jaguar zurück. Im Vorbeifahren sah Tom, dass er mit hochrotem Kopf vor sich hin schimpfte.

Omega drehte sich zu Tom um, eine Hand auf der Rückenlehne.

„Aisha Siddika hat inzwischen genug Geld organisiert und eine Quelle für Sprengstoff aufgetan. Wir können jetzt unser Vorgehen abstimmen. Doch statt an einem Strang zu ziehen, bringen Sie durch Ihr unüberlegtes Handeln die ganze Mission in Gefahr. Sind Ihnen die Menschenleben nichts wert, die diese Person zerstören will?" Seine unangenehm schrille Stimme schwoll an bis zu einem Punkt, an dem sie sich überschlug. Erst dann reduzierte sie sich zu ihrer normalen Lautstärke. „Wollen oder können Sie nicht begreifen, dass wir es gut meinen?"

Tom reagierte nicht auf die provozierende Art des Mannes. Aber das beeindruckte Omega in keiner Weise.

„Wir wussten ja, dass diese Frau nicht aufgeben wird." Jetzt kam er wieder auf seine übliche gelassene, zielorientierte Art zurück. „Es war nur eine Frage der Zeit. Gatow hat bei der Überwachung ihrer Gedanken die aktuelle Entwicklung erfahren. Wir

haben jetzt den exakten Zeitplan."
Der Cadillac glitt in angenehmer weicher Straßenlage dahin. Der Lärm der Stadt drang nur gedämpft zu ihnen vor. Omega schien mit seinem Blick Tom festnageln zu wollen.
Tom würde alles geben, das Fanal zu verhindern, das Aisha Siddika vorbereitete. Tom wollte seine Worte mit Gesten unterstreichen, die Handschellen klapperten, aber es gelang ihm nur, den Arm so weit zu heben, wie die Kette reichte. Riegers Hand hatte sich nicht einmal bewegt. Seine Kraft war nicht zu unterschätzen.

„Wie viel Sprengstoff ist für den Anschlag nötig? Dafür braucht sie Geld, reichlich Geld. Woher hat sie das?"

„Die Finanzierung steht. Dazu haben Ihre Kollegen in Köln bereits alle Informationen."
Gut zu wissen, dann war Hall also nicht untätig.
Mischa hielt sich zurück, sah ihn aber traurig an. Wollte er ihm etwas sagen?

„Unsere Intention ist doch, das zu verhindern", sagte Omega. „Nach Möglichkeit mit Ihrer Unterstützung. Wenn Ihnen die Vorteile dieser direkten Kooperation nicht klar sind, können Sie gerne zu Ihren Leuten zurück und das für sich alleine regeln. Oder Sie machen mit, dann will ich mich aber auch auf Sie verlassen können. Sie treffen jetzt die Entscheidung. Entweder sind Sie und Ihr Amt für alles Weitere alleine verantwortlich oder Sie bleiben – zumindest vorerst – freiwillig bei uns und arbeiten von hier aus unter unserer Leitung und mit Gatow an Ihrer Seite. Denken Sie an die schwierige Kommunikation auf die Entfernung beim letzten Mal. Aus meiner Sicht wäre die gemeinsame direkte Herangehensweise auf jeden Fall vorteilhafter für alle.

Stimmen Sie mir da zu, Herr Forge?"

Tom war klar, dass sein kleiner Ausbruchsversuch überflüssig war. Vielleicht einzig dazu diente, ihnen zu zeigen, dass er sich nicht alles gefallen ließ, und eventuell dazu, dass ihnen klar wurde, dass der Verfassungsschutz nur dann hilfreich sein konnte, wenn man dort über die Entwicklung informiert war. Hoffentlich verstand Mischa seine Idee. Tom war die Bedrohung durch Aisha Siddika deutlich. Er war überzeugt, dass Omega recht hatte. Diese Terroristin meinte es ernst, das hatte er im Kontakt mit ihr am eigenen Leib erfahren. Omega sollte sehen, wie froh er war, aus der passiven Haltung herauszukommen, endlich die Initiative ergreifen zu können.

„Sie können aufhören, sich damit zu beschäftigen, mich zu manipulieren. Das ist Zeitverschwendung. Aber natürlich helfe ich, diese Tat zu verhindern. Lassen Sie mich durch Ihren Helfer", er deutete auf Mischa, „überprüfen. Oder trauen Sie ihm auch nicht?"

„Wir wollten ganz sicher gehen, wie es mit Ihnen steht. Jetzt ist der Zeitpunkt gekommen, wo wir nicht länger warten können. Sie beginnt mit den Vorbereitungen. Die Bedrohung wird real."

Tom zerrte an den Handschellen. Metall klirrte auf Metall.

„Dann machen Sie die Dinger los. Ich bin dabei."

21

Regina ging kein Risiko ein. Sie sicherte den Gefangenen mit Handschellen, bevor sie ihn aus der Zelle in den kleinen fensterlosen Verhörraum führte. Jade nahm ihm gegenüber an der Längsseite des massiven Tisches Platz. Regina verschwand noch einmal, kehrte mit einem weiteren Stuhl zurück und platzierte sich an der Schmalseite.
Unter der legeren Kleidung, die oberen Knöpfe des Hemdes offen, Chinos und Sneaker, sah Jade auf den erster Blick, dass der ehemalige Bodyguard seinen Körper fit hielt. Er fuhr sich mit den gefesselten Händen über die mit beginnendem Grau durchzogenen Haare und begegnete Jades forschendem Blick mit einem trotzigen Funkeln aus grauen Augen. Länge und Ungepflegtheit der Frisur schrieb Jade der Tatsache zu, dass er nicht mehr für einen Arbeitgeber auf sein Äußeres achten musste. Das Klima der Insel schien ihm gutzutun. Nur bei genauem Hinsehen bemerkte sie in der vom Wetter

gebräunten Haut die Falten, die das Alter hinterlassen hatten. Er wirkte trotz der Übernachtung in der Haft entspannt und gab sich so, als wenn ihm nichts auf der Welt etwas anhaben könnte. Im Gegenteil, er beschwerte sich, zeigte sich empört, wie ein unbescholtener Bürger einfach verhaftet werden konnte.

Regina verließ noch einmal das Zimmer und kehrte mit einem Tablett zurück, auf dem sich für jeden eine Tasse Kaffee, Zucker und ein Milchkännchen befand.

„Ich hätte lieber ein Wasser", sagte der Mann.

Regina schaute Jade an. Jade nickte und sie verschwand noch einmal. Als sie wiederkam, stellte sie eine kleine Plastikflasche mit Sprudelwasser auf den Tisch und reichte Jade einen Reisepass. Jade blätterte darin, ließ ihn dann sinken und sah dem Mann in die Augen. Niemand sagte etwas. Abwarten. Lass ihn schmoren. Nicht fragen. Noch nicht. Er sah weg. Gut.

Jade stellte sich vor und begann das Verhör.

„Ihr Name lautet nach diesem Papier", sie schlug den Pass auf, „Hans-Peter Marbert. Damit haben Sie auch den Kaufvertrag beim Notar unterschrieben. Ist das Ihr richtiger Name?"

„Wenn es da steht."

Alles, was sie hatten, war der Name, zu dem es aber keine Geschichte gab. Es war, als wenn die Person dahinter nicht existierte.

„Wie kommt es, dass wir außer Ihrem Namen nichts über Sie erfahren?"

Jade ließ sich von dem kalten und unbeteiligten Blick des Mannes nicht aus der Ruhe bringen. Sie stellte die Frage erneut.

„Wieso finden wir nichts über Sie?"

„Nicht mein Problem."

„Sie haben doch gearbeitet. Also müssen Sie Steuern bezahlt haben. Es muss eine Sozialversicherungsnummer existieren."

„Keine Ahnung."

„Für wen haben Sie gearbeitet? Wir wissen, dass Sie als Bodyguard angestellt waren."

„Security", verbesserte er, „ein weltweit operierendes Unternehmen. Vielleicht war ich woanders angemeldet. Keine Ahnung."

„Welche Firma?"

„Die kann ich Ihnen gerne nennen."

„Ich bitte darum."

„DUBESOR heißt der Konzern."

„Für welche Person?"

„Verschiedene."

„Waren Sie über einen längeren Zeitraum für jemand Bestimmtes zuständig?"

Marbert lehnte sich vor und griff nach der Flasche. Plötzlich zuckte er zusammen. Sein Gesicht verzog sich vor Schmerz.

Regina schaltete sich ein.

„Was ist? Haben Sie Rückenprobleme?"

Er sagte nichts, drehte den Verschluss auf und trank.

„Ist das der Grund für Ihren vorzeitigen Ruhestand?"

„Kein Kommentar. Was wollen Sie eigentlich von mir?"

„Sind Sie wegen Rückenproblemen in Ruhestand gegangen?" Reginas Stimme klang sanft, verständnisvoll.

Er nickte.

„Ich kann Ihnen wirklich nicht weiterhelfen. Keine Ahnung, was Sie von mir wollen. Ich bin nur ein ganz harmloser Rentner, der beabsichtigt, seinen Lebensabend an der See zu verbringen. Wollen Sie

mich nicht einfach in Ruhe lassen?"
Jade sah, dass durch die aufgetretenen Schmerzen das Bild des harten Kerls, das er darstellen wollte, abbröckelte. Sie übernahm wieder.
„Wer war der Mann, für den Sie zum Schluss tätig waren?"
„Kann ich nicht sagen."
„Wie sah er aus?"
„Ich gucke mir die Leute nicht so genau an. Ich will gar nichts über sie wissen. Ich mache meinen Job. Je weniger ich weiß, umso besser."
„Können Sie mir irgendwelche Ansprechpartner in dem Konzern nennen?"
„Nein. Waren immer andere. Hat mich nie interessiert."
„Sagt Ihnen der Name Omega etwas?"
„Nie gehört."
„Gatow?"
Kopfschütteln.
„Sie hatten doch Kollegen. Kennen Sie deren Namen auch nicht?"
Er überlegte.
„Im Dienst haben wir uns nicht unterhalten, und abends oder wenn wir frei hatten, haben wir uns getrennt. Mit anderen Worten: Nein."
„Wie sind Sie an den Job gekommen?"
„Bewerbungsgespräch."
„Wer hat Sie eingestellt?"
„Vergessen."
„Wann war das?"
„Lange her."
„Geht es etwas genauer?"
„Nein."
„Mit wem hatte Ihr letzter Boss Kontakt?"
„Keine Ahnung. Dazu kann ich wirklich nichts

sagen. Ich habe nur Befehle befolgt."

„Was wissen Sie über die Geschäfte des Mannes, den Sie geschützt haben?"

Er rutsche auf seinem Stuhl und reckte sich. Auf Jade wirkte es, als wenn er sich gegen weitere Fragen wappnete.

„Kein Kommentar."

„Wenn Sie sich ständig als Bodyguard in seiner Nähe aufhalten, müssen Sie zwangsläufig doch alles Mögliche mitbekommen."

„Ich kümmere mich nicht darum. Reiche Menschen sind eigen. Die haben so viel Geld, die können alles haben, was sie wollen. Ich tue nur, was man mir sagt."

„Wo finden wir Ihren Chef?"

„Keine Ahnung. Hält sich mal hier, mal da auf."

„Genauer!"

„Kein Kommentar."

„Wann und wo zum letzten Mal gesehen?"

„Kann mich nicht erinnern. Wer merkt sich denn so etwas? Fragen Sie ihn doch selbst."

Das würde ich gerne, dachte Jade, aber sie kam ja nicht an Omega heran. Also blieb nur dieser Kerl.

„Wurden Sie noch für andere Personen oder weitere Tätigkeiten eingesetzt?"

„Was sollte das sein?"

„Sagen Sie es mir."

„Der Dienst ist schwer genug, da mache ich mir keine Gedanken über die Gründe, warum ich was zu tun habe. Was werfen Sie mir eigentlich vor?"

Regina übernahm wieder.

„Oh", sagte sie, „da haben wir so Einiges. Wie wäre Zugehörigkeit zu einer kriminellen Vereinigung, Freiheitsberaubung und Beteiligung an weiteren Straftaten?"

„Ich weiß darüber nichts. Ich bin nur ausführendes

Organ. Sozusagen." Er nahm einen gierigen Zug aus der Flasche. „Soll das noch lange so weitergehen? Ich bin doch einfach nur ein friedlicher Bürger, der in aller Ruhe seine Zeit am Meer verbringen will."
Jade warf Regina einen Blick zu, die sich zurücklehnte. Jade schwieg auch und wartete.
Marbert schaute von einer zur anderen.

„Brauche ich einen Anwalt, damit ich hier wieder herauskomme?"
Jade zuckte mit der Schulter.

„Was denken Sie?"
In der ganzen Zeit seiner Tätigkeit für die *großen Sechs* war er vermutlich nie in eine Situation geraten, in der er unter Druck gesetzt worden war. Jades vermutete, dass er sich bemühte, eisern zu erscheinen. Den Hartgesottenen mimte. Langsam schien seine Fassade zu bröckeln.

„Ich werde Ihnen sagen, wie es weitergeht. Solange Sie bei der Organisation waren, haben die für Sie gesorgt. Aber das ist jetzt vorbei. Sie sind für die nur ein Risikofaktor. Wer wird sich schon mit denen anlegen wollen?"

„Keine Ahnung, wovon Sie reden."

„Was wissen Sie über Ihren Kollegen?"

„Welchen?"
Also gab es mehrere.

„Den letzten."

„Er war cool, hat genauso wie ich seinen Job gemacht, nie die Beherrschung verloren und sich nicht um Dinge gekümmert, die ihn nichts angingen."

„Sie haben eine Abfindung erhalten?"

„Wissen Sie doch." Er sah zu Regina.

„Okay", sagte Jade. „Die Bezahlung für Ihr Schweigen? Die verlangen, dass Sie nichts über das Unternehmen ausplaudern? Dafür das Geld?"

Er zuckte mit den Schultern.

„Ja. Ich habe eine Verschwiegenheitserklärung unterschreiben müssen."

Sie kamen der Sache näher.

„Wann haben Sie Ihren Kollegen zuletzt gesehen?"

„Weiß ich nicht mehr."

Jade zögerte, überlegte, wie es weitergehen solle. War das jetzt der richtige Moment? Sie traf die Entscheidung, einen Gang höher zu schalten, verständigte sich über einem Blick mit Regina und wagte es dann.

„Es gibt da einen Vorfall", leitete sie die neue Gangart ein, „der Ihnen noch nicht bekannt ist."

Er wirkte desinteressiert, war aber aufmerksam.

„Ihren ehemaligen Kollegen haben wir schon vor längerer Zeit gefunden. Er wurde regelrecht hingerichtet."

Jetzt wurde er bleich.

„Bruno ist tot? Das glaube ich nicht", flüsterte er. Er schien wirklich überrascht, merkte aber im selben Moment, dass er sich verplappert hatte, und kaute auf der Oberlippe. Er gab sich Mühe, seine Erregung zu verbergen.

Jade ließ die Worte im Raum stehen und beobachtete ihn.

„Ich mag solche Zufälle nicht. Wir kommen jemandem auf die Spur und schon wird er ermordet. Haben Sie keine Sorge, dass Ihnen dasselbe geschieht? Nehmen wir nur einmal an, wir lassen Sie wieder gehen. Woher wissen Ihre ehemaligen Arbeitgeber, dass Sie uns keines Ihrer Geheimnisse verraten haben? Dann könnte Ihnen dasselbe blühen. Wenn Sie uns aber helfen, können wir Sie schützen. Wie heißt Bruno mit Nachnamen?"

Von seinem anfänglichen Selbstvertrauen war nicht

mehr viel übrig. Seine Stimme schwankte, sein Hals war gerötet und feucht von Schweiß.

„Mehr kann ich nicht sagen. Ich weiß wirklich nichts."

„Wer könnte Interesse am Tod Ihres Kollegen haben? Warum? Hat er Ihnen irgendetwas erzählt?"

„Nein. Wir haben uns nicht mehr gesehen."

„Kennen Sie jemanden von seinen Verwandten?"

„Nein."

„Jemanden, der noch zum Konzern gehört?"

„Nein."

„Wer verbirgt sich hinter den *großen Sechs*?"

„Wer soll das sein?"

Er hatte sich wieder im Griff. Der erste Schreck über den Mord an seinem Kollegen war überwunden.

Jade ließ eine lange Pause, bis sie wieder anfing.

„Ich verstehe, es gibt häufig Verbindungen, die anfangs nicht so deutlich werden. Aber irgendwann wacht jeder auf."

„Wie lange soll das noch so weitergehen?"

Jade lachte.

„Ich habe noch viele Fragen, wir können endlos so weitermachen. An mir soll es nicht liegen."

„Wenn es Ihnen Freude bereitet."

22

Babette saß auf ihrem Lieblingssessel in dem kleinen Erker, die Füße auf einen Hocker gelegt. Im Amt kam jeden Tag etwas Neues auf sie zu. Heute hatte es zu allem anderen auch noch eine offizielle Anfrage der Amerikaner gegeben, den Verbleib des Mitarbeiters Tom Forge betreffend. Einer ihrer Agenten – Babette ging davon aus, dass es sich nur um Scheller handeln konnte – bekäme keinen Kontakt zu ihm. Da die Zusammenarbeit sonst über den kurzen Dienstweg gut geklappt hätte, baten sie um Aufklärung und boten ihre Hilfe an, falls der Betreffende in Schwierigkeiten sei. Was interessierten die sich für ihren Tom? Sie wusste wohl, dass Tom und Scheller sich seit der gemeinsamen Zeit in London kannten. Sie schüttelte den Kopf, um die Wünsche des CIA aus ihren Gedanken zu verbannen.
Der kleine Fernseher lief, ohne dass sie ihm wirklich Aufmerksamkeit schenkte. Sie war schon zwei Mal aufgestanden und hatte sich in dem großen Spiegel

auf dem Flur betrachtet. Gedankenverloren strich sie dabei mit ihren Händen über ihre Brüste, die jetzt unter ihrer neuen Kleidung versteckt waren. Nicht mehr, wie sie es sonst liebte, provozierend drapiert, um die Blicke auf sich zu lenken. Seit Tagen hatte sie nach einem geeigneten Haarschnitt gegoogelt, der ihrer neuen Position gerecht wurde. Heute war es geschehen. Ihre Frisörin Jessica hatte ihr vor zwei Stunden eine fantastische Frisur verpasst. Das ganze Verspielte ihrer Locken war gefallen. Die kurzen Haare wirkten regelrecht streng, wie sie es bei Managerinnen in Führungspositionen gesehen hatte. Das sollte sie jetzt sein? Dazu das graue Kostüm, das der Amazon-Bote gebracht hatte. Erst hatte sie eine Perlenkette dazu angelegt, aber sich dagegen entschieden. Die passte eher zu ihrem früheren Image. Sie ging noch einmal zum Spiegel, betrachtete sich zum wiederholten Mal. Sie musste sich daran gewöhnen. Das war sie ab jetzt. Es gab kein Zurück. So würde sie morgen zur Arbeit gehen. Tief durchatmen. Ihr Herz schlug langsamer, und sie war sich sicher, dass sie es schaffen würde.

Aus dem Fernseher plärrte eine dieser endlosen Satiresendungen. In der Küche bereitete sie sich heißes Wasser für einen Tee zu. Mit dem Becher in der Hand setzte sie sich wieder in ihren Lieblingssessel, lehnte sich zurück. Der Beitrag wurde zu einem beruhigenden Gemurmel im Hintergrund. Es gelang ihr jedoch nicht, den Inhalt ganz auszublenden. Der nächste Hansel meldete sich mit einer vermeintlich wichtigen und besonders lustigen Botschaft.

Es war kaum auszuhalten, sie musste unbedingt raus. Hoffentlich durften die Cafés und Kneipen bald wieder öffnen. Sonst verblödete die ganze Menschheit

noch. Sie schaltete das Gerät ab. Welch herrliche Ruhe. Babette streckte ihre Glieder.
War ihre bisherige Vorgehensweise im Amt richtig, seit Hall ihr seine Vertretung übertragen hatte? Sie schauderte, als ihr der Telepath einfiel und ihr klar wurde, dass er sie natürlich auch in diesem Moment abhören konnte. Eigentlich immer und dank seiner unglaublichen Fähigkeit stellte er für diese Organisation einen unermesslichen Vorteil dar. Konnte sie nicht …? Sie sprang auf und ging an eines ihre Bücherregale. Ganz rechts waren einige Fächer mit Taschenbüchern und Heftchen vollgestopft mit den Geschichten und Romanen aus der Zeit, als sie sich für Science-Fiction interessiert hatte. Sie schaute die Titel durch. Da gab es Stanisław Lem, Isaac Asimov, Philip K. Dick, Robert A. Heinlein, Ray Bradbury und Arthur C. Clarke. Natürlich auch Jules Verne und noch Einige mehr. Sie zog heraus, was sie für geeignet hielt, und trug die Ausbeute zu ihrem Platz. Dann kuschelte sie sich in ihren Sessel, zwei Kissen um sich herum, und durchstöberte die alten Sachen aus ihrer Science-Fiction-Lesephase. Sie erinnerte sich an eine Geschichte, dann an eine andere. Auf der Suche nach Telepathen und wie man mit ihnen umging. Eine Gegenwehr war möglich. Aber wie konnte die aussehen? Als sie kaum noch sehen konnte, knipste sie die Stehlampe an, die gerade so viel Licht gab, dass ihr kleiner Lesebereich ausgeleuchtet war, überflog eine Geschichte nach der anderen aus den SF-Magazinen der fünfziger Jahre, Galaxy oder The Magazine of Fantasy and Science Fiction. Was war Realität, was reine literarische Illusion?
Was hatte Tom über die Beschaffenheit des Helms berichtet? Sie hatte noch seine Worte im Ohr:

„Eine braune Masse, irgendwie County, so ähnlich …, die Kristalle waren ziemlich klein. Deshalb habe ich sie erst nicht als solche erkannt, durch die braune Farbe, die Trägersubstanz, wirkte es wie altes vernarbtes Leder."
Diese kristalline Struktur würde die Gedankenströme zerstreuen, vernebeln, verteilen oder brechen, sodass die Wellen der Informationen für Gatow nicht mehr zu erreichen waren. Babette hielt inne und überlegte. Wie fantastisch diese Vorstellungen auch waren, eines war klar: Ohne Schutzhelm hatten sie nicht den Hauch einer Chance gegen den Telepathen.
Sie genoss das Schwelgen in den alten Schmökern, versank in ihre Träume. Egal, ob das Wirklichkeit war oder nicht. Aber die Erinnerungen an diese ganzen Science-Fiction-Geschichten waren einfach herrlich. Egal ob das zu ihrer neuen Rolle passte oder nicht.
Sie würde ihr Team daransetzen. Was konnte helfen? Ein Skihelm? Schutzschild, Haube, Mütze? Oder gab es einen psychischen Schutz? Konnte man sich von den eigenen Gedanken ablenken? Auf einem Cover sah sie einen witzigen Aluhut. Nein, auf keinen Fall, so konnte es nicht aussehen. Das war lächerlich. Gab es etwas, das zur Unterstützung eingesetzt werden konnte? Okkultismus? Esoterik? Sie schüttelt den Kopf und grinste dabei. Das waren doch Lösungen, die man nicht wirklich ernst nehmen konnte, oder? Was sagt die Wissenschaft dazu? Gab es ernst zu nehmende Forschung zu diesem Thema?
Diese IT-Leute arbeiteten doch daran, unsere Gedankenströme zu nutzen, um Computer zu steuern. Elon Musk finanzierte diese Forschung. Das hatte sie irgendwo gelesen. Es gab wohl Belege, dass das grundsätzlich funktionierte, und sie erzielten Fortschritte. Sozusagen eine Haube, um zu senden.

Aber mit Leitungsverbindungen, nicht drahtlos. Wenn das funktionierte, musste man das doch nur umkehren. Der Bereich Hirnforschung spielt da auch eine Rolle. Guter Gedanke, verfolgen wir das weiter.
Müde und hoffnungsvoll stolperte sie ins Bett und träumte von den Weltraumhelden ihrer Jugend.

23

Es konnte doch nicht so schwer sein, einen Dreispalter für den Essener Lokalteil der WAZ zu schreiben, den der Chef ihm aufs Auge gedrückt hatte. Christian Hellenkamp saß vor seinem Rechner und versuchte krampfhaft, seine Gedanken zusammenzuhalten. Die Unworte des Jahres spielten Karussell in seinem Kopf. *Corona, Pandemie, systemrelevant, Verschwörungstheorie, die schwerste Krise seit dem WK II, AHA-Regeln, Lockdown, Impfstoff.* Er konnte es nicht mehr hören. Die Lockerungen des zweiten Lockdowns im März 2021 führten direkt zum dritten Lockdown. Mehrere Wissenschaftler, Virologen hatten das prophezeit. Jetzt sprachen sie schon von der dritten, vierten und fünften Welle. Was denn noch? Inzwischen waren alle irgendwie Experten für das Virus. Nur waren noch nicht alle zu Wort gekommen. Deshalb würde es wohl noch etwas dauern. Die ewigen Wiederholungen der Begriffe in den Medien führten bei der Bevölkerung zu einer Unlust, einer Übersättigung. Die Dosis machte das Gift. Die toxische Schwelle der Indoktrination, der Menge der täglichen manipulativen Botschaften hatte diese Schwelle längst überschritten.

Christians Meinung zu dem ganzen Schlamassel stand fest, aber mit welcher Formulierung würde es ihm gelingen, die Leute zu überzeugen? Bisher waren alle seine Beiträge, Berichte, Stellungnahmen dazu abgelehnt worden. Als Spinner bezeichneten sie ihn in der Redaktion bereits, wenn nicht Schlimmeres. Es war 11:00. Er war froh, dass er aufgrund der Maßnahmen meist zu Hause arbeiten konnte und die Redaktionssitzungen über Video stattfanden. Die dritte Tasse Kaffee schmeckte irgendwie fade, abgestanden. Er ging in die Küche, schüttete die lauwarme Brühe weg und beschloss, sich ein verfeinertes Getränk zu gönnen. Mit dem neuen heißen Getränk, in das er einen ordentlichen Schuss Cognac gab – das Sahnehäubchen sparte er sich – steuerte er wieder den Schreibtisch an. Das Aroma kitzelte seine Nase und zauberte sofort ein Lächeln auf sein Gesicht. Dieser Carajillo würde ihn ganz sicher nach vorne bringen.

Kaum saß er vor dem leeren Bildschirm, überfiel ihn das schlechte Gewissen. Jen hatte ihm in letzter Zeit mehrfach die Hölle heiß gemacht, er solle seinen Alkoholkonsum einschränken. Für ihn war es wie eine zermürbende Gehirnwäsche. Schließlich hatte er zugestimmt, die Woche über keinen Alkohol zu sich zu nehmen, nur noch an den Wochenenden durfte er zuschlagen. Und bei besonderen Gelegenheiten, hatte er wohlweislich ausgehandelt. Das war eben jetzt so eine besondere Gelegenheit. Er brauchte das Getränk als Elixier, um in Stimmung für das Schreiben zu

kommen. Wenn er vorsichtig war und nicht zu viel trank, würde sie schon nichts merken.
Er war es so leid, diesen kleingeistigen Schwachsinn zu produzieren, den sein Chefredakteur von ihm forderte. Jetzt, wo Tom weg war, hatte er auch nichts an neuen, aufsehenerregenden Schlagzeilen zu bieten, die ihn aus seiner Misere herausbringen konnten. Wo war Tom nur? Was war mit ihm geschehen? Sein Freund Tom, dem er so viel zu verdanken hatte, seit sie sich damals in London kennengelernt hatten. Selbst die Verbindung zu Jen war durch Toms Vermittlung entstanden. Jen war schon eine tolle Frau, wenn sie nur die ewige Meckerei lassen würde.
Christian googelte, was seine Kollegen wieder ausgegraben hatten. Alles wurde genutzt, um die Bürger immer mehr unter Kontrolle zu bringen. Was planten sie nicht alles für die Zukunft. Fingerabdruck, wenn man sich im Web anmeldete. Eine einheitliche Bürgernummer. Was hatte das noch mit Datenschutz zu tun? Immer wieder kamen ihm Gerüchte zu Ohren, dass sie auch planten, das Bargeld abzuschaffen. Genau dazu suchte er einen Bericht. Über die Geldabschaffung. Das durfte doch nicht wahr sein! Keiner brachte etwas darüber. Das musste man sich mal vorstellen! Die Infos waren jedem zugänglich, aber niemand ging darauf ein. Die ganzen Medien klebten an Corona. Da musste man doch nachdenklich werden.
Die hatten seinen Bericht abgelehnt. Wo doch dem dümmsten Trottel klar werden müsste, dass das ganze Corona ein Fake war, um vieles zu verschleiern oder anderes klammheimlich durchzubringen. Die konnten doch nicht alle so gleichgeschaltet sein, dass sie einfach alles glaubten, was ihnen täglich vorgesetzt wurde. Nur ihren Konsum im Kopf haben. Was

würden die da oben wohl noch alles unter dem Deckmantel Corona durchpauken?

Christian ging in die Küche, stellte die leere Tasse in das Spülbecken, wohl wissend, dass Jen ihn fragen würde, warum er sie nicht direkt in der Spülmaschine verstaute. Jetzt erst recht, dachte er sich und nahm die Flasche Cognac und ein Wasserglas mit an den Rechner. Der Tag war sowieso gelaufen. Sie würde seine Fahne riechen, also gab es in jedem Fall Krach, dann war es auch egal, wie viel er getrunken hatte.

Er setzte sich wieder an den Rechner, kippte einen ordentlichen Schluck hinunter und schüttelte sich. Er klickte sich durch Anbieter unterschiedlichster Nachrichten und landete auf einer wissenschaftlich ausgerichteten Plattform. Das gab es doch nicht, was fand er da auf der Titelseite? Endlich hat man herausgefunden, warum der australische Wombat Scheiße in viereckigen Knübbelchen produzierte. Verantwortlich wäre die Peristaltik seines Darms, wodurch es zu eckig geformten Fäkalien käme. Tja, über Scheiße schreiben, was? Natürlich, das konnten seine Kollegen immer gut. Das Glas hatte er direkt neben der Maus platziert und mehrfach mit kleinen Schlückchen nachgelegt.

Da meldete sich sein Handy. Er beschloss, nicht dranzugehen, wenn das jemand aus dem Büro wäre. Bevor er in dem Wust auf seinem Schreibtisch danach greifen konnte, brach der Klingelton ab und die Mailbox schaltete sich ein. Die Rufnummer, die das Display anzeigte, war ihm unbekannt. Moment mal. Die Vorwahl 00350 kannte er nicht. Seine sofortige Recherche bei Google ergab: Gibraltar. Christian hatte keine Kontakte in Gibraltar. Machte dort jemand Urlaub? In der Coronazeit? Vielleicht hatte sich nur jemand verwählt.

Pling.

Eine Nachricht auf der Mailbox. Manchmal dauerte es etwas länger, bis da etwas einging.

Christian legte das Gerät vor sich, entsperrte es, tippte sich zu der Voicemail durch und drückte auf Wiedergabe. Er hörte ein Knacken, verschiedene Stimmen, Geschrei, etwas Gewaltiges schien zu Bruch zu gehen. Im Hintergrund rief jemand, gerade noch vernehmbar:

„Er hat ein Handy."

Die dann folgende Stimme kam ihm bekannt vor, klang irgendwie vertraut, aber er kam nicht darauf:

„Gib die Information weiter …"

Wer konnte das sein in dem Durcheinander? Welche Information? Was hatte diese rudimentäre Nachricht zu bedeuten? Wer hatte sie abgesetzt? War er überhaupt der richtige Adressat? Aber warum sollte ihm sonst die Stimme bekannt vorkommen? Wenn er sich nur erinnern konnte. Er würde den alten Trick anwenden, nicht mehr daran denken, dann würde es ihm schon wieder einfallen. Es war nur eine Frage der Zeit.

24

Während der Verhöre des ehemaligen Mitglieds der *großen Sechs* hatte Jade drei Nächte im Gästezimmer bei Regina auf der Insel verbracht. Da der Tourismus fehlte und wenig polizeiliche Tätigkeiten anfielen, nahm Regina sich Zeit, ihr die Insel zu zeigen. Jade genoss die Ruhe ohne Straßenverkehr. Vor allem der Westteil vom Töwerland mit dem großen Sandriff, über das man stundenlang wandern konnte, ohne ans Ende zu gelangen, gefiel ihr. Sie ergatterten in der Domäne Bill, einem ehemaligen Bauernhof am äußeren Westen, einen Milchkaffee und einen riesigen Rosinenstuten zum Mitnehmen, der hier wohl eine Spezialität war. Gemeinsam gestalteten sie sich die Phasen der Verhöre und der Erholungspausen so angenehm wie möglich.

Die Ablenkung sorgte dafür, dass Jade nicht mehr so häufig darüber nachgrübelte, dass sie im Dienst einen Menschen erschossen hatte. Sie wusste, dass sie damit noch nicht durch war. Aber jetzt wollte sie nicht daran denken. Es ging ihr gut und dazu trug sicher auch bei, dass sie sich in Reginas Familie aufgehoben fühlte. Sie begann zu verstehen, was Regina an dem Inselleben liebte.

Abends führte sie längere Telefonate mit Laura, die sie zu vermissen schien. Anschließend erstattete sie Babette Bericht über den Ablauf der Verhöre. Da Jade unzufrieden mit den nicht vorhandenen Fortschritten war, stärkte Babette ihr den Rücken und sprach mit ihr die weitere Vorgehensweise ab, bis eine Nachricht aus der Abteilung Jades sofortige Rückkehr erforderte. Es sei Einiges geschehen. Den Rückflug hatte Babette für sie bereits arrangiert.

Nach ihrer Ankunft in Köln ließ Jade sich vom Flugplatz sofort in die Zentrale fahren. In den getragenen Sachen fühlte sie sich unwohl und benötigte dringend eine Dusche. Sie überlegte, ob sie zu Hause vorbeifahren oder sich erst in der Sporthalle erfrischen sollte. Entschied sich aber dagegen. Es würde zu viel Zeit in Anspruch nehmen. Die kleine Reisetasche enthielt nur noch gebrauchtes Zeug.

Babettes Schreibtisch war übervoll mit Unterlagen. Aktenberge und Stapel an Büchern lagen auf Stühlen, die sie zusätzlich um sich herum angeordnet hatte. Das Büro sah nach intensiven Studien aus, als wenn sie Hunderte von Akten nach Querverbindungen durchsuchte, um zu lernen, wie Hall zu denken und vorauszuschauen. Jade fragte sich, ob Babette den Überblick verloren hatte. Aber, das musste sie ihr lassen, anscheinend fand sie trotzdem eine Struktur. War das überhaupt Babette? Jade sah genauer hin. Babette hatte ihr Äußeres verändert. Das Dekolleté war verschwunden, die deutliche Darstellung ihrer weiblichen Reize, der Anteil, der ihr von bösen Zungen den Beinamen „Betriebsnudel" eingebracht hatte. Ein graues Standardkostüm, gepflegte Kurzhaarfrisur, nur die Brille hing an der Kette vor ihrer Brust und erinnerte an die alte Babette. Ein dekoratives Halstuch, das wohl zu ihrem neuen Outfit gehörte, hing zusammengeknüllt auf der Armlehne ihres Stuhls. Jade wunderte sich, wie sie diese Veränderung in so kurzer Zeit zustande gebracht hatte. Ihr Aussehen und Auftreten wirkte irgendwie – Jade suchte nach dem passenden Wort – seriös. Sie schien sogar abgenommen zu haben. Konnte das wirklich innerhalb dieser drei Tage geschehen sein? Vielleicht hatte sie das bisher übersehen? Oder lag es an der neuen Kleidung? Das aufopfernde Helferlein, das jedem gefallen wollte, war verschwunden. Jade hatte vorher schon Anteile an ihr bewundert, Babetts Art, Menschen in ihren Stimmungen abzuholen. Das Ganze erschien unglaublich. Was es mit der neuen Babette auf sich hatte, konnte sie noch nicht einschätzen. Babette war so vertieft in ihre Tätigkeit, dass ihr Äußeren wie eine Selbstverständlichkeit wirkte. Ob sie durchhalten und das Chaos bewältigen würde?

Die Türen zu den anderen Büros standen offen. Freddie rief etwas, das Jade nicht verstand, und Jean-Baptiste kam mit einigen Papieren um die Ecke, die er in Reihenfolge sortierte, als wenn sie gerade erst ausgedruckt wären. Jades *Hallo* zur Begrüßung ging in der allgemeinen Betriebsamkeit unter.

Babette sah auf, nickte, zeigte ein Lächeln, das sofort wieder verschwand. Den Hörer zwischen Kinn und Schulter eingeklemmt, sprach sie mit Nachdruck auf den Teilnehmer ein. Als das Telefonat beendet war, kramte sie weiter in den Unterlagen herum und raffte einige Blätter zusammen.

„Schön, dass du wieder da bist", und lauter an alle

gewandt, „wir müssen uns eben zusammensetzen, damit alle auf den neuesten Stand gebracht werden."
Jean-Baptiste zog sich einen Stuhl heran.

„Augenblick, ich bin sofort so weit", rief Freddie und kam doch direkt herüber. Er blieb wie ein Schuljunge stehen, ebenfalls mit Papierkram in den Armen. Was waren das für Sitten? Keine ordentliche Teamsitzung am Konferenztisch?

„Für eine Teamsitzung haben wir keine Zeit", sagte Babette, als wenn sie Jades Gedanken erraten hätte. Oder hatte sie es in ihrem Blick gelesen?

„Kannst du für die anderen bitte zusammenfassen, was du in dem Verhör auf Juist erfahren hast?"
Jade berichtete. Der Mann, der als Bodyguard für die *großen Sechs*, speziell den Anführer, der sich Omega nannte, gearbeitet haben soll, habe keine Erklärung dafür, warum es über ihn keinerlei Informationen in den Datenbanken gäbe. Vielleicht deshalb, weil er sich noch nie etwas zuschulden habe kommen lassen? Oder weil er bei einem ausländischen Konzern angestellt war? Er hätte sich darüber nie Gedanken gemacht.

„Zugegeben hat er, dass er bei der DUBESOR angestellt war, eine Abfindung vom Konzern erhalten hat und von einer Betriebsrente lebt. Die Überweisung erhält er monatlich vom Konto eines Unternehmens auf den Britischen Kanalinseln. Eine der vielen dort gelisteten Briefkastenfirmen. Über kriminelle Aktivitäten, einen Bunker in Essen und Tom Forge hat er nie etwas gehört."
Alles in allem wurde klar, dass sie ihm nichts beweisen konnten, wenn er standhaft blieb. Es sei denn, Tom würde zurückkommen und ihn identifizieren.

„Hast du den Mord an seinem Kollegen eingesetzt,

um Druck zu machen? Wie wir es besprochen haben?", fragte Babette.

„Er schien kurz geschockt, hat sich aber wieder zusammengerissen. Als ich ihm unseren Schutz angeboten habe, hat er nur gelacht. Als wenn er sagen wollte: Vor denen gibt es kein Entkommen."
Babette strich sich gedankenverloren über die Stirn.

„Natürlich hat er mehr Angst vor der Rache der Organisation als vor uns", resümierte sie.

„Als ich nachgehakt habe, stellte er sich dumm. Er wisse nicht, wovon ich spräche. Er blieb bei seiner Haltung. Er sei nur ein einfacher Wachmann, Angestellter des Securitybereichs gewesen. Es ist offensichtlich, dass er sich sicher fühlt, solange er nichts verrät. So etwa verlief jedes Verhör. Am dritten Tag gingen wir ihm so auf die Nerven, da wollte er dann doch einen Anwalt", schloss Jade.

„Zumindest haben wir es versucht."

„Und was war hier?"

„Wir haben Nachricht von Tom", sagte Babette.

25

Wolfgang Kubata und Bärbel Siebert, das Team der Anti Financial Crime Alliance, kurz AFCA, einer Unterabteilung der FIU, observierte eine bekannte Hawala-Station, die sich hinter der Fassade eines Gemüseladens im Gelsenkirchener Stadtteil Bismarck verbarg. Die Umgebung war durch ein Sonnenstudio, einen 1-Euro-Markt und einen Pizza-Lieferservice geprägt. Ausgeblichene Werbeplakate und angerostete Blechschilder hingen an einem mit Graffiti besprühten Holzzaun direkt daneben. Die beiden gehörten zu einer Arbeitsgruppe, die speziell für die Aufklärung von Geldwäsche und Bekämpfung der Terrorismusfinanzierung zuständig war. Ihr Ford Focus mit defekter Stoßstange, Schrammen am Kotflügel und einigen Roststellen diente zur Tarnung. Wolfgang Kubata saß entspannt zurückgelehnt am Lenkrad. Er fuhr lieber, als dass er sich mit solchem Kram wie digitaler Fotografie beschäftigen wollte.

Das überließ er lieber seiner jungen Kollegin Bärbel.

„Diese Aisha Siddika", er deutete auf ein ausgedrucktes Foto, das mit einem Klebestreifen am Handschuhfach befestigt war, „haben Bochumer Kollegen fotografiert, aber weil keiner von ihnen erkannt hatte, dass sie auf der Fahndungsliste stand, haben sie nichts unternommen. Nach der Auswertung ihrer Aufnahmen haben sie einen eingeschüttet bekommen. Das ist nicht gerade motivierend. Beim nächsten Mal sollte man doch lieber gar keine Fotos machen. Besser nichts gesehen, als dass man Ärger bekommt."

„So kannst du das doch nicht sehen!"

„Das sagst du in deinem jugendlichen Leichtsinn. Aber ich gehe auf die Pension zu, ich brauche so einen Stress nicht."

„Wolf, hör auf mit dem Gequengel. Ein paar Jahre hast du noch, und ich will mir das so lange nicht anhören müssen."

Wolf kniff den Mund zusammen und beobachtete sie, wie sie an den Einstellungen der Kamera hantierte. Zur gleichen Zeit waren sechsundzwanzig Fahrzeuge vor weiteren Läden positioniert, die in Verdacht standen, als Filialen des Hawala-Systems zu fungieren. Es lag ein Dringlichkeitsersuchen des Bundesamtes für Verfassungsschutz vor, diese Terroristin betreffend. Näheres wussten sie nicht. Er sah wieder auf das Foto der Frau im Tschador.

„Wenigstens kann man das Gesicht erkennen."

Bärbel ließ von der Nikon ab und betrachtete ebenfalls das Foto.

„Sie soll eine Iranerin sein und Geld für irgendeine schmutzige Aktion erwarten. Ich frage mich immer, was diese Leute dazu bringt, Terroristen zu werden?"

„Woher wissen die im BfA, dass sie Geld

bekommen soll?"
Die Beobachter standen so nah und geschickt zwischen einem Baum und anderen parkenden Autos, dass sie sogar hörten, wie die junge sportlich wirkende Frau, die sie als die Gesuchte identifizierten, vor dem Geschäft von dem Ladenbesitzer begrüßt wurde.
„Salam Aleikum."
„Wa aleikum assalam."

***

Im Teamraum, an dessen Schmalseite Babettes Büro grenzte, wurde Jade über den aktuellen Stand der Ermittlungen informiert. Alle waren gewöhnt, dass die Tür immer offen blieb, so entstand der Eindruck, als gehöre das Büro zum Konferenzraum. Babette war es ganz recht, so entging ihr nichts. Alle saßen am Tisch und sie war nur eben mit ihrem Bürostuhl halb durch die Tür gerollt und konnte mit einer kleinen Drehung Unterlagen von ihrem Schreibtisch nehmen oder ablegen. Der Flug nach Juist und die gestrige Aufgabe hatten Jade gutgetan, dachte Babette. Sie sah besser aus. Aktiv unterwegs zu sein, war ihr Ding.
„Ihr habt von Tom gehört?", fragte Jade.
„Es ist kompliziert", sagte Babette und berichtete, was sich ereignet hatte.
Toms Freund Christian Hellenkamp hatte sich bei Babette gemeldet und von einem Telefonanruf erzählt.
„Er nannte es einen *eigenartigen Anruf*", führte sie aus. „Die Nummer hat er selbst nach Gibraltar zurückverfolgt. Auf seiner Mailbox waren lediglich Geräusche und eine abgebrochene Nachricht. Erst hat er gedacht, es sei eine fehlgeleitete Verbindung, aber nach mehrmaligem Abhören meinte er, Toms Stimme

erkannt zu haben. Also hat er sich bei uns gemeldet. Wir sind überzeugt, dass es Tom war. Jean-Baptiste hat sich damit beschäftigt."
Jade sah Jean-Baptiste an, der lächelte und nickte.

„Warum hat er nicht hier angerufen?"

„Du kennst doch die Vermittlung", sagte Babette, „es hätte zu lange gedauert, bis er zu uns durchgekommen wäre. Wahrscheinlich hatte er nur wenig Zeit. Wer weiß."

Jade überlegte. Wieso hatte er nicht sie angerufen? Wäre das nicht naheliegender gewesen? Die Frage beantwortete sie sich gleich selbst. Zu Beginn ihrer Zusammenarbeit hatten sie die Verbindungsdaten getauscht und in ihren jeweiligen Handys gespeichert. Aber sie wäre nicht in der Lage, ohne ihr Handy Tom anzurufen. Vermutlich war Christians Nummer die Einzige, die er auswendig kannte. Jade starrte Jean-Baptiste immer noch an, konnte es kaum glauben.

Babette forderte ihn mit einer Geste auf, die Sache zu erläutern.

„Die Mailbox enthielt nur Fragmente. Etwas wie: *Bin in ...* Die Rufnummer war nicht unterdrückt, also versuchten wir zurückzurufen. Eine Verbindung kam nicht zustande. Ich habe den Eigentümer des Anschlusses ausfindig gemacht und ihn über Festnetz erreicht. Es handelt sich um den Spanier León Alvarez, der als Pendler in Gibraltar arbeitet. In einem langen Telefonat habe ich seine Aussage aufgenommen. Er habe mit seiner Freundin zu Mittag gegessen, als einige Männer an seinem Platz vorbeigegangen seien. Plötzlich sei sein Handy weg gewesen. Es habe sich dann herausgestellt, dass eine der Personen es vom Tisch geklaut und sich auf der Toilette eingesperrt hätte. Die beiden anderen traten daraufhin die Tür ein und holten ihn heraus. Das

Handy hätten sie ihm entrissen und zertreten. So weit seine Geschichte. Der Mann klang echt entsetzt, als er sich an den Vorgang erinnerte. Nach seiner Beschreibung kann es sich um Tom handeln. Er soll angespannt ausgesehen haben, aber braungebrannt, als wenn er im Urlaub sei."
Babette streckte ihre Hand Jean-Baptiste entgegen.
„Hast du die Liste?"
Jean-Baptiste überreichte ihr die Kopien, die er immer noch wie ein Schild vor sich hielt.
„Wir sind deiner Idee nachgegangen, Jade. Da ist der gesamte uns bekannte Immobilienbesitz der DUBESOR verzeichnet."
Babette schob Papierberge beiseite und stapelte Akten vom Tisch auf einen Stuhl, bis sie Raum für die Ausdrucke hatte.
Gemeinsam beugten sie sich darüber und überflogen Hunderte von Adressen, die, alphabetisch angeordnet, mehrere DIN-A4-Seiten umfassten.
Freddie war der Schnellste. Er legte seinen Zeigefinder auf eine Zeile des dritten Bogens.
„Da. Gibraltar."
„Schick mich hin!", forderte Jade mit energischer Stimme.
Babette schüttelte den Kopf.
„Ich kann dich nicht ins Ausland gehen lassen. Das geht über unsere Befugnisse."
„Darüber hat Hall sich nie Gedanken gemacht. Wir können Tom nicht alleinelassen. Das ist die erste Spur. Seit Monaten. Wenn er sich auf diese Art meldet, klingt das für mich wie ein Hilferuf."
„Das mag sein. Aber ich sehe das anders. Wie wir Omega kennen, wird er schon längst dort wieder verschwunden sein. Egal, was wir tun, Gatow wird es vorher wissen. Schon wenn wir es planen."

Babette überlegte sich, wie sie ihre Idee aus den SF-Romanen an ihre Leute weitergeben konnte, ohne sich lächerlich zu machen. Sie musste versuchen, dass sie von selbst darauf kamen. Sie wendete sich an alle.
„Gegen Omega mit seinem Telepathen haben wir keine Chance, solange wir unsere Gedanken nicht abschirmen können. Gatow wird immer wissen, was wir vorhaben, wann wir kommen, und sie werden uns wieder durch die Lappen gehen."
„Ja, so ist es", sagte Jade reichlich zerknirscht.
Babette nickte.
„Aber ich sehe nicht ein, dass wir es dabei belassen. Brainstorming! Hat einer eine Idee? Alles ist erlaubt. Tut euch keinen Zwang an. Lasst hören!"
Als Reaktion raschelte Jean-Baptiste mit seinen Papieren und er und Freddie sahen weg. Jade schluckte und hielt Babettes Blick stand.
„Kommt schon, Leute. Kein noch so verrückter Vorschlag ist unerwünscht. Niemand macht sich lächerlich."
Erste zögernde Ansätze wurden geäußert.
„Gibt es keinen Lehrstuhl in dieser Richtung ...", sagte Freddie, „... wie nennt man das ... Parapsychologie?"
Jean-Baptiste meldete sich zu Wort.
„Doch, in Freiburg gibt es einen oder hat es zumindest einmal einen gegeben."
„In Edinburgh, habe ich gehört", sagte Jade, „forschen sie wohl auch in dieser Richtung."
Na also, dachte Babette, geht doch.
„Was genau hatte Tom angegeben", hielt Babette sie am Thema, „wie ist dieser Helm beschaffen, der die Gedanken abschirmen soll?"
„Wenn wir daran arbeiten, bekommt Gatow das auch mit", sagte Jean-Baptiste. Es klang skeptisch.

„Das ist vorerst wohl nicht zu ändern", stimmte Jade zu.

„Schon möglich", sagte Babette, „aber was sollen wir tun? Die Hände in den Schoß legen? Das haben wir lange genug getan."

Freddie nickte und grinste, als hätten sie schon einen Schutzhelm vor sich liegen.

„Und falls es klappt, ist sein Vorteil dahin."

„Aber dann müsste jeder, solange wir daran arbeiten, durchgehend den Helm tragen. Nur einmal abgesetzt und schon hat er uns, oder?", meinte Jean-Baptiste.

Nachdenkliche Gesichter rundum. Babette meinte fast, die Gedanken arbeiten zu hören. So würde es wohl für diesen Gatow sein.

„Egal." Babette wollte die aufkommende Hoffnung zu weiterer Motivation nutzen. „Lasst ihn doch erfahren, dass wir Gegenmaßnahmen treffen. Wenn wir so weit sind, bekommt er nicht mehr mit, wenn wir die Jagd auf ihn eröffnen."

„An was konkret denkst du? Wie sollen wir vorgehen?", fragte Freddie.

Alle schwiegen. Sie hatte doch auch keine Antworten. Hoffentlich fiel ihr bald etwas ein.

„Ich werde euch morgen sagen, wie es weitergeht." Ihr war eine Idee gekommen, wo sie sich Unterstützung holen konnte.

26

Nach der Arbeit legte Jade einen Zwischenstopp zu Hause ein. Sie war froh, endlich duschen und ihre Kleidung wechseln zu können. Nach drei Tagen der Abwesenheit wollte sie mit Laura das Wiedersehen feiern. Als sie später Lauras Wohnung betrat – sie hatten inzwischen einen Schlüssel –, war noch nichts vorbereitet. Jade trug eine schwarze Designerjeans und eine weiße Bluse, von der sie wusste, dass das geschmeidige Material die Rundungen ihres Körpers gut zur Geltung brachte. Außerdem hatte sie dezenten Lippenstift aufgetragen. Laura saß auf dem Badewannenrand, in ein beigefarbenes seidenes Top und Shorts gekleidet und lackierte ihre Fußnägel. Die Haare hatte sie hochgebunden. Die Luft im Bad war schwül, und es roch angenehm nach den Substanzen, die Laura für ihren gepflegten Körper nutzte. Sie hatte geduscht, ohne sich die Haare zu waschen. Jade betrachtete Lauras lange Beine und das goldene Kettchen an einem Fußgelenk. Die Begrüßung fiel mager aus.

„Hi."

Laura schaute kaum auf und ließ sich nicht in ihrer Beschäftigung stören.

„Du bist noch nicht so weit."

„Wie du siehst."

„Bin ich zu früh?

„Ich weiß nicht. Wie spät ist es?"

Was hatte Laura? Jade freute sich, Laura wiederzusehen, wollte sich auf keinen Streit einlassen und ging nicht auf die Stimmung ein.

„Ich dachte, du hättest etwas vorbereitet. Oder gehen wir irgendwohin?"

„Wohin denn? Ist doch alles zu."

„Sollen wir was kommen lassen?"

„Von mir aus.

„Was Bestimmtes?"

„Mir egal. Schau mal in der Küche. Auf der Fensterbank liegen Prospekte von Lieferdiensten."

Jade schaffte es, gelassen zu bleiben. Sie einigten sich auf Italienisch. Jade deckte im Esszimmer den Tisch, dekorierte Kerzen dazu und entzündete sie zusammen mit denen des schlanken mehrarmigen Leuchters auf dem Sideboard. Solange Laura noch beschäftigt war, bestellte Jade nach Abstimmung das Menü. So hatte sie sich den Abend nicht vorgestellt. Was mochte Laura haben? Waren das die Auswirkungen des Lockdowns? Lief es in der Firma nicht wie gewünscht? Laura kam in die Küche und setzte sich mit einem Bein untergeschlagen auf den Stuhl. Wollte sie sich nicht anziehen?

„Was ist los, Laura?"

„Nichts. Ich geh mir eben was überziehen."

Sie erhob sich wieder und kam Minuten später in Jeans und einem leichten Pullover zurück. Zu Jades

Erstaunen hatte sie dicke Socken an den Füßen.
Laura deutete ihren Blick richtig, lachte und erklärte, dass sie schnell kalte Füße bekäme. Ein stockendes Gespräch kam zustande. Jade erzählte von der netten Familie der ortsansässigen Polizistin und dem Wind am Strand, der sie ordentlich durchgepustet hätte. Dann kam Laura auf ein Thema, über das Jade nicht sprechen wollte.

„Wie geht es jetzt mit dem Schlafen?"

Laura wusste ja, dass sie oft Alpträume hatte und dass bei verschiedenen Gelegenheiten noch Erinnerungen an die Situation hochkamen, als sie jemanden erschossen hatte. Jade wollte daran nicht erinnert werden. Egal ob ihre Partnerin sich Sorgen deshalb machte oder wieviel Mitgefühl sie zeigte. Sie bemühte sich, diese Gedanken loszuwerden. Ihr war klar, dass sie nichts falsch gemacht hatte. Sagte sie sich immer wieder. Es war Notwehr.

„Juist war eine gute Ablenkung. Wenn ich etwas zu tun habe, denke ich weniger darüber nach."

„Vielleicht solltest du einen Therapeuten aufsuchen", schlug Laura vor. Was sollte das nun wieder heißen. Dieses ganze Gespräch kam ihr langsam suspekt vor. Was sollte diese Rumdruckserei? Was wollte Laura?

Nach einer längeren Pause kam dann das, was Jade erwartet hatte.

„Ich glaube", sagte Laura, „das hat mit uns keinen Sinn. Wir kriegen das nicht hin. Wir sind einfach zu unterschiedlich."

Jade spürte, wie ihr heiß wurde. Nur nicht zeigen, was in ihr vorging. Cool bleiben.

„Okay. Wenn du das so siehst", sagte sie mit emotionsloser Stimme.

Da rastete Laura aus.

„Ist das alles, was du dazu zu sagen hast?" Sie brüllte, fluchte und heulte gleichzeitig. Sie wolle mehr Nähe, Aufmerksamkeit und Zuwendung. Sie könne das nicht, einfach tagelang getrennt sein. Wenn sie sich für jemanden entschieden hätte. Nur Telefonate würden ihr nicht reichen. Wieso Jade sie nicht mitgenommen hätte. Sie hätte so eine Auszeit genauso gebrauchen können. Dann beruhigte sie sich etwas. Nur die Tränen flossen noch, und sie begann mit langsamer, stockender Stimme von ihrer Mutter zu sprechen.

„Meine Mutter hatte eigentlich ein trauriges Leben, obwohl mein Vater sie auf Händen getragen hat. Sie war nicht nett zu ihm, hat ihn schikaniert und war oft gemein zu ihm. Er hat sich mit einer Seelenruhe alles gefallen lassen. Aber mir ist das aufgefallen. Ich habe ihn immer wieder gefragt, ob alles in Ordnung sei und wie es ihm gehe. *Ich bin zufrieden*, hat er immer geantwortet. Ich konnte das einfach nicht glauben." Dann berichtete sie, dass ihre Mutter eigentlich einen anderen Mann geliebt habe, als sie achtzehn war. Das wäre ihre ganz große Liebe gewesen. Der sei aber verheiratet gewesen, schon etwas älter und habe bereits eine Tochter von drei Jahren gehabt.

Der Pizzabote klingelte. Jade nahm die Lieferung entgegen und stellte Kartons, Plastiktüten und die Flasche Rotwein auf den Tisch. Laura nahm den Faden wieder auf, als wenn es keine Unterbrechung gegeben hätte.

„Als meine Oma das herausbekommen hat, also die Mutter meiner Mutter, hat sie meine Mutter windelweich geschlagen. Damals war es nicht üblich, einen geschiedenen Mann mit Kind zu heiraten. Das Erscheinungsbild nach außen war wichtig. Man war gut erzogen und hatte sich ordentlich zu benehmen.

Sie sollte meinen Vater nehmen, egal ob sie ihn liebte. Hauptsache, sie sei gut versorgt. Das war das einzig Wichtige. Denk an die Nachbarn! Dann hat sie unseren Vater eben geheiratet und ist nicht wirklich glücklich mit ihm gewesen, sondern aggressiv gegen ihn geworden. Als wenn er etwas dafür konnte, dass sie sich nicht für ihre große Liebe eingesetzt hat. Mein Bruder hat dann ihre ganze Zuwendung bekommen und Vater hat seine Energie in die Firma gesteckt und wurde da erfolgreich. Wahrscheinlich ist das der Grund, warum ich immer auf den Traumprinzen gewartet und nie geheiratet habe. Ich wollte nicht so ein unglückliches Leben wie meine Mutter führen. Jetzt habe ich zwar nicht den Traumprinzen, aber die Traumprinzessin gefunden und die soll mir keiner mehr wegnehmen. Ich denke, deshalb kann ich es so schlecht aushalten, wenn ich von dir getrennt bin."
Jade spürte einen Kloß im Hals. Es fiel ihr schwer, Worte zu finden. Bei ihr war es umgekehrt. Sie konnte zu viel Nähe nicht ertragen. Ihr hatten die drei Tage auf Juist gutgetan. Für sie war dieser Abstand eine Erholung. Sie freute sich dann auf das Wiedersehen. Alles war lockerer, wenn man sich nicht zu nah auf der Pelle saß. Sie war sich unsicher, was sie jetzt tun sollte. Was erwartete, was brauchte Laura? Sie stand auf, ging zu ihr und nahm sie in den Arm. Laura schluchzte noch lauter, ließ es aber geschehen. Anscheinend war das das Richtige. Das Essen stand unberührt auf dem Tisch und wurde kalt. *Warum geht immer alles kaputt? Wie gestaltet man denn eine Beziehung in einer Zeit sich auflösender Verbindungen? Was macht den Menschen aus? Was ist ein gelungenes Leben?*
Nach Lauras Ausbruch saßen sie nebeneinander und Jade versuchte nun ihrerseits, Laura zu erklären,

wieso es ihr so schwerfiel, Nähe auszuhalten. Wie sie von ihrem Stiefvater immer wieder verprügelt worden war. sie konnte versuchen, was sie wollte, es war nicht zu beeinflussen. Es gab einfach immer etwas mit Stock oder Gürtel.

„Der Schmerz wurde mein Freund. Ich habe mir geschworen, ich gebe ihm nicht die Genugtuung, dass er mich heulen sieht."

Das hatte dazu geführt, dass sie heute noch zu viel Nähe als etwas Gefährliches ansah. Mit zwölf begann sie, täglich Taekwondo zu üben. Ihr einziger Hoffnungsschimmer war, sich irgendwann gegen ihn und solche Männer wehren zu können. Das war ihr Ziel. Ab dem vierzehnten Lebensjahr hatte sie zusätzlich alles, was es an Kniffen gab, im Straßenkampf gelernt. Dazu gehörte auch, keine Gefühle zeigen zu dürfen. Zu dem Zeitpunkt reichte es bereits, wenn sie ihren Stiefvater nur ansah, da traute er sich schon nicht mehr, sie anzufassen.

„Wenn der andere sieht, dass dir die Tränen kommen, hast du verloren. Auf der Straße sowieso. Das ist der Überlebenskampf, sonst bist du tot!"

Auch prügelnde Lehrer, wie man sie manchmal als Kind erlebt hat – da dachte man, das ist eben so, das ist normal. Heute wusste sie es besser. Aber diese Erfahrung hatte sie zu der gemacht, die sie war.

„Wenn ich das Haus verließ", beendete sie ihre Erinnerungen, „habe ich immer so viele Sachen mitgenommen, wie ich tragen konnte, weil ich nicht wusste, ob ich zurückkehren würde."

Dann sagte keiner mehr etwas. Laura sah ihr in die Augen und Jade wusste, es würde alles gut werden.

27

Hall war ein spezieller Vorgesetzter. Er hatte seine ganz eigene Art, die Identität seiner Informanten für sich zu behalten. Je weniger andere wussten, war seine Maxime, umso weniger konnte durch Zufall nach draußen dringen. Seine Akten waren nur Fassade. Die wichtigen Fakten waren nur in seinem Kopf gespeichert. Eigentlich war er durch niemanden zu ersetzen, nur er kannte alle Zusammenhänge seines Netzwerks. Die Informationen aus dieser geheimen Datenbank in seinem Gehirn würden das ganze Amt in Verruf bringen, wenn sie je bekannt würden. Das war der Grund, warum er nie etwas notiert hatte. Vieles wusste Babette natürlich, sie hatte ja oft hinter ihm hergeräumt. Aber jetzt überkamen sie Zweifel. Sie fragte sich immer öfter, ob sie ihn wirklich ersetzen konnte.
Zuerst hatten sie rein gar nichts gehabt, jeden Stein umgedreht, ohne Ergebnis. Das bisherige Vorgehen ergab mittlerweile zwar verschiedene Hinweise, aber

welchen Spuren sollte sie zuerst folgen? Im Team wurde ihr deutlich, dass sie allein stand. Alle warteten darauf, dass sie die Richtung vorgab, die Aufgaben verteilte. Sie entschied sich, bei Hall Unterstützung zu suchen.
Als sie ihn anrief, wirkte er sehr bedrückt. Seine Stimme klang brüchig, er sprach in unzusammenhängenden Sätzen in kaum verständlicher Lautstärke. Wo war die befehlsgewohnte Art geblieben? War er krank? Fast bereute sie es, ihn gestört zu haben. Er versprach aber, sich mit ihr zu treffen und ihr zu helfen.
Ihre Begegnung fand zwei Stunden später statt, in der Nähe seines Hauses in Porz-Zündorf auf der Groov, bekannt als die Freizeitinsel, die mit ihren Sandstränden und altem Baumbestand zu einem Spaziergang einlud. Babette hoffte, dass die aufblühende Pflanzenwelt seine Stimmung heben würde. Sein graues, zerfurchtes Gesicht verzog sich zu einem wehmütigen Lächeln, als er sie begrüßte. Er schien um Jahre gealtert. Hall hatte einen Mantel wie einen offenen Umhang übergeworfen und sich tief hinter einem Schal verkrochen. Als das Revers beim ersten Schritt aufklappte, bemerkte Babette, dass er zu einer Anzughose ein Poloshirt und eine Fleecejacke trug. Das war gar nicht sein Stil. Sie erschreckte erst recht, als sie sah, dass er den mitgebrachten Regenschirm als Gehstock benutzte.
Seine erste Frage galt Tom.
Babette erzählte von dem Anruf, als wenn es ein großer Erfolg auf der Suche nach Tom wäre. Hall freute sich, schien aber schnell ihre übertrieben positive Schilderung als solche zu durchschauen, fiel wieder in sich zusammen und kam dann sofort zur Sache.

„Wie kann ich Sie unterstützen? Erklären Sie mir die Lage."

Er wirkte auf sie, als wenn ihm der Lebensmut verloren gegangen wäre. Was mochte geschehen sein?

„Was ist mit Ihnen? Kann ich etwas für Sie tun?"

„Ach, ..."

„Jetzt kommen Sie mir nicht mit *Ach, es ist nichts!"*

Die Bemerkung brachte ein verhaltenes Lächeln auf sein Gesicht.

„Da ist sie wieder, meine aktive Babette. Es ist schön, Sie zu sehen." Dann begann er zu erzählen. Seine Frau sei krank. Zuerst dachte man, es sei nichts weiter als eine Erkältung. Nach vier Tagen verschlechterte sich ihr Zustand erheblich. Hinzu kamen Atembeschwerden und der erste Verdacht, dass sie sich mit Corona infiziert haben könnte. Das Testergebnis auf Covid-19 war positiv. Der Schock bei beiden saß tief. Der Erreger SARS-CoV-2 fand seinen Weg aus dem Rachen in die Lunge und eine Lungenentzündung führte zu ernsthaften Problemen. Hall wurde ebenfalls getestet, das Ergebnis war aber negativ.

„Sonst hätten Sie von mir gehört. Dann wäre die ganze Abteilung drangewesen."

Hall wollte seine Frau anfangs zu Hause versorgen mit einer Betreuung durch ihren Hausarzt. Nach der Meldung an das Gesundheitsamt musste sie aber ins Krankenhaus. Isolierstation, Quarantäne.

„Das war vermutlich das Beste für sie", sagte Hall, aber Sie können sich das nicht vorstellen, dadurch war jeder Kontakt unterbrochen. Ich habe tagelang nicht erfahren, wie es ihr geht. Ob sie überhaupt noch lebt."

Hall versuchte immer wieder seine Frau im Krankenhaus zu erreichen, bis es ihm gelang, zumindest zu einem der behandelnden Ärzte vorzudringen. Ausgerechnet seine Frau gehörte zu dem kleinen Teil der Infizierten, zu den 5 %, bei denen ein schwerer Verlauf vorlag. Sie musste auf die Intensivstation und künstlich beatmet werden.

„… ohne dass ich etwas davon mitbekommen habe, stellen Sie sich das vor …"

Der Bericht des behandelnden Arztes beruhigte ihn nicht gerade. Er habe gesagt, dass es durchaus zu Komplikationen und sogar Lungenversagen kommen könne. Seine Frau gehöre aufgrund ihrer Brustkrebserkrankung, auch wenn es vier Jahre zurücklag und damals gut ausgegangen war, zu den Betroffenen mit lebensgefährlicher Vorerkrankung.

„Der Arzt, Dr. Falkendorf, hat mir ohne das geringste Einfühlungsvermögen für die Situation einen Vortrag gehalten, welche Faktoren bei meiner Frau alle erschwerend wirken. Er zählte auf, Übergewicht, naja, nicht viel bei meiner Frau, aber ein wenig schon, das Alter natürlich, Bluthochdruck, Krebs in der Vorgeschichte und ihre Herz-Kreislauf-Probleme. Es gäbe noch mehr, aber das waren die wichtigen Faktoren, die halt zutrafen. Es hat sich für mich fast so angehört, als wenn er mir damit zu verstehen geben wollte, ich solle mit dem Schlimmsten rechnen. Bei dem Telefonat versicherte er mir zwar, es würde ihr einigermaßen gehen, sagte mir aber auch, dass ich sie erst dann besuchen könne, wenn klar wäre, dass sie sterben würde. Das hat mich umgehauen. Danach war wieder Sendepause.

Erst nach weiteren fünf Tagen bekam ich eine Krankenschwester an den Apparat, die sich erst ziemlich frech und schnippisch äußerte. Sie hätten eben viel zu tun, davon könne ich mir keine Vorstellung machen. Erst als sie die Situation

verstand, habe sie sich bei einem anderen Arzt erkundigt und ihn etwas beruhigen können. Der Zustand seiner Frau sei wohl stabil.
Es sei die schlimmste Zeit seines Lebens gewesen, berichtete Hall.

„Nichts von Nora zu hören. Gerade wo sie mich braucht, nichts für sie tun zu können. So kann man doch nicht mit Menschen umgehen! Jetzt stellen Sie sich mal vor, wir wären noch älter und könnten uns nicht wehren."

Es war das erste Mal, dass Babette den Namen seiner Frau hörte. Ihr Chef gehörte zu den Menschen, die ihr Privatleben völlig vom beruflichen Bereich getrennt hielten. Babette wurde klar, wie sehr er an seiner Frau hing.

„Wieso haben Sie nicht Ihre Verbindungen eingesetzt?"

„Habe ich, habe ich", erklärte er ihr, „in diesem Krankenhaus hatte sich kurz vorher ein leitender Verwaltungsangestellter mit seiner Frau vorgemogelt, um eine Impfung zu erhalten, die ihnen aufgrund der Priolisten noch nicht zustand. Das war aufgeflogen und hatte sich zu einem Skandal ausgeweitet. Daraufhin hatte man in der Geschäftsleitung beschlossen, hundertprozentig korrekt zu handeln. Man hatte sogar lieber ungenutzten Impfstoff weggeworfen und nicht einfach irgendjemanden geimpft, nur um einen weiteren Vorfall zu verhindern. Selbst die Intervention des Bundestagsabgeordneten Eberhard Lauer hatte da nichts ausrichten können. Man sei nicht bestechlich, war die eindeutige Antwort gewesen, die er erhalten hatte.

„Sie machen sich keine Vorstellung davon, wie man sich fühlt, wenn man den geliebten Menschen nicht sehen darf und nichts Konkretes über den Zustand

erfährt. Ich muss sagen, ich hatte keine Vorstellung davon, wie sehr mich das mitnehmen würde."
Babette war geschockt.

„Wie geht es ihr jetzt? Hören Sie denn von ihr?"
„Ich weiß nur, dass sie beatmet wird. Mehr ist nicht zu erfahren."

Babette schüttelte den Kopf. Hall war während des Erzählens immer weiter in sich zusammengesunken. In seinem aktuellen Zustand fand sie es geschmacklos, ihn mit ihren Problemen zu behelligen. Die kamen ihr jetzt vergleichsweise klein vor. Hall hatte genug zu tragen. Das hatte er wirklich nicht verdient. Sie blieben stehen und sahen auf das Wasser. Hall schwieg, stützte sich mit einer Hand auf das Geländer. Dann wandte er sich ihr zu.

„Wir sind eine Behörde, hier wird im Team gearbeitet", sein Körper straffte sich, er richtete sich gerade auf, wie um sich abzulenken oder ein neues Kapitel aufzuschlagen, „also heraus damit, was bedrückt Sie?"
Ausgerechnet Hall, der Einzelgänger par excellence, kam mit diesem Spruch. Aber vielleicht war das eine Ablenkung für ihn und brachte ihn zumindest kurzfristig auf andere Gedanken. Also stellte sie ihm die gegenwärtige Situation in allen Einzelheiten dar. Er war sofort konzentriert bei der Sache und stellte klärende Zwischenfragen. Als sie ihren Bericht beendet hatte, schwieg er einen Moment und sah sie mit einem Blick an, den sie nicht einordnen konnte.

„All die Jahre, die wir zusammengearbeitet haben, konnte ich meinen Job nur machen, weil du so gut warst", sagte er. Hatte er sie geduzt? Hatte sie sich nicht verhört? Sie schaute ihn an, jetzt verstand sie, was er mit seinem Blick ausdrücken wollte. Er war stolz auf sie. Ihre Augen wurden feucht. Sie schluckte.

„Ich habe so etwas vermutet. Deshalb habe ich das hier vorbereitet." Mit diesen Worten zog er einen mehrfach gefalteten DIN-A4-Zettel aus der Tasche, der an den Rändern schon eingerissen war, und überreichte ihn Babette wie ein Kleinod. Es handelte sich um eine Liste, auf der in Halls Handschrift Namen und Kontaktmöglichkeiten mit Codeworten eingetragen waren. „Die bitte am besten auswendig lernen und vernichten oder für niemanden zugänglich im Tresor aufbewahren. Diesen Leuten kannst du vertrauen, wenn du dich auf mich beziehst."
Mit seiner rechten Hand fasste er ihre Schulter und schaute ihr in die Augen.

„Du kannst das!"

Wie viele Menschen war sie Lob nicht gewöhnt. Es war ihr peinlich und gleichzeitig bekam sie das Strahlen nicht aus dem Gesicht. Sie würde alles tun, um ihn nicht zu enttäuschen. Wenn er ihr das zutraute, würde sie das schaffen.

28

Nachdem sie mit Hall gesprochen hatte, überlegte Babette das weitere Vorgehen. Es kostete sie eine schlaflose Nacht. Am anderen Morgen war sie nicht als Erste im Büro. Jean-Baptiste kam ihr entgegen und überreichte ihr eine dünne Mappe mit den Ergebnissen seiner Recherche. Hatte er etwa die Nacht durchgemacht?
„Was Wichtiges?"
„Ich hoffe, es bringt uns weiter."
Wollte Jean-Baptiste immer noch gutmachen, dass er sie in früherer Zeit mit seinen anzüglichen Sprüchen belästigt hatte? Sie blätterte die Unterlagen noch im Stehen durch, während sie mit einem Arm aus der Jacke schlüpfte. Er half ihr dabei und hängte sie in die Garderobe.
„Gut gemacht, Jean-Baptiste."
„Ist mein Job." Seine Ohren verfärbten sich leicht.
Jean-Baptiste hatte den aktuellen Forschungsstand zusammengefasst, den es zu dem Thema Telepathie

gab. Inklusive der Ansprechpartner. Es gab ein privates *Institut für Grenzgebiete der Psychologie und Psychohygiene (IGPP)* in Freiburg und die Abteilung für Forschung in der Einheit *Koestler Parapsychology* an der *University of Edinburgh*. Sie gab Jean-Baptiste den Auftrag, sich mit dem deutschen Institut in Verbindung zu setzen. Sie selbst würde in Edinburgh anrufen.

Bei dem ersten Versuch, den Leiter der Fakultät, Professor Roger T. Sanderson M.Sc., Ph.D., zu erreichen, landete Babette bei seiner Vorzimmerdame. Der Professor sei außer Haus, ob sie weiterhelfen könne. Caroll Healy schien dort alles im Griff zu haben. Diese Frau verhielt sich so und hörte sich genauso an, wie Babette sich selbst in ihrer Rolle als Halls Assistentin gegeben hatte.

„Oh ja." Caroll Healy war begeistert, über die Fortschritte der Arbeitseinheit zu plaudern. „Die Popularität, die Elon Musk mit seiner Forschung im Bereich der Neurotechnologie zuteilgeworden ist, hat sich auch auf unsere Arbeit ausgewirkt." Der Ansatz des populären Managers war, dass der Mensch direkt über seine Gedanken mit dem Computer kommunizieren soll, berichtete sie. Bisher erfolge die Verbindung über eine Art Mütze, die durch Elektroden mit dem PC verbunden war. Diese Vorgehensweise gelte als veraltet. Für die Zukunft sei eine drahtlose Schnittstelle geplant. Elon Musk beabsichtige, dafür Chips in menschliche Gehirne einzupflanzen, um die bisherigen verdrahteten Steuerungen zukünftig drahtlos zu gestalten.

„Wir haben hier auch die telepathische Verbindung auf natürlichem Wege weiter untersucht und gleichzeitig daran gearbeitet, uns in der Zukunft auch gegen diese Einflüsse zu schützen."

Babette berichtete ihr von dem Hut, den Tom beschrieben hatte, mit der kristallinen Struktur auf der Oberfläche.

„Das ist längst überholt. Wir haben in letzter Zeit große Fortschritte gemacht. Von diesem sogenannten Aluhut ist man längst abgekommen. Wir haben etwas viel Besseres entwickelt." Die Ergebnisse in der Forschung des Elon Musk hatten Professor Sanderson als Anregung gedient, um eine effektive Abwehr gegen Telepathie zu entwickeln. Soviel bekam Babette aus Caroll heraus.

„Falls wir nicht ausgelacht werden und sich jemand für die Abwehr gegen telepathisches Abhören interessiert, sind wir gerüstet."

„Das hört sich hervorragend an", sagte Babette und hoffte, Caroll weitere Informationen zu entlocken.

„Das Ganze ist aber geheim. Mehr darf ich darüber nicht sagen."

Dann musste Babette eben in ihre alte Art der Kommunikation umschalten. Sie verwickelte Caroll in ein Gespräch über private Dinge und erfuhr, wie es ihrer Familie ging, dass sie einen Pudel hätten und sich für den Garten einen Swimmingpool gekauft hätten.

„Was soll man sonst mit dem ganzen Geld machen, das man spart, wenn man wegen Corona nicht in Urlaub fahren kann!"

Jetzt die alte Strategie, die immer wirkte:

„Oh, was soll ich jetzt nur tun? Mein Chef muss das unbedingt wissen und ich hatte das ganz vergessen. Ich hatte ihm versprochen, dass ich mich darum kümmere. Wenn ich jetzt nicht Wort halte, was soll dann werden? Ich verliere bestimmt meinen Job!"

Insgeheim schalt sie sich, wie konnte sie nur auf diese hinterhältige Weise vorgehen? Sich als dummes kleines Weibchen verkaufen, um an die Solidarität unter Frauen zu appellieren. Sie wusste, dass das zog, aber passte das noch zu der neuen Position, die sie anstrebte? Sie zerstreute ihre Zweifel, indem sie sich sagte, der Zweck heiligt die Mittel.

Caroll begann zu flüstern und Babette hatte den Eindruck, sie würde sich dort in Edinburgh über ihren Rechner beugen und umblicken, ob sich kein Lauscher in der Nähe aufhielt. Eigentlich sei das geheim, streng geheim.

„Naja, halb geheim."

Sie hätten ein Gerät entwickelt auf der Basis elektromagnetischer Impulse.

„Ich sage nur EMP. Woraus bestehen die Gedanken, die die Begabten, so nennen wir die Personen, die eine telepathische Veranlagung haben, auffangen können? Aus elektromagnetischen Strahlen, wenn auch sehr schwachen. Also macht es Sinn, wenn man die ablenkt oder stört, eben mit einem elektromagnetischen Impuls. Man geht davon aus, dass die Struktur der Gedanken dadurch in einzelne Segmente zerstückelt wird und daher nicht mehr als zusammenhängende Einheit erfasst werden kann." Nachdem sie einmal mit dem Plaudern begonnen hatte, war Caroll nicht mehr zu stoppen. Sie erging sich in ausufernden Beschreibungen, wie die Prototypen des EMP-Aufspalters ausgesehen hatten.

„Wir haben es *Thought Dissipator*, kurz *TD,* getauft, inzwischen in der Version TD03", sagte sie stolz. Sie hatten zuerst mit riesigen Kästen experimentiert, mit den unterschiedlichsten Antennen und sichtbaren elektrischen Spulen. Bis sie erkannt hatten, wie wenig Spannung nur benötigt wurde.

„Die Dinger, mit denen wir anfangs experimentiert haben, sahen ziemlich lustig aus. Aber das endgültige

Produkt ist ein schlichtes, unauffälliges, handgroßes Kästchen mit einem Knopf zum Einschalten."
Babette hatte die Bezeichnung EMP schon einmal gehört und eine ungefähre Vorstellung davon.

„Wie sind denn die Auswirkungen auf das Umfeld? Autos, die nicht mehr fahren, und ähnliche Dinge?"
Caroll lachte.

„Ja, zuerst sind die wildesten Dinge passiert, die gesamte Elektronik im Umkreis von über hundert Metern ist ausgefallen. Wir haben den Impuls so weit reduziert, dass die Strahlung gerade stark genug ist, um das Gehirn zu erreichen. Die Gedanken werden so gebrochen, dass ein anderer sie nicht mehr zu einer klaren Struktur zusammensetzen und entziffern kann."
Babette überlegte.

„Nur ein einziger Nachteil …", sagte Caroll.
Jetzt kommts, dachte Babette.

„… der Träger muss das Gerät ausschalten, wenn er sich elektrisch rasiert …"
Wenn das das Einzige war …

„… und die Haare föhnen geht natürlich auch nicht …" Pause. „… ohne das Gerät zu deaktivieren. Das betrifft alle elektronischen Geräte, die sich in unmittelbarer Nähe befinden."
Na, wer sagt es denn. Babette bedankte sich, versprach, sich auf jeden Fall zu revanchieren. Als Caroll ihr auch noch erzählte, dass es inzwischen ein Unternehmen in Schottland gab, das diese Geräte speziell für die Uni herstellte, ließ sie sich die Spezifizierung sowie Typennummer des kleinen Wunderwerks geben und notierte die Adresse der Herstellerfirma.

„Normalerweise ist das Interesse an unserer Forschung nicht so groß", erwähnte Caroll zum Abschluss wie nebenbei, „aber vor Kurzem hat schon

jemand nachgefragt."
Babette benötigte wieder ihre ganzen Überredungskünste und als sie den Namen hörte, stockte ihr der Atem.
„Was? Frank Scheller? Das gibt's doch nicht!"

Jean-Baptiste hatte Auskünfte bei Unternehmen in Deutschland eingeholt, die sich auch mit diesem Bereich beschäftigten, aber keine hilfreichen Informationen erhalten. Babette überreichte ihm die Kontaktdaten des Lieferanten der britischen Entwicklung mit der Bitte, sofort zwanzig Geräte zu bestellen.
„Per Express mit allem Drum und Dran. Je schneller, desto besser." Er sollte sehen, wie er alle Zollbestimmungen und sonstigen Hemmnisse abwiegeln könne, da es für den Verfassungsschutz überlebenswichtig sei. Wenn die Dinger hielten, was Caroll versprach, dann hatten sie erstmals eine reelle Chance gegen die *großen Sechs* mit ihrem hauseigenen Telepathen.

29

Bei der ausgedehnten Überwachung der Hawala-Stellen durch die FIU war die Gesuchte erneut aufgefallen. Sie wurde fotografiert und definitiv als Aisha Siddika identifiziert. Diesmal war sie sportlich, westlich gekleidet, mit Jeans, Lederjacke und Sneakers. Sie verließ die beobachtete Station mit einer Reisetasche. Zusätzlich half ihr ein Mitarbeiter des Ladens, zwei größere Pappkartons in ihrem Wagen unterzubringen. Die Beobachter hatten sie trotz der langen lockigen Haare, die sie nun offen trug, und der auffälligen Ohrringe, erkannt und sofort weiter gemeldet. Das informierte Einsatzkommando traf zu spät vor Ort ein. Allerdings konnte das Überwachungsteam Angaben zu Fahrzeug und Kennzeichen machen. Es war ein weißer Skoda Octavia. Es stellte sich nach einer halben Stunde heraus, dass das Fahrzeug einige Querstraßen weiter gestohlen worden war. Durch die sofort eingeleitete Fahndung wurde der Wagen zwei Stunden später in

Essen in der Elisabethstraße, einer Sackgasse, die von der Elisenstraße abzweigte, entdeckt. Er parkte zwischen verrosteten Autoteilen und wild wachsenden Sträuchern in der Zufahrt zu einem Baumarkt. Von der Fahrerin fehlte jede Spur.
Jade fuhr auf Babettes Anweisung zu dem Ort, an dem das Fahrzeug sichergestellt worden war, und grummelte vor sich hin. Sie wollte sich nicht von Babette herumkommandieren und zu diesem langweiligen Auto schicken lassen. Das brachte doch nichts!
Lieber wäre sie gleich nach Gibraltar geflogen, um Tom zu suchen. Von Tom zu hören hatte, sie euphorisch gemacht. Vorbei war die miese Stimmung, das Durchhängen, die täglichen ermüdenden Diskussionen über Corona. Sogar das Grübeln über den ersten Toten, den sie auf dem Gewissen hatte, war wie weggeblasen. Tom hatte ihr so gefehlt. Vielleicht sollte sie dafür Urlaub nehmen? Auf eigene Faust losziehen?

Ein Zivilwagen mit zwei Fahndern, Frank Wenner und Olaf Wondraczak, war noch vor Ort. Der Mann vom Abschleppdienst wollte gerade mit dem Verladen beginnen. Jade wies sich aus, setzte sich auf den Fahrersitz und spürte nach, was diese Iranerin wohl dachte, fühlte. Sie fasste das Lenkrad nicht an, da noch Fingerabdrücke genommen werden mussten. Was mochte in einer solchen Person vorgehen?
Einer der Beamten sah ihr dabei zu.
   „Wir haben alles durchsucht. Keinerlei Hinweise."
Jade wollte sich selbst überzeugen. Sie streifte sich Handschuhe über, die ihr einer der Beamten reichte, und durchsuchte das Handschuhfach, schaute unter und zwischen die Sitze und in den Kofferraum.

Nichts.

Wer konnte etwas beobachtet haben, als die Iranerin den Wagen abgestellt hatte? Hatte ein anderes Fahrzeug zum Wechseln bereitgestanden? Es ging kein Weg an der mühseligen Arbeit des Klinkenputzens vorbei.

„Wir sollten die Leute in der Umgebung befragen, ob jemandem etwas aufgefallen ist", schlug Jade vor.

„Dazu haben wir keinen Auftrag und keine Zeit", erwiderte Olaf Wondraczak.

Das durfte nicht wahr sein! War diesen Leuten nicht klar, um was es ging? Musste sie sich jetzt wirklich auch noch mit Konkurrenzdenken und Zuständigkeiten auseinandersetzen? Welche Karte sollte sie ausspielen? Jade nahm sich vor, in Zukunft die Leute nicht sofort zu duzen, auch wenn es sich um Kollegen handelte. Vielleicht würden sie dann ihre Autorität eher anerkennen. Sie stemmte einen Arm in die Seite, sodass ihr Jackett aufklaffte und beide Männer sehen konnten, dass auch sie eine Waffe trug. Das war ein Moment, in dem sie ihre Arbeit liebte, solchen Spaßvögeln klarzumachen, wer das Sagen hatte. Gut, dass Babette, wie vorher Hall, darauf bestanden hatte, dass sie sie behielt. Jetzt war allein der Anblick der Glock hilfreich, um sich durchzusetzen.

„Was wird das hier? Ihr seid doch beide schlau genug, dass ihr wisst, wie das läuft, oder?" Sie ließ den Satz wirken und schaute ihnen nacheinander in die Augen. „Ich denke, wir sollten hier in jedem Unternehmen, zu dem diese Einfahrt führt, unsere Fragen stellen. Einer von euch ..." Jade sah Frank Wenner an, „... kann die Kennzeichen der zehn Wagen, die hier parken, durchgeben. Sobald du die hast, kontaktierst du die Halter, egal, wo sie sich

gerade aufhalten, und befragst die. So weit klar?"
Frank Wenner, mit seiner braunen Lederjacke, schaute zu Boden und sagte nichts. Olaf Wondraczak nahm eine Sonnenbrille aus der Hemdtasche, setzte sie sich auf.

„Das ist hier keine Einfahrt, auch wenn es so aussieht. Das ist eine richtige Straße. Eine Stichstraße."

Sollte Jade auf den Klugscheißer eingehen?

„Okay. Dann würde ich sagen, Olaf, du fängst am Ende der Stichstraße an und arbeitest dich nach hier zurück. Ich starte hier und wir treffen uns in der Mitte. Je eher ihr beginnt, umso schneller sind wir fertig. Wenn ihr wirklich erst eine Genehmigung von eurem Vorgesetzten einholen wollt, der sich mit meiner Dienststelle in Verbindung setzen wird und dann doch den Auftrag erteilt, dann geht das nur von eurer Zeit ab."

Die beiden legten los. Die Winde, mit der der Octavia auf den Hänger gezogen wurde, erzeugte ein ohrenbetäubendes Quietschen. Jade ging auf den ersten Hof zu und entdeckte dort noch vier Autos.

„Frank, hier sind auch noch welche, vergiss die nicht", rief Jade dem Kollegen zu, der über Funk die ersten Kennzeichen durchgab.

Die meisten der Wagen gehörten Personen, die in einem der Betriebe beschäftigt waren. Zwei wollten bereits nach Hause fahren, wurden aber von Jade angehalten und befragt. Nach zweieinhalb Stunden hatten sie zu dritt jede erreichbare Person zu Auffälligkeiten interviewt. Auch ein Mann, der in einem Haus um die Ecke wohnte, stellte sein Fahrzeug regelmäßig hier ab.

Zuerst hatte niemand etwas Ungewöhnliches zu berichten. Doch die professionelle Frageweise der

Fahnder und Jades Verhörtechnik förderten etwas zutage: Vier Personen machten Angaben dazu, dass seit einer Woche ein Kleintransporter, ein Peugeot Rifter, dunkelblau oder grau oder schwarz, hier abgestellt war, der ihnen deshalb aufgefallen war, weil alle anderen geparkten Fahrzeuge immer dieselben gewesen seien.

„Wie kommt es, dass Sie sich an die Marke erinnern?", fragte Jade einen von ihnen.

„Naja, diese Schnauze ist doch unverkennbar, irgendwie bullig. Und der Löwe ... den kennt doch jeder."

„Das Kennzeichen?

„Nee, darauf habe ich nicht geachtet."

Aber ein anderer konnte sich an einen Teil des Nummernschildes erinnern. *DO – K*... Er war sich nicht sicher, ob ein weiterer Buchstabe folgte. Aber das Kennzeichen hätte seiner Meinung nach eine zwei- oder dreistellige Zahlenkombination aufgewiesen. Für Jade war das die Bestätigung für ihre Vermutung. Aisha Siddika war hier in den bereitgestellten Peugeot umgestiegen. Auf dem Weg zurück nach Köln gab sie die Resultate durch. Babette würde das rudimentäre Kennzeichen mit allen dunkelblauen, grauen oder schwarzen Rifters in den Dateien der Zulassungsstellen abgleichen lassen.

30

Tom saß mit Omega und Mischa erneut auf der Felsterrasse – Tom vermutete zum letzten Mal. Die Gemüter hatten sich beruhigt, und es herrschte allgemeine Aufbruchstimmung. Die Bodyguards wechselten sich kurzfristig ab, um zu packen. Tom war entspannter als in der ganzen Zeit seiner Gefangenschaft. Jetzt, wo neue Aufgaben vor ihm standen, er konkret etwas unternehmen konnte, fühlte er sich gut.
„Wie gehen wir vor? Soll ich Kontakt zu meinen Leuten aufnehmen? Es macht doch keinen Sinn, wenn wir alleine mit dieser Bedrohung herumexperimentieren."
Omega lehnte sich zurück und faltete die Hände vor dem Bauch. Tom deutete sein selbstzufriedenes Lächeln als Zustimmung. Nicht umsonst hatte Tom von „wir" gesprochen. Vermutlich war diese Denkweise, die seine Kooperation ausdrücken sollte, ausschlaggebend für Omegas Stimmungswechsel.

Mischa würde es genau wissen.

Der Telepath sah Omega an.

„Es spitzt sich zu, die IS-Terroristin ist bereits auf dem Weg nach Frankreich. Es wird Zeit."

Omega nickte ihm zu.

„Okay. Wir gehen nach Calais. Das wird erst einmal das Beste sein. Sobald du mehr erfährst, sind wir bereits vor Ort und können verhindern, was sie vorhat. Tom, um auf Ihre Frage zu kommen: Bleibt zu überlegen, wie könnte uns der Kontakt zum Verfassungsschutz helfen?"

„Mein eigentlicher Arbeitgeber ist der BND. Ich kann durch die Mitarbeit meiner Kollegen sowohl beim BND als auch beim Bundesverfassungsschutz und indirekt auch beim MAD auf die Ressourcen des gesamten Geheimdienstes zurückgreifen. Falls es notwendig wird bei einer Intervention auf französischem Boden, kann die Zusammenarbeit mit dem französischen Geheimdienst vermittelt werden. Das wäre ein weiterer Vorteil."

„Soweit ich informiert bin, hat Ihr Vorgesetzter beim Verfassungsschutz eine Menge Kontakte, aber der steht uns ja leider nicht mehr zur Verfügung." Was sollte das heißen? Was war mit Hall?

Mischa schien nicht bei der Sache zu sein. Er sah etwas mitgenommen aus, wirkte abwesend, als wenn er mit seiner Fähigkeit weit weg auf Fischfang nach neuen Informationen war. Er hielt die Augen geschlossen, fokussierte anscheinend seine Aufmerksamkeit.

Omega und Tom beobachteten ihn. Dann öffnete er sie wieder.

„Sie haben unseren alten Bodyguard erwischt", sagte er, „sie haben ihn verhört."

„Hält er dicht?"

Mischa starrte ins Leere.

„Die Abfindung war generös genug. Es war ein blöder Zufall, dass er entdeckt wurde."

Das Gespräch der beiden Männer wurde im Flüsterton geführt. Obwohl für alle offensichtlich war, dass Tom trotzdem alles mitbekam. Omega beugte sich vor, sichtlich nervös.

„Kann er uns gefährlich werden? Müssen wir etwas unternehmen, unsere Interessen schützen?"

„Was kann er schon verraten!"

„Wenn sie ihn überreden? Wir sollten ihn lieber rechtzeitig beseitigen lassen."

„Er weiß doch nichts."

In seinem Kopf formulierte Tom eine Frage an Mischa: *Noch ein Mord? Ist das notwendig?*

Ihre Blicke kreuzten sich. Erkannte Tom in Mischas Augen beginnende Zweifel?

Omega bekam mit, dass sein Telepath und Tom sich ansahen. Er lehnte sich zurück und entspannte sich.

„Kommen wir zur weiteren Vorgehensweise. Sie informieren Ihre Zentrale und koordinieren unseren Einsatz. Achten Sie darauf, dass die Aktion übersichtlich bleibt. Je mehr Beteiligte es gibt, desto größer ist die Gefahr einer undichten Stelle. Und was wir überhaupt nicht gebrauchen können, ist Publicity."

Dass Omega jedes Aufsehen vermeiden wollte, konnte Tom gut verstehen.

„Vor Ort sind wir auf jeden Fall im Vorteil. Sobald Gatow Ihnen, Tom, alles weitergibt, was er erfährt, werden Sie direkt und effektiv vorgehen können."

Omega drehte sich zur Tom und sah ihm in die Augen.

„Können wir uns auf Sie verlassen, Tom?"

Tom zögerte, sah zu Mischa, der ihm auch zugewandt war.

„Ja, für diesen Einsatz können Sie das."

Omega sah Gatow an, der zur Bestätigung nickte, und zögerte noch einen Moment. Sein Blick driftete dabei über das Meer in Richtung Afrika, als wenn er von dem Panorama Abschied nehmen wollte. Dann griff er sein sicheres Handy vom Tisch und reichte es Tom.
Tom spürte ein Kribbeln, vom Nacken den Rücken hinunter. Es ging weiter! Er trat in Aktion, die Zeit des Stillstands war vorbei! Oder war das ein Trick? Ein weiterer Test? Nein, Omega zog seine Hand nicht wieder zurück. Er zeigte ihm sogar, wo die Nummer des Verfassungsschutzes einprogrammiert war. Tom drückte auf das entsprechende Symbol, wartete, dass sich die Verbindung aufbaute und stellte auf laut, damit alle mithören konnten. Sie sollten sehen, dass er vorerst offen vorgehen würde.

„Wieso arbeiten Sie nicht nur mit Ihren Leuten zusammen?"

„Für eine solche Aufgabe ziehe ich jemanden wie Sie, Tom, vor. Sie haben die speziellere Ausbildung. Zum Sicherheitsdienst sind meine Leute gut. Wir können die bestimmt zur Unterstützung einsetzen."
Omega traute ihnen also mehr nicht zu. Auch Tom überlegte, dass er nur im Notfall und ungern mit den Bodyguards zusammenarbeiten wollte. Er würde sich auch nicht auf sie verlassen, aus anderen Gründen als Omega. Er vermutete, dass Omega seine Leute gegen Tom einsetzen würde, wenn es hart auf hart käme.

„Ich muss Freiheiten haben, um das organisieren und schnell reagieren zu können."
Die Verbindung zum Amt in Köln kam zustande. Er musste sich umständlich zur Abteilung IV durchstellen lassen. Jean-Baptiste nahm den Anruf entgegen.
Tom überlegte sich, ob er einfach *Hi, hier bin ich* sagen sollte, das entsprach seiner Stimmung, fand das

aber zu albern.
„Hier ist Tom."
Von Jean-Baptiste hörte er nur ein lautes Durchatmen.

Er stand im Teamraum, Augen und Mund weit aufgerissen. Babette sah, wie er zur Salzsäule erstarrte, und brach ihr Gespräch mit Jade ab. Freddie stoppte ebenfalls seine Tätigkeit. Das Geräusch des Schredders lief aus, als er keine Blätter mehr einführte. Jade drehte sich zu Jean-Baptiste um. Alle Augen waren auf ihn gerichtet.
Babette dachte *Mach den Mund zu.*
„Tom ...", sagte Jean-Baptiste.
„Hall ist nicht da ... Tom ... wo bist du?"
Babettes Gehirn setzte wieder ein und schaltete. Sie erhob sich, ging zu Jean-Baptiste und streckte den Arm aus.
„Gib ihn mir!"
Jean-Baptiste ließ sich widerstandslos den Hörer aus der Hand nehmen.
Sie zeigte kurz Begeisterung darüber, dass er sich zurückmeldete, versuchte dann aber mit ruhigen, überlegten Worten abzuklären, ob er aus freiem Willen anrief oder unter Druck stand. Die Verantwortung lastete schwer auf ihr. Sie strengte sich an, ihre Überraschung zu unterdrücken und den anderen zu zeigen, dass sie auch in einer solchen Situation den Überblick behielt und man sich auf sie verlassen konnte. Tom zu hören, war, als ob sie erst vor zwei Tagen zuletzt miteinander gesprochen hätten und nicht vor drei Monaten. Sie hielt den Atem an, als Tom ihr das Ziel des Anschlags mitteilte. Diese IS-Terroristin wollte tatsächlich den Tunnel unter dem Kanal nach England sprengen!
„Bist du sicher?", fragte Babette, dachte aber im

gleichen Atemzug an den Telepathen.
„Ist dieser Gatow in der Nähe?"
„Ja, steht neben mir. Sie hören mit."
Babette konnte sich lebhaft vorstellen, wie Tom mit seinem jungenhaften Lächeln diesen Mann während des Gesprächs ansah und ihm vermutlich auch zunickte. Auf seine Frage bezüglich Halls Aufenthalt informierte sie ihn, dass der Chef vorübergehend nicht im Dienst wäre. Auch wenn Tom sich so locker und nett mit denen dort arrangiert zu haben schien, blieb sie misstrauisch. Sie kannten die *großen Sechs*. Es war eine kriminelle Organisation, die ihre Netze weltweit spannte. Wie nah war Tom an Omega und Gatow dran? Sosehr sie sich freute, von Tom zu hören, durfte sie nicht vergessen, dass er lange dem Einfluss dieser Leute ausgeliefert war. Besser war es, auf alles gefasst zu sein. In ihrer neuen Position durfte sie sich keine Fehler erlauben. Arbeitete er noch für den Verfassungsschutz oder in erster Linie für diese Organisation? Was erlauschte Gatow aus ihren Gedanken? Was erfuhr er direkt über Tom? Babette beschloss, sehr vorsichtig zu sein mit dem, was sie Tom gegenüber erwähnte. *Es würde noch drei Tage dauern, bis die Geräte da waren.* Sofort dachte sie an etwas anderes. Hoffentlich war dem Telepathen dieser Satz entgangen. *Die Franzosen hatten lange Hosen,* dachte sie. *Stimmt nicht, es waren keine ... langen Hosen ... wie hieß das ... sansculottes ... das waren doch eher kurze Hosen ... war das wohl so etwas wie Knickerbockerhosen? Genau genommen Kniebundhosen. War das während der Französischen Revolution? Wann war das? Ah ja, 1789 bis 1899. Oder hatte das damit gar nichts zu tun?* Es gelang ihr, soweit sie das beurteilen konnte, ganz gut, ihre Gedanken mithilfe der Ablenkung wieder auf die

aktuelle Problematik zu fokussieren. Ihr war klar, dass solche sinnlosen Assoziationen Gatow auch verdächtig sein würden, aber sie hoffte, dass es ihr zumindest gelang durch den Gedankensalat die realen Inhalte vor ihm zu verbergen. Sie verschwieg Tom die bisherigen Ergebnisse, erwähnte aber, dass sie sich nach seinem Anruf bei Christian Hellenkamp kurzfristig überlegt hatte, Europol einzuschalten.

„Gut, dass du das nicht getan hast. Die Sicherheitslücken wären verheerend. Stell dir vor, das würde an die Medien gehen. Mit einer Panik wäre niemandem gedient. Wir werden das alleine regeln. Wenn Aisha Siddika Wind davon bekäme, dass wir ihr auf der Spur sind, bläst sie das Ganze womöglich ab und taucht erneut unter. Dann stehen wir wieder am Anfang, und wer weiß, ob wir vom nächsten Anschlag dann vorher erfahren. Das Risiko ist zu groß. Wir müssen es diesmal schaffen."

Sie verabredeten, mit Omegas Zustimmung, wie Tom ihr bestätigte, dass sie auch die Möglichkeit bekam, dieses Handy anzurufen und sie bis zur Abwendung der drohenden Gefahr und dem Ausschalten der Terroristin täglich jederzeit den Kontakt aufnehmen konnten und im Ernstfall als Standleitung, wie bei anderen Einsätzen auch, halten wollten. Zum Schluss teilte sie Tom noch mit, dass Scheller das dringende Bedürfnis hatte, ihn zu erreichen.

„Hat er gesagt, was er will?" Diese Frage Toms verneinte Babette. Frank Scheller, überlegte er, was hatte die CIA mit dieser ganzen Angelegenheit zu tun? Tom hatte sich so an sein Leben in Gibraltar gewöhnt, dass der Kontakt zu seinen Leuten bizarr wirkte. Wie eine Erinnerung an alte Zeiten, ein Klassentreffen nach Jahren der Trennung, eine andere Zeitebene. Mein Gott, tat das gut, Babettes vertraute Stimme wieder zu hören. Sofort gewann sein Pflichtgefühl die Oberhand. Aber er durfte sich keine Fehler leisten, es ging jetzt nicht um Gefühlsduselei. Er riss sich zusammen und konzentrierte sich auf die Aufgabe. Seine feine Wahrnehmung war noch nicht verloren. Ihm fiel sofort auf, dass Babette reservierter klang als sonst. Was war dort los? Wo hielt Hall sich auf? Wie ging es Jade? Er hätte sie ebenfalls gerne gesprochen, aber das musste warten. Seine Gedanken überschlugen sich. Wie würde er in Babettes Situation reagieren? Vermutlich wäre er auch vorsichtig, wenn nicht sogar misstrauisch und würde sich erst einmal versichern wollen, ob der Kollege nicht vom Feind umgedreht worden sei. Wie konnte er Babette vermitteln, dass dem nicht so war?

Mischas Blick hatte sich während des Telefonats immer mehr verfinstert. Er nahm anschließend Omega zur Seite.

„Das wird gefährlich. Sie bereiten eine Abschirmlösung vor. Diese Frau, die jetzt in der Abteilung IV das Sagen hat, ist gefährlich. Sie versuchte mich geschickt aus ihren Gedanken herauszuhalten. Ich konnte nicht sehen, was genau sie vorhaben. Wir müssen uns beeilen, sonst ist unser Vorteil verloren."

31

Es stand nicht fest, ob Babette Jade zum Einsatz nach Calais schicken würde, aber sie hoffte darauf. Alles drängte sie, loszulegen. Ihre Schießhemmung würde sie in den Griff bekommen. Was war mit Babette? Traute sie ihr den Einsatz nicht zu? Lag es daran, dass sie eine Frau war? Jade war überzeugt, dass sie Tom längst losgeschickt hätte. So zu denken, war nicht hilfreich für eine gute Stimmung. Der heutige Abend gehörte ganz ihr und Laura. Es sollte Entspannung pur werden. Das hatte sie sich insgeheim versprochen. Sie würde es ihrer Partnerin ganz vorsichtig beibringen, dass sie für den Einsatz vermutlich einen oder mehrere Tage wegmusste. Bei einem Bummel über die Rü sahen sie sich im Schaufenster Ohrringe an. Das Sonnenlicht verzauberte die Straße und ließ die Farben erstrahlen. Die Schilder, die an jedem zweiten Laternenmast hingen und die Menschen zum Tragen ihrer Masken aufforderten, konnten ihre Stimmung nicht verderben. Jade hakte Laura unter und kuschelte sich an sie. Ihre Bewegungen stimmten sich aufeinander ein. Jade war es zwar nie wichtig gewesen, ihre Sexualität vor sich her zu tragen, wie Veganer mit ihrem Essverhalten jedem auf die Nerven gingen, aber sie freute sich, dass es Laura in der Öffentlichkeit zum ersten Mal nichts auszumachen schien. Der Rüttenscheider Markt war wesentlich leerer als zu den Vor-Corona-Zeiten, kleineres Angebot und weniger Besucher. Sie schlenderten von Stand zu Stand und kauften die Dinge frisch, die sie für ihr Abendessen benötigten. Jade empfand eine nie gekannte innere Wärme, wenn sie beobachtete, wie Laura die Waren prüfte, bevor sie sich entschied. Sie sah sich genau an, ob es ihren Wünschen entsprach, berührte und drückte mit der Hand, um Qualität und Reifegrad festzustellen, oder schnupperte daran. Manches hielt sie Jade hin.

„Hier, riech mal."

Sie tat es und schaute in Lauras strahlende Augen. Jade hatte für den Abend ein Massageöl mit einem Aroma besorgt, das sie liebte, und es als Überraschung wunderschön eingepackt. Ein Produkt, das man auf dem freien Markt nicht erwerben konnte. Sie bezog es über einen befreundeten Masseur, der es direkt aus Bali einführte. Sie freute sich schon darauf, Lauras Körper zu erforschen, sie beide in den verführerischen Duft gehüllt. Sie würde alles daransetzen, ihren Höhepunkt so lange wie möglich hinauszuzögern. Ihr wurde ganz warm. Sie würde unglaublich langsam beginnen, mit ihren Fingern, ihren Händen sich langsam vorarbeiten, sie spürte ein Prickeln. Die Vorstellung, Lauras Brüste zu massieren, an ihren süßen Nippeln, die sich so schnell aufstellten mit ihrer Zunge zu spielen, ließ sie genussvoll stöhnen.

Laura löste sich von ihr und sah sie mit einem misstrauischen Blick an.

„Was hast du?", fragte sie mit Erstaunen in der Stimme.

„Nichts. Warum?"

Anschließend würden sie sich darüber unterhalten, wo ihre gegenseitigen Vorlieben lägen, das würde sie wieder anmachen und sie würden es erneut tun.

***

Es waren viele Entscheidungen, die Babette jetzt täglich zu treffen hatte, und niemanden, mit dem sie sich darüber beraten konnte. Für heute, entschied sie, reichte es. Jetzt würde sie sich eine Auszeit gönnen. Wer viel schafft, muss auch die Akkus wieder aufladen. Sie stoppte auf dem Weg nach Hause bei Aldi, um Einiges für das Abendbrot einzukaufen. Aus dem gedachten *mal eben* wurde nichts. Sie stand natürlich an der Kasse, bei der es am langsamsten voranging. Irgendein Fehler im Kassensystem. Die Schlange wurde immer länger. Nein, sie würde nicht wie früher auf *immer passiert nur mir das* reinfallen. Die Wahrscheinlichkeit war genauso groß wie die, an der Kasse zu landen, wo es am schnellsten voranging. Nur in den Fällen registrierte man das eben nicht. Die anderen begannen, unruhig zu werden, sich aufzuregen, zu drängeln und zu schimpfen. Babette hatte von Menschen gehört, die Shoppen zu ihrem Hobby erkoren hatten, und da sie in der Corona-Zeit dem nicht nachgehen konnten, tatsächlich ihre Freizeit bei Real oder neuerdings in der Metro verbrachten. Als Ersatz für das Bummeln in großen Einkaufszentren. Die konnten einfach nicht anders. Dann bekam der Mann hinter ihr auch noch einen

Anruf. Er nestelte sein Handy aus der Jacke. Babette konnte sich die Frage der Anruferin vorstellen. *Wo erwische ich dich gerade?* Sie schmunzelte vor sich hin. Ich werde gerade zur Telepathin!

„Bei Aldi an der Kasse", sagte er. Das war ja wirklich klassisch. Sie hörte nicht weiter zu, wollte nicht wissen, ob seiner Frau etwas eingefallen war, was er unbedingt noch mitbringen sollte. Die ständige Erreichbarkeit, der moderne Stress. Was hatte die Menschheit sich damit angetan? Alle machten das mit, hielten sich für wichtig. Jetzt ging es zwei Schritte vor. Immerhin kam etwas in Bewegung. Sie hatte mehrere Optionen. Erstens: Sich aufregen und ebenfalls schimpfen. Zweitens: Hier die Zeit nutzen, um sich zu entspannen und auszuruhen. An der Situation ließ sich ja nichts ändern. Also das Beste daraus machen. Drittens: sich jemanden suchen, den sie runterputzen konnte, um sich abzureagieren. Ihre aufgestauten Aggressionen loswerden. Aber hatte sie die? Eigentlich nicht. Vielleicht den Filialleiter kommen lassen, sich beschweren. Aber brauchte sie das? Wozu? Das war nur ihre Energie, ihre Kraft, die sie dabei verpulverte. Sie entschied sich für die zweite Variante.

Dann kam die Durchsage und eine weitere Kasse wurde geöffnet. Der Run ging los, von hinten stürmten Einige mit ihren Einkaufswagen heran und knallten gegeneinander. Auch vor Babette scherten einige aus, in der Hoffnung, sich vor der neuen Kasse einen besseren Platz zu erobern. Das große Zetern begann. Die Minute, die man dadurch gewann, war es nicht wert. Babette lächelte in sich hinein und fühlte die innere Ruhe. Jetzt ging es in der verbleibenden reduzierten Schlange schnell vorwärts. Die Kassiererin zog ihre Waren vom Förderband über den

Scanner und Babette verstaute alles wieder und zückte ihre Karte zum kontaktlosen Bezahlen. Beim Eingeben der Geheimnummer rückte ihr der Hintermann nah auf die Pelle. Kurz überlegte sie, ob sie auf Variante Nummer Drei zurückkommen sollte, kam aber zu dem Entschluss, dass es sich nicht lohnte. Jetzt blieb, entweder ihn sehr freundlich um mehr Abstand und Diskretion zu bitten, oder sie versuchte es anders. Sie richtete sich auf, strich sich über das Revers ihre konservativen Kostüms und suchte Blickkontakt, ohne ein Wort zu sagen. Der Mann schreckte aufgrund ihres unerwarteten Verhaltens zurück.

„Oh, Entschuldigung", stammelte er.

Sie nickte ihm freundlich zu. Na also. Ging doch. Zur Ruhe kommen, statt sich in Gedanken aufzuregen, sich zum Schluss freundlich, aber bestimmt abgrenzen. Sie würde sich zur Belohnung einen richtig angenehmen Abend machen und alle beruflichen Sorgen aus dem Kopf verdrängen.

32

Omega hatte alles perfekt organisieren lassen. Der Flughafen Aéroport de Calais-Dunkerque lag nur etwa sieben Kilometer nordöstlich von ihrem Ziel Calais. Fahrzeuge standen bereit. Trotz der Einschränkungen durch die Pandemie hatten sie als Geschäftsreisende eine Unterkunft erhalten. Eine *Résidence a la plage*. Schon das Äußere, die perfekte weiße Fassade, ließ erahnen, dass es sich um ein exquisites, sehr gepflegtes Etablissement handelte. Es lag nah genug, sodass Zentrum, Strand, Hafen und vor allem der Eingang zum Eurotunnel leicht zu erreichen waren. Andererseits war es weit genug entfernt von neugierigen Nachbarn und hatte genug Raum, alten Baumbestand und Gebüsch, um ein unauffälliges Kommen, Gehen und Parken während des Aufenthalts zu gewährleisten. Omega hatte das gesamte Hotel gemietet, sodass sie unter sich blieben. Der Umgang miteinander war lässiger geworden. Das Gefangenendasein war beendet. Omega schien sich

sicher zu sein, vermutlich auch durch Mischas Überprüfung, dass Tom jetzt, da sein Einsatz bevorstand, begierig darauf war, seine Pflicht zu erfüllen. Flucht war keine Option mehr. Oder sie fühlten sich so sicher, dass es ihnen egal war. Tom war ja jetzt ohne Weiteres in der Lage, seine Leute zu informieren, wo sie sich aufhielten. Mischa würde es erfahren. Deshalb konnten sie auch dann fliehen, bevor ein Zugriff möglich war. Aber das stellte Tom zurück. Aus seiner Sicht war vorrangig, das Attentat zu verhindern.
Das Personal des Hotels beschäftigte sich mit der Zubereitung des Abendessens. Omega trug einen legeren Leinenanzug und hatte sich mit einem leichten Pullover gegen die abendliche Kühle gewappnet. Tom war in Jeans, Poloshirt und dunkelblauen Blouson gekleidet. Omega hatte ihm die gesamte Kleidung nach seinen Wünschen bereits in Gibraltar besorgen lassen. Sie schlenderten an einem farbenprächtigen Eiswagen vorbei die Strandpromenade entlang, der untergehenden Sonne entgegen. Omega hielt seine Arme auf dem Rücken verschränkt. So leger hatte Tom diesen mächtigen Mann noch nie erlebt. Oder war das eine weitere Strategie, ihn zu beeinflussen? Sie begutachteten die Reste der Befestigungsanlagen, die vor über 70 Jahren von der deutschen Besatzungsmacht zum Schutz vor der bevorstehenden Invasion errichtet worden waren. Unabhängig von den moralischen Abgründen des Nationalsozialismus zeigte Omega sich begeistert von den Fähigkeiten und der Stabilität der damaligen Arbeit. Sie gingen in eine dieser Trutzburgen, sahen aus dem Bunker hinaus auf das Meer. Ein Frachter fuhr weit draußen vorbei. Tom fragte sich, ob dieser Mann, der aus dem Hintergrund heraus die Geschicke der Menschheit manipulierte,

gleich noch seine Schuhe ausziehen und mit nackten Füßen durch das Wasser waten würde. Die beiden diensthabenden Bodyguards begleiteten sie diskret in großem Abstand.

Das Abendessen war angerichtet, als sie von ihrem Ausflug zum Strand zurückkamen. Gespeist wurde in einem Salon, an dessen Kopfseite ein dekorativer Kamin aus Felssteinen eingebaut war. Auf der U-förmig angeordneten Tafel waren weiße Tischdecken ausgebreitet. Kellner im Livree standen bereit. Zwischen Omega und seinem führenden IT-Spezialisten Kai Rentenberg saß Mischa. An den Längsseiten hatten Tom und die Bodyguards Platz genommen.
Tom gegenüber saß Renate Bartel. Ihr wohlgeformtes Gesicht zeigte heute einen ernsten Zug um die Mundwinkel, der ihm noch nicht aufgefallen war. Gab es etwas Neues, das er noch nicht wusste? Oder war das nur das Relikt einer strengen Erziehung? Ihr Teint war durch den ständigen Aufenthalt auf der Terrasse in Gibraltar natürlich gebräunt. Sie hatte die Haare mit einem Gummi zusammengebunden und erstmals, seit er sie kannte, trug sie ein Kleid, das ihre Figur gut zur Geltung brachte. Tom bewunderte ihre wohlgeformten Schultern und die durch das regelmäßige Training definierten Arme. Bevor sie sich niedergelassen hatten, war sein Blick über ihre Beine gewandert. Ihr entging nicht, wie er sie musterte. Sie quittierte das mit einem Lächeln.
Die Gespräche drehten sich um Alltägliches. Die Entwicklung der Impffortschritte in Deutschland und anderen europäischen Ländern. Omega hatte natürlich sein gesamtes Team in Gibraltar impfen lassen. Kai begann mit einer Geschichte, wie schnell das Impfen

in Deutschland vorangehen würde, nachdem doch die Arztpraxen jetzt auch impfen durften. Alle rätselten einige Zeit. Die Tendenz lag so bei einhundert Impfungen pro Praxis am Tag. In anderen Länder ging man effektiver vor.

„Die Realität liegt bei …", sagte Kai und wartete, bis ihn alle ansahen, „sechzehn …", erneute Pause, „… in der Woche!"

„Das kann doch nicht sein!"

Erst ließ er die Verblüffung bei allen wirken, dann eröffnete er die Lösung.

„Mehr Impfstoff steht nicht zu Verfügung. Wurde nicht geliefert."

Er erntete allgemeines Lachen. Sogar Mischa, der sonst wie üblich zurückhaltend blieb, reagierte mit einem Lächeln auf die Pointe. Tom vermutete, dass Mischa ansonsten hauptsächlich damit beschäftigt war, auf der Ebene, die nur ihm offenstand, Informationen zu sammeln.

Zum Aperitif wurde Blätterteiggebäck mit Zwiebelconfit serviert, gefolgt von einer Bouillabaisse mit Seeteufel und Meeresfrüchten als Vorspeise. Als Hauptgericht wurde Bœuf Bourguignon mit Kartoffel-Sellerie-Püree aufgetragen, der Klassiker unter den französischen Rindfleisch-Schmorgerichten, perfekt gewürzt. Es war das köstlichste Rindfleischgericht, das Tom je gegessen hatte. Dazu reichte der Sommelier einen Beaujolais. Zum Dessert gab es Blanc Manger. Hinter der klangvollen Bezeichnung verbarg sich eine Mandelcreme mit Passionsfrucht-Mandarinen-Ragout. Das sei in Frankreich ein traditionelles Dessert, erklärte einer der Kellner. Tom hatte davon in Deutschland noch nie etwas gehört. Köstlich, die Süße der gerösteten Mandel-Creme in der Kombination mit dem fruchtigen Geschmack.

Dazu wurde ein Espresso gereicht.

Morgen würde Tom sich mit Babette in Verbindung setzen. Seit er sein Handy wieder nutzen durfte, ließ er es keine Sekunde mehr aus den Augen. Er hoffte auf Informationen, die das Team in Deutschland zusammengetragen hatte. Vielleicht waren sie hilfreich für ihr Vorhaben und es ergab sich daraus eine Richtlinie für den Zeitplan. An der Speisetafel wurde jedes Thema ausgespart, das mit der bevorstehenden Aufgabe in Verbindung stand. Der anfänglich noch spürbare Druck verflüchtigte sich. Der leicht gezwungene Smalltalk ging in eine ausgeglichene Plauderei über. Sicher trug auch das eine oder andere Glas Wein zu der entspannten Atmosphäre bei. Renate scherzt laut mit Omega und warf Tom wiederholt Blicke zu. Tom hielt sich mit Alkohol zurück, wollte fit für den nächsten Tag, die Planung und die ersten Schritte sein. Sie würden der Terroristin den entsprechenden Empfang bereiten. Diesmal würde sie ihm nicht durch die Lappen gehen. Danach konnte er sich die *großen Sechs* vornehmen. Tom erörterte mit Renate die Vor- und Nachteile verschiedener Kampftechniken. Dabei erfuhr er, dass sie auch eine Ausbildung als Kampfschwimmerin absolviert hatte. Im Laufe des Essens trafen sich ihre Blicke häufiger. Augen verraten viel, manchmal ein Versprechen, eine Aufforderung. Tom war sich nicht sicher. Auf jeden Fall war da etwas.

„Was hast du gesagt?" Tom hatte nicht aufgepasst, weil ihn das vermeintliche Angebot erstaunte, zumal sie sich sonst abweisend gab.

„Nichts", sagte sie und zeigt ihm ein breites Lächeln. Sie war attraktiv. Bisher hatte er sie kaum unter diesem Aspekt betrachtet. Warum eigentlich

nicht? Sofort meldete sich seine vernünftige Seite. War das wirklich eine gute Idee? Kam es ihm nur so vor oder beäugte Omega ihren kleinen Flirt mit Unmut? Sie schien das auch bemerkt zu haben und vertiefte sich in ein angeregtes Gespräch mit Omega über das Umschwenken des luxemburgischen Regierungschefs. Er hatte anscheinend die Einstellung entwickelt, dass durch die Einschränkungen mehr Bürgern ein gesundheitlicher Schaden zugefügt wurde als anderen durch die Auswirkungen des Virus entstand.
Nach dem Essen versandeten die Gespräche, die Gesellschaft löste sich auf und die Einzelnen verabschiedeten sich für die Nacht.

Vor Toms Zimmer wartete Renate. Ihr unsicherer Blick, mit dem sie den Flur in beide Richtungen auf Mitwisser absuchte, war für Tom ungewohnt. Er kannte sie sonst souveräner.

„Soll ich noch etwas zu trinken …" Weiter kam er nicht.

„Die Zeit für Getränke ist vorbei …"
Ihr Atem streifte sein Gesicht. Er sah in ihre Augen.

„Darauf habe ich schon lange gewartet, Tom …"
Er nahm sie in seine Arme. Sie presste ihren Körper an seinen.

„… Ja", hauchte sie, „… wenn die Aktion morgen angelaufen ist, haben wir keine Zeit mehr dazu. Ich wollte das schon die ganze Zeit …"

***

Babette überlegte, die Telekommunikationsanlage des BfV hatte zwar eine Verschlüsselungssoftware, aber konnte sie sicher sein, ob innerhalb des Amtes

niemand mithörte? Sie entschied sich, ihr Satellitenhandy zu nutzen. Dieses Gerät war mit der neuesten Technik ausgestattet, abhörsicher und nicht zu orten. Sie ging an den Tresor, nahm die Liste heraus, die Hall ihr anvertraut hatte, und gab die Rufnummer des Kontaktmanns in Frankreich ein. Die Verbindung baute sich auf.
Eine männliche Stimme meldete sich.
„Oui?"
Sie nannte ihm das Codewort, das Hall neben dem französischen Namen notiert hatte. Der Mann am anderen Ende schwieg einen Herzschlag lang. Hatte sie alles richtig verstanden?
„Dann gehe ich davon aus, dass der Kollege nicht mehr im Dienst ist?"
Babette erklärte, dass Hall sich aus privaten und gesundheitlichen Gründen vorübergehend zurückgezogen habe.
„Das bedaure ich sehr. So wie ich ihn kenne, wird er nicht zurückkehren, sonst hätte er den Kontaktbogen nicht an Sie weitergegeben. Ich nehme an, Sie waren seine Assistentin. Er hielt große Stücke auf Sie."
Babette freute sich über das Kompliment, sagte aber nichts dazu.
„Was kann ich für Sie tun?"
Sie erklärte ihm die Situation und dass sie beabsichtige, mit ihren Leuten auf französischem Boden zu operieren.
„Es ist gut, dass Sie sich an mich gewendet haben."
Er erklärte ihr, dass er als eine Art Koordinator fungiere, direkt dem Innenminister unterstellt sei. Er habe niemandem sonst über seine Tätigkeit Rechenschaft abzulegen. Er sei auch froh, dass sie noch nicht Europol oder den französischen

Geheimdienst eingeschaltet habe. Dann gäbe es zu viele Mitwisser und das könne leicht zu einer Indiskretion führen.

„Je weniger Personen informiert sind, umso besser. Ein Verräter findet sich immer. Das darf bei dem Ausmaß der Angelegenheit auf keinen Fall passieren. Wenn darüber etwas an die Öffentlichkeit gerät, kann das unübersehbare Folgen haben."

Er genehmigte den Einsatz und sagte ihr seine Unterstützung zu. Allerdings dürften in Frankreich keine weiteren Personen involviert werden. Die Operation sei nur mit den bisher Eingeweihten durchzuführen. Sollten sich weitere Kontakte als notwendig herausstellen, sei das in jedem Fall vorher mit ihm abzuklären. Er wäre – solange es dauere – durchgehend, tags und nachts, erreichbar. Falls es notwendig werde, könne er Deckung geben. Wenn sie sich unsicher sei, ob sie bestimmte Aktionen ausführen solle, möge sie ihn bitte jederzeit unterrichten.

„Wir sollten zusehen, dass wir das so unauffällig wie möglich regeln."

33

Ferdinand Schmitz bearbeitete die vierte Mail des Tages. Er blickte vom Rechner auf und sah aus dem Fenster. Von seinem Platz im Essener Rathaus wirkte das Stadtpanorama ganz schön imposant. Aber was half ihm das, er musste noch ein paar Stunden im Dienst ausharren. Also kümmerte er sich wieder um die Beschwerde des Bürgers. Ein Nachbar würde sich immer vor dessen Garageneinfahrt stellen. Er wolle, dass man mit weißen Linien ein Sperrfeld einzeichnete, damit das in Zukunft nicht mehr geschehe. Das würde schließlich zur Verbesserung der Atmosphäre in der Stadt beitragen und deshalb so bald als möglich gemacht werden. Schmitz überlegt, mit welcher Begründung er dieses Schreiben am besten an eine geeignete andere Abteilung weiterleiten könne oder ob er selbst einen vorgefertigten Textbaustein zur Beantwortung verwenden solle. *War das ein Mensch, der Ärger machen würde?*, fragte er

sich, dann sollte sich die Ablehnung lieber ein anderer Beamter überlegen. Er sah zu seinem Kollegen am Fenster. Eduard Walterstein saß unbeweglich vor seinem PC, kaute an einem Apfel und schaute aus dem Fenster. Sollte er sich vielleicht auch eine Pause gönnen, eine weitere Tasse Kaffee holen? Sie beide waren die Einzigen in dieser Abteilung, die nicht im Homeoffice arbeiteten. Warum eigentlich sie nicht auch? Lohnte sich das Herkommen noch für die wenigen Schreiben, die noch mit der Briefpost hereinkamen? Es war sehr ruhig und leer im Rathaus geworden. Von den knapp 2000 Kollegen im Haus – in Gedanken ließ er das verflixte Gendersternchen weg – waren nur noch 900 anwesend. Alle anderen werkelten pflichtgemäß von zu Hause aus. Der anfangs lockere Umgang mit den Masken war verschärft worden. In den Fahrstühlen durften sich nur noch zwei Personen aufhalten. In den Gängen war Maske immer verpflichtend.
Seine Gedanken wurden von dem plötzlichen schrillen Klang der Alarmsirene unterbrochen. Was war das? Wieder eine Übung? Wie oft hatten sie das geübt, und wie häufig kam das in letzter Zeit vor? Er kannte die Musterhochhausrichtlinie fast auswendig. Erst erfolgte der Alarm über einen elektronisch erzeugten Heulton und neuerdings noch zusätzlich eine Nachricht über PC. Der Sirene folgte die standardisierte Durchsage über die Lautsprecheranlage.

„… bitte verlassen Sie das Gebäude umgehend über die bekannten Rettungswege … es gibt keinen Grund zur Panik … bevor Sie Ihre Abteilung verlassen, schauen Sie, ob auch alle Kolleginnen und Kollegen informiert sind …"
Der Grund wurde nie genannt, um eine Panik zu

verhindern. Bis zur Entwarnung würde es wieder etwas dauern. Er war das schon gewöhnt. Man wusste vorher nie, ob es sich nur um eine Übung handelte oder einen Ernstfall. In auf- und abschwellender Frequenz wurde das Signal fortgesetzt, bis alle den Gefahrenbereich geräumt hatten und die Absperrung erfolgt war. Gleichzeitig ging über Funk die Information an die Evakuierungskräfte. Polizei und Feuerwehr wurden in Kenntnis gesetzt. Nachdem das Notsignal erklungen war, musste der Flucht- und Rettungsplan exakt eingehalten werden. Anweisungen des Rettungspersonals war Folge zu leisten, damit alle in der Gefahrensituation schnellstmöglich in Sicherheit gebracht werden konnten. Am meisten hatte sich Ferdinand über einen Abschnitt des Merkblattes amüsiert, der mit der Bezeichnung *Faktor Mensch* überschrieben war und in dem ausführlich Vorgehensweisen im Umgang mit menschlichen Schwachstellen, wie Skepsis, Widerstand und sonstigen Unzulänglichkeiten, beschrieben wurden. Er warf Eduard einen Blick zu. Sie beide waren ja die Einzigen.

„Aufzug ist nicht", sagte Eduard und stöhnte. Dann machten sie sich auf den Weg zu dem für sie vorgesehenen Treppenhaus. Ferdinand nahm sich für den Weg eine frische Tasse Kaffee mit.

Er verließ mit Eduard zusammen das Gebäude durch den Seitenausgang und betrat den Hof auf der gegenüberliegenden Straßenseite, der für solche Fälle als Sammelplatz vorgesehen war. Sie mussten sich hier aufhalten, bis sie weitere Anordnungen erhielten. Als die evakuierten Personen von den Verantwortlichen auf Vollzähligkeit kontrolliert wurden, erschienen bereits mehrere Einsatzfahrzeuge der Polizei.

Eine Kollegin, die er flüchtig kannte, erzählte ihm, dass es sich um eine Bombendrohung handelte, die per Anruf eingegangen sei. Das war nun die dritte in diesem Monat. Bei den anderen hatte ein Zettel in der Poststelle gelegen. Es war jedes Mal Fehlalarm gewesen. Aber man konnte nie wissen, wann es tatsächlich ernst war. Lieber einmal mehr als einmal zu wenig evakuiert.
Der Platz auf dem Hof war verhältnismäßig leer, kein Wunder, da ja viel weniger Mitarbeiter anwesend waren. Ein Gerücht machte die Runde, dass gleichzeitig eine Drohung beim Amtsgericht eingegangen sei.
Die Spürhunde wurden von ihren Führern zur Sprengstoffsuche angeleitet. Andere Einsatzkräfte legten einen Sperrkreis um das Rathaus. Die Durchsuchung der Etagen würde einige Zeit in Anspruch nehmen. Ein Gutes hatte das Ganze natürlich: Für heute hatte es sich mit der Arbeit!.

***

Jade betrat mit einem Zettel in der Hand den Teamraum, auf dem sie das vollständige Kennzeichen des Peugeot Rifter notiert hatte.

„Wir haben etwas über Bombendrohungen in Rathäusern bekommen", empfing sie Babette.

„Was sollen wir damit?"

„Aisha Siddika."

„Was hat die damit zu tun?"

„Stimmenvergleich."

Jean-Baptiste und Freddie standen mit Armen voll Akten und fragenden Blicken hinter Babette.

„Bei dem Einsatz, als Tom mit ihr gesprochen hat, haben wir das über die Standleitung aufgenommen.

Ich habe es an die Abteilung für Stimmenanalyse weitergegeben. Die Qualität war zwar nicht prächtig, aber die haben eine Menge Arbeit hineingesteckt und haben es in ihr Archiv übernommen. Die aktuellen Bombendrohungen passen im Stimmenvergleich zu der Aufnahme. Es war in allen Fällen ein und dieselbe Person: Aisha Siddika. Ihr kennt ja das Vorgehen bei Anruf mit Bombendrohung."
Jade wusste, was die Anweisungen des Merkblattes *Verhalten bei telefonischer Bombendrohung* beinhalteten. Nach Möglichkeit sollte das Gespräch aufgezeichnet oder der genaue Wortlaut mitgeschrieben werden. Man sollte ruhig zuhören. Es erforderte schon ein Gefühl für die Gratwanderung, wann man den Anrufer ausreden lassen sollte, wann er unterbrochen werden durfte und Fragen gestellt werden konnten. Die persönlichen Eindrücke sollten erfasst werden, sie konnten später bei Rückfragen durch die Ermittler hilfreich sein.
Die Beamtin, die in der Telefonzentrale der Stadt den Anruf entgegengenommen hatte, gab an, dass das schon oft vorgekommen sei. Deshalb habe sie eine gewisse Übung darin. Sie hatte sofort die Bandaufnahme eingeschaltet und es geschafft, das Gespräch durch ihre Fragen über die Art der Bombe, den Zeitpunkt der Detonation, das Versteck der Sprengladung und den Grund für das Attentat in die Länge zu ziehen. Sie hatte das erreicht, indem sie sich die Angaben wiederholen ließ, um so viel wie möglich persönliche Informationen des Anrufers zu erfassen, wusste Babette bereits.
Das Faxgerät gab ein Geräusch von sich. Während Jean-Baptiste mit einer Hand seine Akten jonglierte, ergriff er mit der anderen den Ausdruck und reichte ihn Babette. Es war der Vordruck *Merkblatt*

Bombendrohung für diesen Fall, der von der Telefonistin mit vielen extra Vermerken versehen worden war. Außer dem Datum, der Uhrzeit und der Dauer hatte sie Folgendes festgehalten:

- Anrufer/in: Frau
- Alter: zwischen 28 und 35
- Sprache: klar, laut und deutlich, herrisch, Akzent nicht einzuordnen
- Fremdsprache/Dialekt: Ja
- Persönlicher Eindruck: klang selbstbewusst, sicher, bis überheblich, gebildet, wusste, was sie wollte
- Hintergrundgeräusche: lautes Tuten, wie bei Schiffen (Hamburger Hafen?)
- Zusätzliches: Jemand redet im Hintergrund, sie antwortet in Fremdsprache, wütend

Das Fax wurde von einem zum anderen gereicht.
„Vorbildlich", sagte Freddie.
Babette bat alle, am Konferenztisch Platz zu nehmen. Sie schoben Akten beiseite, legten einige auf freie Stühle. „Was haben die Tontechniker zu dem Tuten gesagt? Hat sie recht? War es von einem Schiff?"
Jade überlegte laut.
„Wahrscheinlich ist sie öfter in Hamburg. Aber hier in der Nähe könnte das natürlich auch gut Duisburg sein. Wenn dem so ist, was will sie in Duisburg?"
„Oder an einem Kanal? Schiffe gibt es viele", gab Freddie zu bedenken.
Also hatte Aisha Siddika an diesem Tag in mehreren Rathäusern im Ruhrgebiet dieselbe Drohung verbreitet. In Essen zusätzlich beim Amtsgericht und dann in Gladbeck, Bochum, Gelsenkirchen und Duisburg. Etwa zur gleichen Zeit. Zwischen 11:00 und 11:15 Uhr. Es war nirgends eine reale Bedrohung gefunden worden. Was bezweckte sie damit? Was

hatte sie davon?

„Unruhe stiften", schlug Jean-Baptis vor, „das System schädigen und lahmlegen."

„Aber wenn sie mehr vorhat", sagte Freddie, „macht sie doch dadurch nur auf sich aufmerksam?"

„Es könnte ein Ablenkungsmanöver sein", vermutete Jade, „während die Behörden sich um die Sicherung in den betroffenen Gebäuden bemühen, kann sie wer weiß was unternehmen."

Sie redeten sich die Köpfe heiß. Brauchten sie das Band? Sollten sie es sich auch anhören? Oder reichte die Analyse der Tontechniker? In welcher Sprache hat sie sich mit demjenigen verständigt, der dazwischen redete? Was genau hatte sie gesagt. Gab es eine Übersetzung? Jade überlegte. Bei der Beschaffung des Geldes war ihnen die Iranerin zum Glück wieder aufgefallen. Es war also jetzt zu vermuten, dass sie das Kapital besaß, ihre Aktion durchzuführen. Als Nächstes benötigte sie Sprengstoff. Wo konnte sie den erwerben? Von wem? Oder hatte sie sich den bereits beschafft? Das wussten sie nicht. Vielleicht war das im Schatten der Aktion mit den Bombendrohungen geschehen. Während die Behörden sich damit beschäftigten.

„Spekulieren wir", schlug Jade vor, „da gibt es das Signalhorn eines Schiffes und in Duisburg den größten Binnenhafen Europas. In der Zeit um 11:00 Uhr herum könnte sie dort alles erworben haben, was sie benötigt. Die Einsatzkräfte im gesamten Ruhrgebiet waren ausgelastet. Mit den Evakuierungen hatten sie genug zu tun."

Babette machte deutlich, dass alles, was mit Aisha Siddika zu tun hatte, vorrangig zu behandeln sei.

„Was hast du da", fragte sie und deutete auf das Stück Papier in Jades Hand.

„Die vollständige Nummer von Aisha Siddikas Wagen. Bei dem Peugeot, mit dem sie vermutlich unterwegs ist, handelt es sich um einen Kleintransporter. Darin könnte sie schon Einiges an Sprengstoff fortschaffen."

Jade berichtete, dass sie die Info von der Zulassungsstelle hatte. Es gab mit der Zahlen- und Buchstabenkombination nur einen dunkelblauen Peugeot Rifter. Den Halter hatte Jade auf Mallorca erreicht. Er hatte angegeben, dass er den Wagen auf dem Langzeitparkplatz am Flughafen Düsseldorf zurückgelassen hatte.

„Dann geben wir das zur Fahndung raus", entschied Babette.

„Falls sie damit noch unterwegs ist", gab Jean-Baptiste zu bedenken.

„Sie kann nicht wissen, dass wir ihr auf den Fersen sind", sagte Babette.

„Wir sind immer einen Schritt hinterher", sagte Jean-Baptiste.

„Jean-Baptiste, hast du heute deinen Bedenkentag? Wir können froh sein, dass wir so weit sind, das ist schon etwas. Immerhin wissen wir, was sie plant, und sind ihr auf den Fersen."

Jean-Baptiste und Freddie sollten sich bei den anderen Abteilungen im Haus erkundigen, ob jemand Informanten im Duisburger Hafen hatte. Jade würde sich vor Ort umsehen.

34

Nach dem Telefonat mit Tom überlegte Babette, ob sie entgegen Toms Wunsch doch in einer Konferenzschaltung die Dienste von Europol um Amtshilfe ersuchen oder die Kollegen von der DGSE, der *Direction Générale de la Sécurité Extérieure*, einschalten sollte. Eine Zusammenarbeit in Europa mit den Geheimdiensten der befreundeten Länder Frankreich und Großbritannien konnte ja nicht schaden. Aber wäre dann die auch aus ihrer Sicht absolut notwendige Geheimhaltung aufrechtzuerhalten? War Toms Vorsicht und die des französischen Kontaktmanns begründet? Was würde Hall in dieser Situation unternehmen? Sie zögerte einen Moment. Bestimmt nicht Europol einschalten! Er würde die anstehenden Aktionen unter der Hand einleiten, um Panik zu verhindern. Sie entschied sich ebenfalls vorerst dagegen und dachte an eine andere Lösung. Es durfte in der Tat keine Panik entstehen. Wenn das jemand erfuhr, würde niemand je wieder den Tunnel benutzen.

Alle redeten durcheinander, dadurch wurde ihr Gedankengang unterbrochen. Seit die Verbindung zu Tom wieder bestand, hatte sich die Laune im Team erheblich gebessert. Babette empfand die Stimmung beinahe als euphorisch. Es lief leichter und lockerer, auch wenn nicht alles in Ordnung war. Aber jetzt hatten sie ein klares Ziel. Sie würde die Gelegenheit nutzen, weitere Änderungen einzuführen.

Jean-Baptiste organisierte Sektkelche und eine Flasche Champagner, die in einem anderen Büro im Kühlschrank auf eine besondere Gelegenheit gewartet hatte. Endlich fanden sie Zeit, alle zusammen auf Toms Rückkehr anzustoßen.

„Das war längst überfällig", lachte Jean-Baptiste und zeigte Jade, wie man die Gläser zum Klingen brachte. Die nette Ablenkung des Teams gab Babette Zeit, die nächsten Schritte zu überlegen. Irgendwie waren die täglichen kleinen Arbeite, wie die Zubereitung des Kaffees fast automatisch in Jean-Baptistes Aufgabenbereich übergegangen, da sie dafür keine Zeit mehr erübrigen konnte. Nur kurz war die Kaffeekanne leer geblieben, dann war er eingesprungen und sorgte nun regelmäßig für Nachschub. Alle um sie herum lachten. Freddie schlug Jean-Baptiste auf die Schulter, Jade strahlte über das ganze Gesicht und redete ununterbrochen auf Babette ein. Worum es ging, bekam sie nicht mit. Ihre Gedanken drehten sich um die früheren Treffen mit den Rauchern vor der Tür, das war einfach gewesen, darüber waren ihr alle möglichen Interna zugetragen worden. Aber in ihrer jetzigen Position war das nicht mehr möglich. Sie würde verstärkt daran arbeiten müssen, ein angemessenes eigenes Netzwerk aufzubauen. Die Zeit war einfach nicht mehr da, das

Büro für eine Raucherpause zu verlassen. Also entschied sie, dieses Laster ganz aufzugeben. Warum nicht sofort!
Freddie bekam mit, wie sie eine halbvolle Schachtel aus der Handtasche angelte, zerknüllte und in den Papierkorb warf.
„Du hörst auf zu rauchen?"
Mit einem ernsthaften Nicken beantwortete sie seine Frage. Die anderen quittierten ihren heroischen Entschluss mit lautem Beifall.
Jean-Baptiste wollte ihr noch einen Schluck einschenken, sie zog aber das Glas weg.
Als Babette für Jade den Flug nach Juist organisiert hatte, war ihr bereits klar geworden, dass sie auch solche Aufgaben nicht mehr schaffen konnte. Dafür brauchte sie in Zukunft jemanden, der Planung und Organisation nach ihren Anweisungen ausführte.
Außerdem saßen alle nur noch in erreichbarer Nähe um Babette herum zwischen dem Chaos der Ablage. Extra anberaumte Teambesprechungen existierten nicht mehr. Gemeinsame Absprachen waren nur noch rudimentär vorhanden, alles wurde zwischen Tür und Angel geregelt. Das ging so nicht weiter. Sie musste gleich hier und heute etwas daran ändern.
Nachdem sich immer mehr Akten und Papiere auf dem Konferenztisch stapelten, hatte sie, von Halls Paranoia angesteckt, beschlossen, dass es an der Zeit war, diesen Papierwust aufzulösen. Einfach nur ein geschlossener Container der professionellen Aktenvernichtung reichte ihr nicht. Sie wollte die Vernichtung geheimer Dokumente lieber selbst überwachen. Wer konnte schon wissen, ob da nicht beim Entleeren und Vernichten doch noch jemand hineinschaute und etwas sah, das er nicht erfahren durfte. Der Anfang war bereits gemacht. Jean-Baptiste

und Freddie waren dabei, den Konferenztisch von sämtlichen Akten zu befreien. Gleich drei Schredder standen zur Verfügung. Freddie hatte zwei aus anderen Büros den Korridor hinunter ausgeliehen.
Babette empfand zwar unbändige Freude über Toms unerwartete Rückmeldung, vor allem darüber, dass er lebte und ihm nichts geschehen war. Aber ihre Gedanken kehrten immer wieder zur Umstrukturierung zurück.

„Okay, Leute", *genug gefeiert*, dachte sie, „wir haben noch Einiges zu tun." Kurzerhand verbannte sie alles an Akten und Papier, samt der drei Schredder, in Halls Büro, solange es nicht genutzt wurde. Die tägliche Frühbesprechung sollte wieder stattfinden und Babette ordnete an, nur noch die aktuell notwendigen Papiere bei den Teambesprechungen zu verwenden. Mit gemeinsamer Kraft war in einer halben Stunde alles beiseite geschafft und das gesamte Team versammelte sich ordentlich um den Tisch. Babette bedankte sich für die Unterstützung und formulierte die zukünftige Vorgehensweise. Es fühlte sich bereits viel selbstverständlicher für sie an.
Omega wusste über Gatow schon seit Längerem von den Plänen dieser IS-Terroristin. Es war wirklich sinnvoll, wenn Tom sich in der Nähe des Telepathen aufhielt, so war eine Koordinierung der gemeinsamen Aktionen zur Verhinderung des Attentats leichter zu handhaben. Gegen die *großen Sechs* konnte später vorgegangen werden.

„Dank Tom kennen wir jetzt also Aisha Siddikas Plan. Ich fasse zusammen: Sie hat Geld, wir vermuten, dass sie Sprengstoff kaufen will oder schon gekauft hat, und wir kennen ihr Fortbewegungsmittel und das Ziel. Was macht die Fahndung?"

„Bisher keine Ergebnisse", sagte Freddie.

„Aber ich habe etwas", sagte Jean-Baptiste, „könnte man nicht mit der Lkw-Mautanlage die möglichen Fahrmuster von Kraftfahrzeugen verfolgen, solange sie sich auf Autobahnen bewegen?"

„Das ist doch bestimmt verboten", sagte Freddie.

„Für uns nicht, du Witzbold", kam die prompte Antwort, mit der alten Frechheit, die sie von Jean-Baptiste kannte.

Babette warf ihm einen warnenden Blick zu und überlegte.

„Wenn das technisch möglich ist, erlauben wir uns das einfach. Sieh zu, dass du das klärst, Jean-Baptiste! Freddie, habt ihr etwas aus dem Duisburger Hafen?"

„Wir erwarten Rückmeldungen einzelner Abteilungen."

„Ich habe einen Vorschlag", meldete Jade sich zu Wort, „wir sollten die Fahndung zurückziehen. Falls irgendeine Streife dieser Frau begegnet, könnte das zu einem Blutbad werden. Ist es nicht besser, wenn wir mit unseren internen Methoden ihren Weg feststellen und verfolgen. Wir kennen das Ziel. Dort steht Tom bereit. Sie kann uns also nicht entkommen, und wenn wir sie in Sicherheit wiegen, wird sie vielleicht sorgloser, macht Fehler und wir können sie einfacher fassen."

Das erschien plausibel. Babette stimmte dem zu.

„Jade, dann kümmere du dich um die Streichung der Fahndung", sagte Babette noch und beendete die Sitzung.

Beim Aufstehen ließ Freddie eine seiner typischen Fragen hören.

„Wie viel Sprengstoff braucht man wohl für die Sprengung des Eurotunnels?"

„Genau das gehört zu den Fragen, auf die ich

morgen gerne von euch eine Antwort hätte."
Auf Jades Drängen, sie doch nach Calais zu schicken, vertröstete Babette sie auf den nächsten Tag. „Ich will vorher noch etwas abklären." Babette nahm sich vor, in Jades Personalakte zu überprüfen, ob ihr Französisch für den Einsatz ausreiche.

35

Leer wie eine Wüste ohne Oase glänzte der Konferenztisch, als sich das Team zur Frühsitzung einfand. Keine Papiere, keine Akten, aber auch keine Erfrischungen und Kekse. Jean-Baptiste setzte die Kaffeemaschine in Betrieb.

„Ich bat euch um Ergebnisse und die erwarte ich heute", eröffnete Babette die Sitzung ohne jeden Schnörkel. Freddie und Jean-Baptiste erkannten ihre Leitungsfunktion ohne Weiteres an, bei Jade war sie sich nicht sicher. Nachdem durch Tom das Ziel des Anschlags bekannt war, brauchte sie jetzt ihre ganze Energie, um Aisha Siddikas Plan zu verhindern, und nicht für Kompetenzgerangel. Hoffentlich war Jade das klar. Diese Terroristin dürfte auf keinen Fall Erfolg mit ihrer apokalyptischen Vision haben, indem sie den Eurotunnel sprengte und für alle Zeiten unbenutzbar machte.

Babette sah Jade an und nickte ihr zu.

Jade berichtete, dass sie bei der Betreibergesellschaft

des Mautsystems, der Toll Collect, Erfolg gehabt hatte. Es war aber ein langer Weg, bis sie durch die Instanzen des Unternehmens zu dem Entscheidungsträger vorgedrungen war, der bereit war, die gewünschten Auskünfte zu erteilen. Babette lauschte dem Bericht und war froh, dass Jade sich ebenfalls kooperativ zeigte und ihren Anordnungen gefolgt war.

„Der Peugeot Rifter konnte bis zum Duisburger Hafen verfolgt werden. Danach nichts mehr. Wir haben die lokale Polizei informiert, sich unauffällig im Hafen umzusehen, aber das Fahrzeug wurde nicht gefunden. Ich gehe davon aus, dass es also nicht ausgetauscht wurde."

„Nur komisch, dass es auf keiner weiteren überwachten Strecke erfasst wurde. Sie braucht doch ewig, wenn sie nur über mautfreie Nebenstraßen nach Calais fahren will", gab Freddie zu bedenken.

„Lass mich nach Calais. Ich will mit Tom zusammenarbeiten", wiederholte Jade ihre Bitte. Diesmal klang es fordernder als beim letzten Mal.
Babette vermutete, dass Jade sich selbst und dem Team etwas beweisen wollte.

„Wie gut sind deine Sprachkenntnisse?"
„Kein Problem", sagte Jade.
Babette lachte.
„Weiß ich doch aus der Personalakte."
„Traust du mir den Einsatz nicht zu?"
Babette registrierte die Bemerkung und nahm sich für die Zukunft vor, Jades Selbstzweifel zu nutzen. Sie würde sie mehr loben und positiv verstärken. Damit ließ Jade sich bestimmt besser bei ihren Einsätzen steuern.

„Ich arbeite daran. Lass uns später darüber reden. Ich habe einen Plan."

Jean-Baptiste meldete sich zu Wort. Wie ein Schuljunge hob er den Arm und begann gleichzeitig zu sprechen.

„Also", er zögerte, „über dem Tunnel befindet sich eine etwa 45 Meter dicke Schicht aus Ton und Sand. Dann kommt der Meeresboden und das Wasser darüber. Wenn es ihr gelingen soll, den Tunnel zu sprengen, braucht sie eine erhebliche Menge an Sprengstoff."

Babette überlegte.

„Ist der Peugeot groß genug für den Transport der benötigten Menge?"

Jean-Baptiste zögerte, nickte verhalten.

„Ich denke, schon. Da bekäme sie genug hinein. Wenn die Ladung hochgeht, nutzen die ganzen Querverbindungen und Sicherheitsbereiche des Tunnelsystems nichts mehr. Dann wird die ganze Anlage geflutet und unbrauchbar."

Auf seine Aussage folgte ein Schweigen. Jean-Baptiste lehnte sich mit roten Ohren zurück.

Freddie atmete tief durch.

„Ich habe mich über die hausinternen Kontakte umgehört. Eine Überwachungskamera im Duisburger Hafen hat einen uns bekannten Waffenhändler aufgenommen, aber es wurde kein Kontakt beobachtet. Nur dass er dort anwesend war und sich für einen Moment durch den Aufnahmewinkel der Kamera bewegt hat." Freddie machte eine Pause. Babette kannte ihn zu gut, als dass sie nicht wusste, dass er noch etwas parat hatte.

„Aber", fuhr er fort, „durch den Tipp einer nicht genannte Quelle haben unsere Leute dort einen leeren Container gefunden …" Erneute Pause.

„Mach es nicht so spannend", sagte Jade.

„… der nachweislich …", Freddie ließ sich nicht

beirren, „… Reste von C4-Sprengstoff enthielt. Mein Kontakt hier im Haus meinte, dass sein Informant etwas von einer großen Menge Semtex-H, das ist der ockerfarbige, der unterscheidet sich von dem roten, Semtex-A, in der Zusammensetzung …"

„Reicht, so genau brauchen wir das nicht", sagte Babette.

Freddie fuhr unbeirrt fort.

„Also, hört doch erst mal zu. Ich fasse mich kurz. Das Semtex-H kommt auf jeden Fall aus Tschechien, genauer aus dem Originalwerk Explosia in Padubice. Da gibt es anscheinend jemanden im Unternehmen, der es nicht so genau nimmt. Das Zeug wird unter Mitwisserschaft der Geschäftsleitung aus der offiziellen Produktion abgezweigt. Zusätzlich sei bei der Ladung eine Anzahl fabrikneuer HK MP7 mitgeliefert worden."

„Dann können wir davon ausgehen, dass Aisha Siddika jetzt das für den Anschlag benötigte Material zusammenhat. Dummerweise haben wir ihre Spur verloren."

Das Telefon schellte. Jean-Baptiste sprang auf und nahm den Anruf entgegen. Er hörte kurz zu.

„Ich komm sofort rüber und hole es ab." Er legte den Hörer zurück, drehte sich um und sah Babette an. „Das war die Poststelle. Die Lieferung ist eingetroffen."

„Was habt ihr bestellt?", fragte Freddie, der sich sonst um die Organisation von Equipment kümmerte. Auch Jade warf ihr einen erstaunten Blick zu. Babette versuchte die Gedanken aller auf ein anderes Thema zu fokussieren.

„Wer war denn schon einmal in Disneyland?", fragte sie, und Jean-Baptiste, der offenbar sofort verstand, ging darauf ein.

„Ja Freddie, das ist doch bestimmt etwas für deine Kinder ..." Dann begann er einzelne Figuren aufzuzählen, die ihm aus seiner Kindheit in Erinnerung waren. „... Susi und Strolch, Bambi, los, Leute, wer fällt euch noch ein?"
Babette forderte ihr Team auf, sich auf diese Ablenkung einzulassen, und wies Jean-Baptiste mit einer deutlichen Armbewegung an, die eingegangene Sendung herbeizuschaffen.

***

Als Tom aufwachte, hing Renates Geruch noch in der Luft. Bei dem Gedanken an ihre gierigen Umarmungen entfuhr ihm ein wohliges Brummen. Unwillkürlich verzog er die Mundwinkel zu einem Lächeln. In der Nacht hatten sie kaum das Zimmer betreten, da waren sie übereinander hergefallen. Er erinnerte sich undeutlich, dass irgendein Kleidungsstück zerrissen wurde. Sie zerrte an seinem Gürtel, riss ihm das Hemd herunter und biss ihn in die Schulter. Sie schafften es nicht bis zum Bett. Er drang in sie ein, als sie an die Wand gedrückt auf das Sideboard rutschte. Ihr unterdrücktes heiseres Stöhnen und ihr heißer Atem in seinem Ohr. Sie schlang ihre Beine um ihn und drückte ihn mit wilder Kraft an sich, zerkratzte ihm den Rücken. Bis sich die Energie entlud, die sich in der langen Zeit, in der sie so distanziert miteinander umgegangen waren, aufgestaut hatte. Später auf dem Bett überkam sie die Lust erneut. Diesmal ließen beide sich mehr Zeit und Ruhe zum gegenseitigen Erkunden ihrer Körper. Danach suchte Renate ohne ein weiteres Wort ihre Kleidung zusammen und verschwand aus dem Zimmer.

Das Frühstück wurde im selben Raum wie das Abendessen serviert. Die Tische waren jetzt einzeln aufgestellt. Tom saß bei dem IT-Spezialisten, der wie üblich bei der wortreichen Darstellung seines Spezialgebiets nicht zu bremsen war. Gatow sprach ruhig, aber mit Nachdruck auf Omega ein, der daraufhin Boyd Rieger von einem anderen Tisch heranwinkte. Der menschliche Koloss verschwand und führte Augenblicke später Renate Bartel, ihren Oberarm umklammernd, zum Tisch des Chefs. Für das Gewicht, das er auf die Waage bringen musste, bewegte er sich relativ schnell. Tom ging zum Büfett, bediente sich und bekam aus dem aggressiv geführten Wortwechsel nur einige Worte Omegas mit.

„… ich habe doch immer gesagt, man kann Frauen nicht trauen …" Dann verschwand Renate und tauchte auch nicht wieder auf. Tom vermutete, dass Mischa seinem Chef von dem nächtlichen Stelldichein berichtet hatte. Omega ging offenbar keinerlei Risiko ein. Dass sich die Frau Tom genähert hatte, war ihm Zeichen genug, dass sie im Ernstfall zu Tom und gegen ihren Chef stehen könnte. Das war für ihn ein Loyalitätskonflikt, den er anscheinend nicht dulden wollte. Was konnte das jetzt für Konsequenzen haben. War Renate in akuter Gefahr? Oder wurde sie nur „versetzt"? Tom entschloss sich, Omega bei der nächsten Gelegenheit darauf anzusprechen.

Das Personal räumte ab, stapelte die gespülten Tassen neben der Kaffeemaschine und füllte den Vorrat an frischem Wasser im Gerät auf. Rieger und Scholl schoben die Tische zusammen. Elmar Scholl breitete Pläne des Geländes um Coquelles, der französischen Gemeinde im Département Pas-de-Calais, darauf aus. Die umfangreichen Anlagen, die zum Eingang und dem Wartungsbereich des Tunnels gehörten, waren deutlich und bis ins Detail zu erkennen. Wie Generäle beugten sie sich alle über die ausliegenden Unterlagen und sondierten die Umgebung. Sie begannen Zugangsmöglichkeiten zu diskutieren. Rentenberg saß mit dem Notebook daneben und reagierte auf jede Frage oder Unklarheit mit weiteren Informationen und detaillierten Aufnahmen gewünschter Ausschnitte. Tom hatte keine Ahnung, zu welchen Datenbanken und Programmen er Zugriff hatte, aber er lieferte erstklassige Ergebnisse. Zu jeder Örtlichkeit, die während der Besprechung bei ihm angefragt wurde, gelang es ihm schnell, Aufnahmen aus dem Web zu liefern. Die Qualität war so exzellent, dass Tom auf einem Bild sogar einen Kugelschreiber erkennen konnte, der halb unter einer schräg an die Wand gelehnten Palette hervorlugte. Er war beeindruckt. Ihm wurden wieder einmal die Möglichkeiten der *großen Sechs* deutlich und er wandte sich an Omega.

„Können Sie uns mit Ihren Beziehungen nicht direkt mit Wissen der Betreiber einschleusen, sozusagen ein offizieller Zugang zum Areal als eine Art Beobachtungsteam, Besuch aus einem anderen Unternehmen oder Unternehmensberater zur Optimierung der Abläufe oder Ähnlichem? Das wäre doch bestimmt einfacher?"
Omega wechselte einen schnellen Blick mit Gatow.
„Die Entscheidung steht. Wir können den regulären Weg nicht einschlagen. Das würde zu viel Aufsehen erregen. Jeder weitere Mitwisser kann sich zu einem Verräter entwickeln, und die Öffentlichkeit darf auf keinen Fall etwas erfahren."

36

Nur seine angespannten Gesichtszüge verrieten, dass Mischa konzentriert arbeitete. Er saß zurückgelehnt mit geschlossenen Augen und forschte in den Köpfen anderer Menschen. Immer wenn sie eine neue Idee für den Einsatz hatten, fragten sie ihn und er streckte seine Fühler aus, um die gewünschten Informationen zu beschaffen. Tom konnte sich gut vorstellen, dass diese Art der geistigen Arbeit anstrengend sein musste. Plötzlich riss Mischa die Augen auf und sah sich nach Omega um. Tom meinte Anzeichen von Panik zu erkennen.

„Nein", presste er hervor und sprang mit einer Kraft auf, die Tom ihm aufgrund seines Alters nicht mehr zugetraut hatte. Er eilte zu Omega, zerrte ihn von den anderen weg und flüsterte mit heftigen Gesten auf ihn ein.

Mischa hatte auch die Gedanken der Menschen aus der Abteilung IV in Köln überwacht, um auf dem

Laufenden zu bleiben. Für ihn war es reine Routine, bis auf einmal eine Veränderung stattfand. Als wenn an der Stelle, an der sich diese Personen befanden, plötzlich nur noch ein weißer Fleck wäre. Und das mehrfach. Wie mit einem Plöppen verschwanden kurz nacheinander Jade Taylor, Babette Kahn, Freddie Rees und Jean-Baptiste Hansen aus seinem gedanklichen Blickfeld. Vorher hatten sie sich über Micky Maus und andere Walt-Disney-Figuren unterhalten. Die beruhigenden Worte, die Omega für ihn fand, halfen Gatow nicht. Es war ein Schock, dass er die Verbindung zu diesen Personen verloren hatte. Er fühlte sich in seinem Körper gefangen, wäre am liebsten aufgesprungen und herumgelaufen, um sich zu beruhigen. Es kostete ihn große Anstrengung, Omega seine Nervosität nicht sehen zu lassen. Der Druck war nicht gut. Er wusste zu genau, wie das ausgehen konnte.

Tom fragte sich, was geschehen war, konzentrierte sich aber weiter auf die Planung der bevorstehenden Aufgabe. Das Handy, das ihm Omega zur Verfügung gestellt hatte, in der Nähe, falls Babette sich melden sollte oder er kurzfristig eine Info aus Köln einholen musste. Im Augenblick beschäftigte sich Omegas ganzes Team mit der Belegschaft des Unternehmens Getlink, dem Betreiber des Eurotunnels.

„Sie", damit meinte Tom Aisha Siddika, „wird kaum alleine solch eine Aktion durchführen. Zu ihrer Terrorzelle gehören vermutlich drei weitere Personen. Eventuell vier oder fünf. Je nach Bedeutung der Aufgabe. Entweder sie geht über den Zaun, wie wir es vorhaben, oder sie muss die Leute über offizielle Wege als Mitarbeiter in das Areal einschleusen. Was kommt da infrage?"

„Reinigungskolonne", sagte Elmar Scholl.
Kai Rentenberg sah von seinem Rechner auf und schlug „Security?" vor.
Man kam überein, die Mitarbeiter beider Aufgabenbereiche in Augenschein zu nehmen. Der IT-Mann hackte sich auf Omegas Hinweis in die firmeninterne Software und rief die Gehaltsabrechnungen auf. Die Überprüfung der Listen der Arbeiter, die für diese beiden Bereiche zuständig waren, zeigte einen häufigen Wechsel. Die Jobs waren nicht gut bezahlt, wurden aber sehr schnell wieder besetzt, wenn jemand ausfiel, weil es durch die hohe Arbeitslosigkeit in der Gegend viele Interessenten gab. Vorwiegend ungelernte Arbeiter aus ehemaligen französischen Kolonien in Afrika. Anhand der Namen ließ sich kaum etwas feststellen.

„Such nach Ausfällen in den letzten Tagen", schlug Tom vor.

„Hier ist etwas", meldete sich der IT-Spezialist, „ein Mitarbeiter der Security hat sich heute krankgemeldet und wurde durch eine Frau ersetzt. Für die Nachtschicht. Die Mitteilung, dass er nicht zum Dienst erscheinen kann, erfolgte sehr kurzfristig. Aber es gab sofort Ersatz."

Dieser Typ galt laut Personalakte, die Rentenberg gehackt hatte, als sehr zuverlässig. Er war am längsten bei der Truppe. Nachdem sie Namen und Adresse ermittelt hatten, versuchte Mischa, die Gedanken des Betreffenden in seiner Wohnung zu scannen.

„Kein Signal. Ich empfange nichts."

Was war da los? Lag es am Zustand des Telepathen, der mit einer beginnenden Migräne kämpfte? Omega stand hinter Gatow, legte ihm zur Beruhigung beide Hände auf die Schultern. Tom sah, wie er geringschätzig auf Mischa herunterschaute. Beurteilte er das richtig? Dann musst Mischa doch auch entsprechende Gedanken seines Chefs auffangen?

„Migräne? In einer solchen Situation?", sagte Omega. „Sehen Sie, Tom, jetzt bekommen Sie vor Ort mit, welche Probleme entstehen, wenn Gatow ausfällt. Ich gehe davon aus, dass wir, wenn Sie hier bei uns sind, auch ohne ihn", er wies dabei mit einer Kopfbewegung, auf Gatow hin, „gemeinsam aktiv eine Lösung finden."

Omega ließ von Gatow ab und schickte den neuen Bodyguard, der gerade eintraf und sich als Thomas Langanke vorstellte, zur Wohnung des ausgefallenen Sicherheitsmannes. Er sollte dort in Erfahrung bringen, warum der Securitymann abgesagt hatte und wieso Gatow nichts von ihm empfangen konnte. Der Ersatz für Toms nächtlichen Besuch war ein schlanker blonder junger Kerl. Er wirkte harmlos, nur der stechende Blick aus seinen hellen blauen Augen überzeugte Tom davon, dass er ernst zu nehmen war.

Rentenberg, der die ganze Zeit auf der Tastatur herumklimperte, kam mit einem weiteren Ergebnis: Es waren drei Personen des Reinigungstrupps ausgefallen, die für die nächste Nacht zum Dienst eingeteilt waren. Rentenberg hatte ermittelt, dass alle innerhalb einer Woche ersetzt worden waren. Einer war einfach nicht mehr zur Arbeit erschienen. Die anderen gaben Gründe an, einer war in einen Unfall verwickelt, ein anderer niedergeschlagen worden. Sie wurden sofort durch neue Kräfte ersetzt.

Was hatten sie also? Drei Leute von der Zugreinigung und einer Frau von der Sicherheit.

Nach einigen Anrufen brachten sie in Erfahrung, wann die Schichten der ausgefallenen Personen der Bereiche Security und Reinigungsdienst begannen. Sie stellten fest, dass alle neu eingesetzten Mitarbeiter zur selben Zeit ihren Dienst antreten würden. Das sah doch sehr so aus, als wenn Aisha Siddika als Security einsprang und ihre Helfer zusammen in der Reinigungstruppe eingeschleust wurden.

Toms Handy brachte sich mit einem lauten Klingelton in Erinnerung. Babette gab den Stand der Ermittlung durch. Sie berichtete, dass Aisha Siddika vermutlich in Duisburg an Sprengstoff gekommen war und dass sie danach zuerst ihre Spur verloren hatten. Jade wäre auf die Idee gekommen, dass sie vielleicht nur das Nummernschild gewechselt hat. Also hätten sie die Überwachungsdaten der Firma Toll Collect nach einem dunkelblauer Peugeot Rifter durchforsten lassen, der mit einem Kennzeichen versehen war, das nicht zu dem Fahrzeug gehörte.

„Siehe da, wir fanden den Peugeot wieder. Er hat ein neues Kennzeichen, das zu einem Ford Transit gehört, der in einer Reparaturwerkstatt in Duisburg steht und auf einen neuen Kotflügel wartet."
Von der französischen Betreibergesellschaft hatten sie auch ohne weitere Probleme Angaben erhalten.

„Die erste Mautstelle auf französischem Boden konnte den Rifter bereits erfassen. Wir bleiben dran. Sobald sie am nächsten Kontrollpunkt auftaucht, informieren wir euch wieder. Wenn sie die Richtung beibehält, wird sie am frühen Abend bei euch eintreffen." Nach einer kurzen Unterbrechung ergänzte Babette ihren Bericht. „Und sie hat genug Sprengstoff dabei, um den ganzen Kanal zu zerstören."

„Vielleicht jagt sie ja vorher sich selbst in die Luft", sagte Tom.

„Dann würde sie uns einige Arbeit ersparen", sagte Babette. Es klang nicht lustig.

Tom schaltete sofort nach Annahme des Anrufs und Omegas Blick das Gespräch auf laut, um aufkommendes Misstrauen zu unterbinden. Er teilte Babette mit, dass es Zeit sparen würde, wenn die anderen ihre Informationen sofort mitbekämen.
„Können wir etwas für dich", sie korrigierte sich, „für euch tun, Tom?"
„Ich schaffe das schon, habe genug Hilfe hier."
Babette würde wissen, dass er den Menschen um sich herum nicht traute.

Gatow beobachtete Tom, trotz aller Freundschaft, sehr genau während des Telefonats. Er filterte jeden Gedanken Toms und jedes gesprochene Wort des Gesprächs auf versteckte Botschaften. Es verunsicherte ihn, dass er Toms Vorgesetzte nicht mehr auf seine spezielle Art *lesen* konnte. Natürlich hatten weder Omega noch er Tom aufgeklärt, welchen Vorteil das Team in Köln durch eine Abschirmung gewann, die zum Ausfall seiner telepathischen Fähigkeiten führte.

Langanke meldete sich nach einer Dreiviertelstunde. Es hatte niemand geöffnet, die Nachbarn wussten auch nichts zu berichten. Daraufhin habe er die Türe aufgehebelt und den Mann mit dem Oberkörper über den Küchentisch ausgestreckt vorgefunden. Jemand habe ihm mit dem Brotmesser die Kehle durchgeschnitten.
Der kalte Ausdruck in Langankes Augen, als er über die Blutlache berichtete, die sich über die Wachstuchdecke auf dem Tisch ausgebreitet hatte, und über den leeren Blick des Ermordeten, bestätigte Toms Annahme über Omegas neuen Mitarbeiter.
Ein Teil des Blutes, berichtete Langanke weiter, sei

heruntergetropft und habe auf dem Fußboden einen See hinterlassen.
Für Tom war es eindeutig, dass Siddika dahintersteckte. Sie würde die Stelle des Ermordeten einnehmen.

37

Das typisch französische Dorf Fréthun, malerisch wie aus einem Urlaubsprospekt, lag direkt neben der riesigen, anfangs unüberschaubaren Anlage mit dem Eingang zum Eurotunnel. Inzwischen konnten sie sich ungefähr orientieren, wussten, wo die für die Touristen offenen Bereiche lagen und welche Areale nur Angestellte betreten durften. Sie waren zu der Überzeugung gekommen, dass es hilfreich wäre, die Lage so genau wie möglich zu sondieren. Jedes kleinste Detail konnte bei ihrem bevorstehenden nächtlichen Einsatz wichtig sein. Tom hatte bei einem ersten Überblick im Umfeld erkannt, dass es von einem Feldweg, der Rue Verte, auf Höhe eines alten Bauernhauses eine gut getarnte Möglichkeit der Annäherung an die Anlage gab, wenn man sich Zutritt verschaffen wollte, ohne sich den Kontrollen zu stellen. Dieser Platz würde sich seiner Meinung nach am besten als Ausgangspunkt für die Operation anbieten. Nachdem die Entscheidung gefallen war, traf Omega einige Anordnungen. Fünfzehn Minuten später fuhr ein staubiger Citroen Jumper in unauffälligem Graublau vor. Omega und Gatow, dem es sichtbar schlechter ging, blieben mit drei Leuten zurück. Tom, Langanke und zwei der Bodyguards würden überprüfen, ob sich das Objekt für das Vorhaben eignete. Langanke und Philipp Hartmann verluden Transportcontainer aus grauem Plastik durch die Heckklappe. Die Furchen in Hartmanns ausgemergeltem Gesicht wirkten bei der Arbeit noch tiefer. Norbert Stamp stand daneben und sagte wie üblich nichts. Omega übernahm selbst die Leitung des Einsatzes und hielt Kontakt über eine stehende Kommunikationsfrequenz. Er hatte abhörsichere Funkgeräte besorgen lassen. Tom und die anderen waren mit Kehlkopfmikrofonen und Ohrstöpseln ausgerüstet. Omega überreichte Tom zum Start des Unternehmens seine Walther zurück, die ihm bei seiner Entführung abgenommen worden war. Er inszenierte die Rückgabe als Vertrauensbeweis.

„Ich weiß, dass ich mich auf Sie verlassen kann, Tom", dabei legte er ihm die Hand auf die Schulter. „Enttäuschen Sie mich nicht."

Die Fahrt zum Bestimmungsort dauerte eine Viertelstunde. Obwohl das Haus verfallen und unbewohnt aussah, wiesen eine gelbe, graue und grüne Mülltonne darauf hin, dass der erste Anschein trog. Hartmann fuhr in die Einfahrt und stellte den Jumper hinter dem wild wachsenden Gesträuch ab, sodass er von Nachbarn nicht gesehen werden konnte. Noch im Wagen sitzend, erstattete er Omega über die vereinbarte Frequenz Bericht. Langanke bot sich an, den Kontakt zu dem Bewohner herzustellen.

Tom sah von Ferne, wie ein Mann die Tür öffnete und

seinen Besuch anstarrte. Er hörte nicht, was Langanke sagte, bekam nur mit, wie er den Alten zurückdrängte und mit ihm im Haus verschwand.

Etwas später lag der Hausbewohner, ein gebrechlicher alter Franzose, gefesselt und betäubt auf der Tagesdecke seines ordentlich gemachten Bettes. Der Alte wohnte allein hier und würde heute auch niemanden mehr erwarten, hatte er geäußert, weniger ängstlich als ärgerlich über die Störung. Langanke hatte ihm, nachdem Gatow aus der Ferne überprüft hatte, dass er die Wahrheit erzählte, eine Spritze mit einem starken Schlafmittel verabreicht. Jetzt hielten sich Langanke, Hartmann und Tom hinter dem Haus auf, dem Gelände des Eurotunnels zugewandt, aber von dichtem Gebüsch umgeben. Hartmann öffnete einen der grauen Plastikcontainer und packte eine Drohne mit 4K-Ultra-HD-Kamera aus. Tom half bei der Vorbereitung für den Erkundungsflug. Langanke saß auf einer alten Gartenbank, die mit ausgeblichenen Kissen ausgestattet war, anscheinend der Lieblingsplatz des Besitzers. Er überprüfte die Bildqualität des Monitors und machte sich mit der Fernbedienung vertraut.

„Du scheinst dich mit den Dingern auszukennen", sagte Tom.

Langanke nickte, drapierte Bildschirm und Fernbedienung auf dem Gartentisch vor sich.

„Setz dich her, dann können wir zusammen schauen."

Hartmann, der immer in Bewegung und beschäftigt war, hatte die Drohne einsatzbereit abgestellt und trat auch zu ihnen neben die Bank, um über Langankes Schulter den Flug zu beobachten.

Langanke startete, ließ das Ding abheben und an Höhe gewinnen. Das Fluggeräusch war leiser, als Tom erwartet hatte.

„Nicht zu hoch", sagte Hartmann, „denk an den Flugverkehr. Je niedriger wir bleiben, umso weniger fallen wir auf."

Tom fand es eine gute Idee Omegas, die Drohne zur Vorbereitung zu nutzen. Auf diese Weise konnte er sich ein besseres Bild machen. Das würde in der Nacht sicher von Vorteil sein. Sie überflogen etwa zwanzig Gleise, teils mit Betonflächen dazwischen, die von Weitem wie Bahnsteige wirkten. Tom sah die erste sechsachsige Elektrolokomotive in der blauen Lackierung des Euroshuttlebetreibers Getlink. Einige Schienenstränge weiter standen zwei rote Loks – genau genommen zwei Eurotunnel-Class-9-Triebköpfe – zusammen, ohne die Waggons dazwischen. Bis zu dem ersten Montagegebäude, durch das die Züge fahren konnten, würden sie schon zwei Zäune und zwei zusätzliche Mauern überwinden müssen. Das würde er hinbekommen. Mehr Sorgen machte Tom sich über die hohen Masten mit den Flutlichtscheinwerfern, die in gleichen Abständen über das Gelände verteilt angeordnet waren. Vor dem Komplex mit den Wartungs- und Reparaturhallen trafen sie auf zwei Züge mit den üblichen Frachtcontainern. Jetzt wurde es interessanter.

„Flieg mal da rüber", Tom deutete auf die Bereiche, die ihn interessierten, „weiter links, was ist das da?"

Hartmann richtete sich aus seiner vorgebeugten Stellung auf, reckte sich und stemmte die Arme in die Seite:

„Was, wenn man die Drohne bemerkt?"

Jetzt meldete sich Omega erstmals über den eingestellten Kanal meldete. Er hatte bisher mitgehört, ohne sich einzumischen.

„Lasst nur, ich habe da etwas vorbereitet. Falls

jemand sich bei der Polizei beschwert, werden sie schon etwas finden. Stamp und Rieger haben einige Drohnen an Jugendliche verschenkt." Omega teilte mit, dass er ihnen noch zusätzlich etwas für die Ablenkung gezahlt habe, falls sie Ärger bekommen sollten. „An drei verschiedenen Punkten um das Gelände herum spielen die mit ihren Drohnen, genau wie wir. Moment ... Gatow gibt mir eben eine Rückmeldung."

Tom hörte nur halb zu, war mit seiner Konzentration auf dem Bildschirm.

„Bei der Ablenkungsgruppe 3 taucht gerade ein Streifenwagen auf. Das ist westlich von euch, auf einem Parkplatz an der Chemin du Vieux Coquelles." Er erwähnte noch die anderen Punkte, an denen spielende Kinder bei den Ordnungsbehörden für Verwirrung sorgen sollten: Einer direkt in Coquelles und noch einer am Rand von Calais.

„Also, noch seid ihr sicher. Aber haltet euch nicht zu lange dort auf."

Tom dirigierte Langanke weiter in den Bereich, der ihn interessierte. Er sah schon seinen Weg vor sich zu den großen Hallen, in denen die Züge gewartet wurden. Nur von dort aus war es möglich, dass Aisha Siddika ihre Ladung in den Tunnel hineinschmuggelte. Auf dem Weg, wie die Passagiere in die Züge geleitet wurden, ging das nicht. Das Gelände wurde ständig durch 600 Videokameras überwacht, die mit dem Security Control Center verbunden waren, in dem abwechselnde IT-Supervisors 24 Stunden am Tag Dienst schoben. Dieser Aufwand ging zurück auf die Zeit, als auf diesem Weg Flüchtlinge nach England eindringen wollten. Das Augenmerk lag tatsächlich auf dem Bereich zu den Zugängen für die Überfahrten. Die

meisten Kameras konzentrierten sich auf den Einfahrtsbereich für die Passagiere. Es gab auch extra Scans für Transporter und außerdem existierte ein System, mit dem sogar der Herzschlag von versteckten Passagieren in geschlossenen Lkw entdeckt werden konnte. Über diesen Weg wären weder sie noch Siddika hereingekommen.
Tom ging davon aus, dass das Personal zur Reinigung und Wartung der Züge weit unspektakulärer überwacht wurde. Die ganzen Kontrollen nützten nichts, wenn der Sprengstoff sich bereits in den Transportwaggons befand.
Wo war dort genug Raum, um das Zeug unterzubringen? Wann würden sie es verstecken? Die Positionen der auf ihrem Weg relevanten Kameras hatten sie sich genau gemerkt, um deren Sichtwinkel später möglichst vermeiden zu können.

„Gatow hat etwas Neues für uns", meldete sich Omega wieder.
Die Akustik der Funkgeräte und die Verbindung waren hervorragend. Tom hörte Gatow im Hintergrund. Er klang angestrengt und brachte nur wenige abgehackte Worte hervor, unterbrochen von tiefem Atmen.

„Sie ist ... drin ..."
Was meinte er? Ging es um diesen ermordeten Angestellten der Security? War sie es, fragte sich Tom, meint er Aisha Siddika, dass sie statt dem Typen reingekommen war?
Omega hielt den Kanal auf. Alle hörten weiter zu, wie er sich Gatow gegenüber äußerte.

„Das kommt in letzter Zeit häufig vor, dass es dir nicht gut geht. Immer, wenn es wichtig ist."
Das war keine Art, fand Tom. Wie konnte er seinen langjährigen Mitstreiter mit diesen einzigartigen

Fähigkeiten so behandeln?
Dann sprach Omega direkt Tom und die anderen an.

„Wenn ich Gatow richtig verstehe, heißt das, Aisha Siddika ist offiziell als Vertretung für den Wachmann engagiert, dem der Hals durchtrennt wurde. Sie wird es heute durchziehen. Sehen Sie, Tom, wie wichtig unsere Kooperation ist? Vor allem, wenn es mit Gatow schwierig wird."

Dann war es jetzt so weit. Dieser halbe Tag musste zur Vorbereitung reichen. Heute Nacht würde die Terroristin ihren Anschlag durchführen. Tom wollte sich den Zaun ansehen. Bei einem Start von hier war durch das bis an die Grundstücksgrenze reichende Gebüsch ein gut getarnter Einstieg möglich. Wenn Gatow sich jetzt entspannte, war er hoffentlich heute Nacht wieder einsatzbereit. Gatow zu haben, der aus der Ferne überprüfte, wer sich wo aufhielt und wie weit der Feind mit seinen Vorbereitungen war, könnte sich für Tom als unschätzbare Hilfe erweisen.

38

Omega legte das Funkgerät zur Seite. Operation „Drohne" war gerade rechtzeitig abgeschlossen, sodass er sich noch pünktlich zu der einberufenen Videokonferenz mit den anderen der sechs Familien dazuschalten konnte. Normalerweise fanden diese Sitzungen der *großen Sechs* monatlich statt. Seit Omega mit der Umsetzung seines groß angelegten Planes, der Gewinnmaximierung durch die Corona-Pandemie, beschäftigt war, hatte er einige Male nicht teilnehmen können. Diesmal bestanden die anderen auf seiner Anwesenheit. Einer der Konferenzräume des Hotels war für diesen Zweck von seinen IT-Leuten mit dem entsprechenden Equipment hergerichtet worden. Die beiden Bodyguards Rieger und Stamp bewachten die Zugänge, damit er vor Überraschungen sicher war. Boyd Rieger hatte Omegas volles Vertrauen, Norbert Stamp war nach Gatows Überprüfung ehrlich und loyal, aber Omega hatte ihm gegenüber ein ungutes Gefühl. Rieger war ja schon ein ruhiger Vertreter, aber Stamp dagegen ein absoluter Schweiger. Irgendwie machte ihn das misstrauisch.

Bevor Omega sich in die Verbindung schaltete, holte er den Helm, der dem Abschirmen seiner Gedanken diente. Die Dinger sahen inzwischen eher wie eine alte Badekappe aus. Die wichtige Beschichtung klebte auf einer gummiartigen Haut. Das Ding lag recht gut am Kopf an und man konnte leicht eine Perücke darüber tragen, sodass es niemandem auffiel, der nicht über seine Existenz informiert war. Gatow würde es natürlich wissen, dass sie etwas vorhatten, das ihm nicht gefallen könnte. Aber, dem ging es ja gerade nicht gut. Der war froh, wenn er vor dem Einsatz in Ruhe gelassen wurde. Omega musste sich zusammennehmen, nicht konkret an diese Dinge zu denken. Er konzentrierte sich auf die bevorstehende Operation, ging Abläufe durch. Er eilte mit diesen Gedanken im Kopf zu seinem Zimmer, holte die Kappe aus dem Etui, stülpte sie sich auf den Kopf und rückte die Kurzhaarperücke darüber zurecht. Egal, was Gatow davon hielt, besser, wenn er nicht mitbekam, was wirklich los war. Er nickte Rieger beim Betreten des Konferenzraums zu.

Die sechs Familien beeinflussten die Entscheidungsprozesse der für die breite Masse sichtbaren Persönlichkeiten, wie Politiker, Vorstände und Aufsichtsräte, blieben aber unerkannt im Hintergrund. Sie waren erfahren darin, dass es nicht auffiel, wie sie anderen ihre Anordnungen gaben, die Geschicke aus dem Verborgenen lenkten. Sie selbst nahmen dazu schon lange nicht mehr an den wichtigen Thinktanks der Welt teil. Dafür setzten sie

Lobbyisten, Journalisten und Vorstandsmitglieder ein und jeden, der Zugang zu den globalen Eliten hatte. Sie bestimmten aus dem Hintergrund mit einem Netzwerk, das über Generationen entstanden, ausgeweitet und gepflegt wurde.
Einerseits war Omega stolz darauf, zu ihnen zu gehören, andererseits verachtete er die anderen Mitglieder. Eigentlich hielt er sich für den Einzigen, der dafür geeignet war, mit seinen Ideen den Lauf der Welt zu beeinflussen. Der Erfolg, den er mit seinem Vorgehen in der letzten Zeit gehabt hatte, bestärkte ihn in seinem Anspruchsdenken. Trotzdem war Omega immer noch die Nummer 3. Dabei kämpfte er schon lange darum, an die führende Position zu gelangen. Ihm war klar, dass die anderen ihn für jemanden hielten, der eiskalt auf seinen Vorteil bedacht war. Für sich gab er gerne zu, dass sie mit dieser Sichtweise über ihn recht hatten. Er wollte unbedingt an der Nummer 2 vorbei an die Spitze gelangen. Was musste er dafür noch leisten? Die Nummer 1 war zur Legende für alle geworden, ließ aber erste Erscheinungen des Alters erkennen. Bald würde er abtreten und in dessen Schatten bereitete sich die Nummer 2 zur Übernahme vor. Das musste er verhindern. Die Nummer 2 war und blieb ein harter, nicht zu unterschätzender Gegner. In all den Jahren hatte Omega nie eine Veränderung an ihm wahrgenommen. Er wirkte immer so, als wenn er sich nur unwillig auf die Ebene der anderen herablassen würde. Omega hatte den Eindruck, dass er selbst sich stattdessen immer noch beweisen musste. Als er seinen Plan mit der Pandemie vorgestellt hatte und damit durchkam, nahm er an, er hätte es geschafft. Aber er hatte sich getäuscht. Der Kampf um die Vorherrschaft war noch nicht vorbei.
Er würde alle Kniffe einsetzen, um die Partner von

seiner letzten Aufgabe zu überzeugen, die er in dem aktuell auslaufenden Großprojekt erfüllen musste. Psychische Manipulation war ganz nach seinem Geschmack. Manchmal war es wichtig, sich auch gegen die anderen durchzusetzen. Er würde ihnen vorrechnen, was sie bisher durch die Impfstoffstrategie alles verdient hatten. Hierzu gehörte das Konsortium aus dem Zusammenschluss zweier Finanzunternehmen und einem Pharmakonzern. Dem neu entstandenen Konzern, der so groß geworden war, dass kein Staat ihn mehr pleitegehen lassen konnte, weil sie sich nicht erlauben konnten, so viele Arbeitsplätze zu verlieren. Er sprach von Human Resources und Minimierung des Risikos. Das funktionierte besser unter ganz bestimmten Voraussetzungen. Die beinhalteten entweder weitere Fusionen – sie würden noch zwei Pharmaunternehmen schlucken – oder zumindest klare Absprachen über einheitliche Preise für die unterschiedlichen Impfstoffe. Er musste sie für seine Idee gewinnen. Das war doch nur der nächste logische Schritt.

Omega wählte sich ein. Die jetzige Nummer 2 hatte den Link geschickt, also ging er davon aus, dass sie dieses Treffen arrangiert hatte. Sie waren bereits alle versammelt. Erwartungsvoll sahen sie ihn an.

39

In Calais geht die Sonne im Mai gegen halb zehn unter. Es versprach, eine angenehme, milde Nacht zu werden. Tom spürte die Spannung der kleinen Gruppe, obwohl die Männer sich gelassen gaben. Sie warteten noch bis viertel nach zehn.

„Es ist mir völlig unverständlich, wieso die Firma hier nicht alles freischneiden lässt", sagte Hartmann mit gedämpfter Stimme, kämpfte sich durch das Gestrüpp und checkte mit einem Fernglas das Gelände hinter dem Zaun. Die Beleuchtung auf dem Areal ermöglichte eine weite Sicht. Alles wirkte ruhig.

„Die scheinen sich ziemlich sicher zu fühlen…", flüsterte Langanke.

„… oder sehr nachlässig zu sein", sagte Tom. Im Schutz der wild wuchernden Sträucher demontierten sie auf dem okkupierten Grundstück ein ganzes Zaunstück zwischen zwei Pfosten. Es hatte einige kurze Auseinandersetzungen gegeben. Wenn Tom etwas delegierte, war Hartmann nicht gefolgt. Langanke sah Hartmann nur an, als der etwas vorschlug, und reagierte mit einem *dann mach doch, was du willst*. Das war keine gute Voraussetzung. Diese Kompetenzprobleme musste Tom klären, bevor sie starteten. Er war sich bewusst, dass Omega die ganze Zeit zuhörte, wollte sich aber nicht die Blöße geben, ihn um Hilfe zu bitten. Der Start der Aktion näherte sich. Langanke zog den Schlitten seiner Glock zurück und stellte sicher, dass eine Patrone im Lauf steckte. Hartmann und Tom kontrollierten ebenfalls ihre Waffen. Typische Automatismen vor einem solchen Einsatz. Sie hatten vorher überlegt, ob sie MPs mitnehmen sollten, sich aber dagegen entschieden. Falls sie gesehen wurden, war es ohne solche Waffen unauffälliger. Sie konnten dann in den Uniformen des Sicherheitsdienstes eher als deren Mitglieder durchgehen.

„Jungs, bevor es losgeht, ein Wort."
Auf ihrem Weg zum Zaun hielten die beiden abrupt inne und drehten sich zu ihm um.

„Ihr habt gute Arbeit geleistet bis hierher. Aber jetzt wird es ernst. Ich möchte sichergehen, dass wir keine Probleme bekommen. Wenn wir im Einsatz Kompetenzstreitigkeiten haben, kann das unser Leben kosten. Sind wir uns so weit einig?"
Sie wechselten einen raschen Blick, sahen dann zu Tom und nickten.

„Wer hat also das Sagen?"
Ein erneuter Blickkontakt unter ihnen genügte.
„Omega", sagte Langanke und Hartmann nickte dazu.
„Sicher. Aber hier vor Ort bin ich das, ist das klar?"
Erneuter Blickwechsel.
Langanke atmete laut und ungehalten aus.
„Wieso du?"
„Ja, wir sind doch zu deiner Bewachung da", sagte Hartmann.
„Das war bisher der Fall. Aber was glaubt ihr, warum Omega sich die Mühe gemacht hat, mich aus Deutschland mitzunehmen und die ganze Zeit hier zu behalten?"
Keine Antwort.
„Weil ich der Beste für diesen Job bin. Wenn ihr dazu eine Anweisung von Omega braucht, dann holt sie euch. Wenn nicht, erwarte ich ab jetzt, dass während dieser ganzen Aktion alles so läuft, wie ich es anordne. Okay? Könnt ihr das akzeptieren?"
Mit verschränkten Armen standen beide da und nickten nach einigem Zögern.
„Ich will es hören!"
„Mach mal halblang …", begann Hartmann und verschluckte sich fast, als Tom ihm in die Augen sah.
„Was ist jetzt?"
„Okay", sagte Hartmann.
„Ja, ist gut", bestätigte auch Langanke.
Nach diesem Zwischenspiel betraten sie um Punkt zehn Uhr fünfzehn das Gelände der Tunnelgesellschaft und platzierten das Zaunstück hinter sich wieder so, dass es unbeschädigt wirkte.

40

Omega verabschiedete sich aus dem virtuellen Konferenzraum, damit sie nicht mitbekamen, wie sich sein Gesicht zu einer enttäuschten Grimasse verzerrte. Es gelang ihm kaum, sich unter Kontrolle zu halten. Er ballte die Hände. Verstanden sie denn gar nichts? Sein Vorgehen verunsichere ihre Partner weltweit, bringe alles Erreichte in Gefahr, hatten sie sich geäußert. Das sei nicht sein persönliches Experimentierfeld, nicht sein Spielplatz. Der kleinste Fehler könne zu weitreichenden Konsequenzen führen. Der Tenor der Gruppe war, diese Phase endlich zu beenden. Abwarten und beobachten, wie es sich weiterentwickelt, war ihre Vorgehensweise. Er solle sich aus Europa zurückziehen. Allgemeine Befürchtungen wurden laut.

„... wir sind schon viel zu weit involviert ..."

„... fast sichtbar ..."

Wer sollte ihnen denn gefährlich werden? Etwa die CIA? Die standen doch auf ihrer Lohnliste. Omega schüttelte den Kopf. Aber er bekam nicht ihre Zustimmung. Alle fünf Partner rieten davon ab, seine Corona-Strategie weiter zu verfolgen. Er hatte sie nicht überzeugen können. Sie hatten ihn gerügt, gemaßregelt. Obwohl sie mit seiner Idee Milliarden verdienten, und es war kein Ende abzusehen. Warum waren sie nur so verbohrt und festgefahren in ihren Ansichten?

Zumindest hatten sie eine Analyse vorgelegt, die seine Entscheidung, das Tunnelattentat zu verhindern, bestätigte. Es ging um eine reine Kosten-Nutzen-Rechnung des Anschlags. Die Daten bestätigten, dass ein zerstörter Tunnel nicht *mehr* wirtschaftliche Chancen bot, da andere Pläne durch die Sprengung des Tunnels beeinträchtigt werden konnten. Der Entscheidung lagen rein taktische Erwägungen zugrunde. Omega kannte auch keine Situation, in der einer von ihnen je moralische Bedenken gezeigt hätte. Einwände wurden regelmäßig ohne Skrupel zur Seite gewunken. Sie hatten unendliche Umschreibungen für die jeweilige Notwendigkeit der Operationen. Omega verdrängte den Ärger und seine missmutigen Gedanken und beschäftigte sich mit dem nächsten Schritt. Der Druck, den die anderen auf ihn ausübten, zwang ihn dazu, seinen Zeitplan zu beschleunigen. Aber er würde trotzdem seine Strategie durchziehen. Egal wie, vor seiner endgültigen Abreise musste er mit diesem Konzernchef eine persönliche Unterredung führen und einen Abstecher in die Schweiz unternehmen, danach würde er zurückkehren.

Andererseits hatten sie mit ihren Warnungen seine eigenen heimlichen Zweifel aktiviert. Zu seinem eigenen Ärger dauerte es viel zu lang, Tom – diesen in seinen Augen fähigen Mann – von ihren guten Ansichten zu überzeugen. Er hoffte, dass er sich nicht verschätzt hatte und zum Schluss auf ihn verzichten musste. Die anderen wollten, dass er wie sonst vorgehen sollte. Sobald jemand von ihrer Existenz erfahren hat und nicht kooperierte: eliminieren. Es sei für sie alle besser, wenn sie im Hintergrund blieben. Diese Idee war Omega natürlich auch nicht fremd, es hatte auch ihn schon zu viel Mühe gekostet, und er hatte bisher mit allen psychischen Druckmitteln nicht das gewünschte Ziel bei Tom erreicht. Er vertraute ihm nur bis zum Abschluss der geplanten Operation und hatte auch schon mit dem Gedanken gespielt, sich danach auf die eine oder andere Art von Tom zu trennen. Dann waren da auch noch die Leute vom Verfassungsschutz. Konnte man die vernachlässigen, oder mussten die auch beseitigt werden?

Omega war nicht wohl bei dem Gedanken, dass die fünf anderen vielleicht nicht so unrecht hatten. Zumal er ihnen verschwiegen hatte, dass seine Verfolger, der Geheimdienst, dem Tom angehörte, inzwischen einen Schutz gegen das Lesen ihrer Gedanken durch Gatow besaßen. Er konnte sich gut vorstellen, welches Spektakel die anderen aus der Organisation veranstalten würden, wenn sie das auch noch wüssten. Ihm war bekannt, dass der Konzernchef, den er in jedem Fall persönlich sprechen wollte, einen straffen Terminkalender hatte. Ein Treffen musste also so schnell wie möglich arrangiert werden. Er würde alles daransetzen, dass seine Strategie aufging. Auch wenn er jetzt den Helm wieder tragen musste, damit Gatow nicht mitbekam, dass sie in Erwägung zogen, wieder einmal alle Beteiligten umzubringen. Das würde ihm nicht gefallen.

41

Der Wind hatte die Feuchtigkeit vom Meer herübergetrieben, sodass das Gras auf der Böschung zum ersten Gleis rutschig war. Tom, Hartmann und Langanke begannen deshalb vorsichtig mit den Füßen tastend ihren langen Weg in diese Nacht mit ungewissem Ausgang. Der Schotter des Bahndamms knirschte unter ihren Schuhen. Sie überquerten den Schienenstrang. Das gesamte Areal wurde mit Flutlichtstrahlern von gleichmäßig verteilten hohen Masten erleuchtet. Geduckt überquerten sie ein Gleis nach dem anderen auf die Versorgungsgebäude zu und achteten darauf, nicht über Bohlen, Schotter und sonstige Hindernisse zu stolpern. Die Beleuchtung durch die Strahler erwies sich dabei natürlich als hilfreich, da sie jedes Hindernis rechtzeitig erkennen konnten. Nachteilig waren die Schatten, die ihren Bewegungen folgten. Eine einzelne Zugmaschine in blauer Lackierung und mit dem Eurotunnel-Logo auf der Seite diente als erste Deckung. Tom wusste, dass

die Betreibergesellschaft Getlink einen enormen Aufwand für die Sicherheit der Tunneleingangsanlage betrieb. Das Areal war mit einem 30 Kilometer langen und 4 Meter hohen Sicherheitszaun umgeben. Sie beschäftigten 300 Leute für die Security. Nach wenigen Metern hörten sie von Weitem einen Hund bellen. War das eine der Hundestaffeln? Tom und seine Begleiter wussten, dass sie Patrouillen mit Spürhunden begegnen konnten. Sie hielten einen Augenblick inne. Das Bellen verklang in der Ferne.
Die Betreibergesellschaft kooperierte mit der örtlichen Polizei, die häufiger die Straßen rundum kontrollierte. Auf dem Gelände gab es zwar auch Überwachungskameras, aber zum Glück wesentlich weniger als im Eingangsbereich der Anlage. Tom rechnete seinem kleinen Team daher gute Aussichten auf Erfolg aus, zumindest, was das unerkannte Eindringen und Verlassen des Grundstücks betraf. Auf dem nächsten Gleis erwartete sie ein roter Triebwagen mit angehängten Frachtwaggons. Tom hatte sich am Vortag bei der Lagebesprechung den genauen Zielbereich auf den Plänen eingeprägt und wusste, dass sie ein ganzes Stück weiter nach links mussten, um zu den Eingängen der langgestreckten Hallen zu gelangen. Sie überquerten die Strecke in einer Diagonalen vor diesem Zug und hielten sich dann links. Eine Weile war nichts zu hören als ihre Schritte, ein Steinchen, das abrutschte, ein leises Atmen. Langanke hob plötzlich die zur Faust geballte Hand. Sie stoppten abrupt unter einem der Masten mit den Scheinwerfern.

„Was?", flüsterte Tom.
Langanke deutete in eine Richtung.

„Eine Patrouille", sagte er ebenso leise. In der Ferne sahen sie zwei Personen. Einer winkte.

Anscheinend hielt er sie für Kollegen und hatte Langankes erhobene Faust für einen Gruß gehalten. Sie senkten ihre Köpfe und drehten die Gesichter weg. Glück gehabt, die anderen waren auf ihre Tarnung hereingefallen und zogen weiter!
Nachdem sie weitere acht Gleise und einige betonierte Wege überquert hatten, stand als Hindernis ein Zug mit mehreren Transportwaggons vor ihnen. Endlich eine größere Deckung! Tom schaute in die stummen Gesichter der beiden, um zu kontrollieren, ob sie auf seine Vorgaben achteten. Sie wirkten hart und völlig ausdruckslos. Von Angst keine Spur. Beide blickten in seine Richtung, um Befehle entgegenzunehmen. Gut. Er nickte Hartmann zu und zeigte ihm mit der Blickrichtung seine nächste Aufgabe. Der pirschte um einen Waggon herum, schaute auf die andere Seite und gab das Handzeichen, dass die anderen folgen konnten. Tom atmete erleichtert auf. Endlich bewegten sie sich nicht mehr so auf dem Präsentierteller. Sie überquerten weitere Gleise und eine kleine Mauer, die kein größeres Hindernis darstellte. Dann erreichten sie ein längliches Gebäude, das über einem Schienenstrang errichtet war. Hier boten sich endlich mehr Möglichkeiten, hinter denen sie sich unauffälliger bewegen konnten. Es standen bepackte Paletten herum, Mülltonnen, Baumaterial, Baumaschinen und alles, was sich in einem großen Verladebereich so ansammelte. Ein Blick in die offene Seite des Gebäudes, in das der Gleiskörper hineinführte, überzeugte sie, dass sich in der unbeleuchteten schlauchartigen Halle niemand aufhielt. Direkt dahinter versperrte ihnen ein Containerzug den weiteren Weg. Die einzelnen Waggons waren so eng verbunden, dass die zu transportierenden Pkw hindurchfahren konnten. Die

Aneinanderreihung der Transportsegmente, mit dem die Autos durch die Kanalröhre geschafft wurden, war nicht ohne Weiteres zu überklettern. Sie beschlossen, das Hindernis zu umgehen, und schlichen nahe am Zug in Deckung weiter. Nachdem sie an zwölf dieser hässlichen Wellblechdinger vorbeigekommen waren, näherten sie sich dem Ende des Zuges. Plötzlich huschte etwas an ihren Füßen vorbei.

„Huch", entfuhr es Hartmann. Tom dachte zuerst an eine Ratte. Aber es war eine kleine Katze, die sie jetzt aus sicherer Entfernung beobachtete.

Sie wollten gerade die Spitze des Triebwagens umrunden, der mit Logo-Schriftzug *Le Shuttle* verziert war, als sie laute, unbekümmerte Schritte auf der anderen Zugseite wahrnahmen. Wie sich eben ein Dienstleister verhielt, der hierher gehörte und im Gegensatz zu ihnen nichts zu verbergen hatte. Zwei Leute vom Wachdienst unterhielten sich in normaler Lautstärke. Tom erfasste einige der französischen Brocken. Soweit sein rudimentäres Französisch ausreichte, verstand er, dass sie sich über eine Antiterrorübung unterhielten, die heute stattfinden sollte. Sie fanden das anscheinend witzig und hielten diese für überflüssig.

Was für eine Übung? Hoffentlich gefährdete das nicht ihren Plan!

42

Dunkle, schwer bewaffnete Gestalten schlichen auf die Gebäude zu. In den Kampfanzügen steckten Jade Taylor, fünf Männer und eine Kollegin des französischen Einsatzkommandos, der Groupe d'intervention de la Gendarmerie nationale, kurz: der GIGN, der Spezialeinheit der französischen Gendarmerie mit dem Einsatzschwerpunkt Terrorismusbekämpfung. Vergleichbar mit der deutschen GSG 9. Sie bewegten sich geduckt aus östlicher Richtung auf ihr Ziel zu, die Werkhallen auf dem Gelände der Getlink. Hier wurden nachts die Züge für den nächsten Tag überholt.
Jade hatte für diesen Einsatz ihre Glock mit einem Schalldämpfer versehen. Die anderen waren alle mit der P90 des belgischen Herstellers Fabrique National Herstal ausgerüstet, einer Maschinenpistole mit Kal. 9mm Parabellum Munition und Schalldämpfer. Die Waffe konnte auf Einzel- oder Dauerfeuer eingestellt werden.

Alle trugen ein handgroßes Kästchen mit einem Ein- und Ausschalter und einem gelben Aufkleber, auf dem unter der Überschrift *Technical Device* Daten über Inhalt und Anwendung enthalten waren. An einem Ende des schmalen Geräts befand sich eine runde Membran, die mit einer halb durchlässigen Gaze abgedeckt war. Diese Seite sollte in Richtung des eigenen Kopfes ausgerichtet getragen werden. Deshalb hatten die meisten sich das Gerät mit der Membran nach oben in eine der Brusttaschen gesteckt. Wozu dieses Ding diente, war ihnen nicht gesagt worden. Sie hatten nur die Information bekommen, dass es auf keinen Fall abgeschaltet werden dürfe.

In einem schwarzen Bus waren sie direkt auf das Gelände gefahren worden. Jades französischer Einsatztrupp war informiert, dass ein weiteres Team mit drei Mann unter Toms Leitung ebenfalls unterwegs war, um das Attentat des IS zu verhindern. Auch wenn Jade als Beobachterin – das war ihr offizieller Status – dem französischen Team unterstellt war, stand sie während des Einsatzes wie üblich in Direktverbindung mit Babette. Sie hatte dem Leiter des Teams Folge zu leisten, konnte aber durch den Kontakt nach Köln eventuell mit zusätzlichen Informationen unterstützen.

Jade war von den Mitgliedern des französischen Teams am Vortag aufgenommen worden. Die erste Begegnung fand in einer Lagerhalle statt, in der auch die Ausrüstung bereitlag. Mit ihrem Französisch kam sie gut zurecht. Die Männer gaben sich freundlich, drückten ihre Bewunderung darüber aus, dass sie die Sprache so gut beherrschte, blieben aber reserviert. Die Sprachkenntnisse verdankte sie ihrem Lehrer und dem Schüleraustausch mit dem Aufenthalt in der Schule eines Pariser Vororts. Die Frau im Team empfing sie mit den üblichen Küsschen auf beide Wangen. Michelle Péau machte einen recht patenten Eindruck. Der Teamleiter Pascal Le Calvez trat Jade reserviert gegenüber. Er schien nicht gerade begeistert zu sein, sie bei dem Einsatz dabeizuhaben. Mit zusammengekniffenen Augen musterte er sie und strich sich über die kurzen, zu früh ergrauten Haare. Er verfolgte sie mit seinen Blicken bei jeder Bewegung und gab ein unfreundliches Brummen von sich. Jade vermutete, dass sein Groll daran lag, dass er die Verantwortung für sie übernehmen sollte, ohne sie richtig einschätzen zu können. Schließlich wusste er genau, wie seine eigenen Leute in schwierigen Situationen reagieren würden.

„Was fange ich mit dir an!?" Er begrüßte sie mit einem festen Händedruck. Seine Hand fühlte sich trocken und rau an.

„Mach dir nichts draus", lachte Michelle dazu, „das gibt sich. Wenn du ihn erst einmal näher kennst, wirst du sehen, dass er ganz nett ist."

Pascal Le Calvez winkte in Michelles Richtung, als wenn er eine lästige Fliege vertreiben wollte, und stellte Jade seine weiteren Leute vor.

Der zum Team gehörige Algerier Kamel Durand sah sie finster an, umarmte sie aber überraschenderweise mit Küsschen rechts, Küsschen links.

„Er mag keine Frauen im Team", flüsterte ihr Michelle zu, „sonst schon. Er wird sich an dich gewöhnen. Du kannst dich aber auf ihn verlassen."

Über Noel Roux, der schlank, größer als die anderen und mit blond gefärbten längeren Haaren ständig in Bewegung war, erfuhr sie später von Michelle, dass er ein Drogenproblem gehabt habe.

„Heute ist er nur noch Adrenalinjunkie. Er hat während seines Entzugs und der Behandlung in der Klinik erkannt, dass Gefahrensituationen bei ihm auch einen Kick auslösen. Ich halte ihn in unserem Beruf für zu leichtsinnig. Er kam auf seine neue Sucht, als er im Schwimmbad getaucht ist und sich am Boden des Bassins so lange im Gitter der Umwälzanlage festgekrallt hat, bis der Adrenalinstoß kam."

Auf Jades verwunderten Blick erklärte Michelle:

„Das ist kein Geheimnis. Er erzählt jedem ganz schnell seine Geschichte."

Noel Roux hielt sie während der Begrüßungszeremonie mit feuchter Hand fest.

Dann war da noch Victor Fournier, ein Kämpfer mit untersetzter bulliger Figur und einer knubbeligen Nase, der trotz seines vor Kraft strotzenden Körpers weniger bedrohlich als lustig wirkte.

Und als Letztes der Jüngste im Team, Fabrice Lefebre.

„Lass die Finger von ihm. Sonst bekommst du Ärger mit mir", raunte ihr Michelle zu. Fabrices Augen blitzten unter der Welle einer modernen Frisur hervor. Er zeigte ein unsicheres Lächeln. In seinem hübschen Gesicht entdeckte Jade die längsten Wimpern, die sie je gesehen hatte. Die hätte sie auch gerne gehabt.

„Er ist wirklich süß", sagte Jade und lachte. Wenn Michelle wüsste, wie wenig sie an ihm ernsthaft reizte. Fabrice hatte sich einige Tage nicht rasiert. Jade nahm an, dass er das brauchte, um älter und männlicher zu wirken.

Michelle wich Jade nicht von der Seite. Sie schien froh zu sein, eine weitere Frau dabeizuhaben. Über Victor Fournier verriet sie noch, dass man an den nicht herankäme. Und aus dem Adrenalinjunkie werde nicht man nicht so richtig schlau.

Jade schaute Michelle an.

„Und du? Was sollte ich über dich wissen?"

„Das wirst du schon merken", sagte Michelle, strich sich über ihre kurzen blonden Haare, unter denen die dunklere Farbe wieder herauswuchs, und lachte.

Sie bekamen Essen geliefert. Die Zeit bis zum Einsatz wurde mit lockeren Gesprächen überbrückt. Sie tauschten Erfahrungen aus und checkten gegenseitig ihre Fertigkeiten ab. Die Atmosphäre wirkte aufgesetzt. Jade spürte deutlich die allgemeine Anspannung im Vorfeld des Einsatzes. Beim Umziehen unter den behelfsmäßigen Bedingungen fiel Jades Blick auf Noel Roux' muskulösen Oberkörper, der mit etlichen Tattoos verziert war. Als er ihren Blick bemerkte, führte er ihr einige Posen vor und ließ seine Muskeln spielen, um den Körper zur Geltung zu bringen. Alle lachten.

„Dafür ist jetzt keine Zeit", ermahnte ihn Pascal Le Calvez.

Babette hatte Jades Einsatz über den geheimnisvollen französischen Kontakt organisiert, der für die GIGN-Einsatzgruppe gesorgt und die Leitung der Betreibergesellschaft informiert hatte. In Absprache mit der Firmenleitung des Eurotunnels war eine Sondergenehmigung erteilt worden. Das Ganze wurde als Antiterrorübung deklariert. Die Geschäftsleitung war sofort mit dieser unauffälligen Vorgehensweise einverstanden. Babettes Kontakt drückte es so aus, dass die Verantwortlichen ihn gebeten hätten, den Einsatz ohne Aufsehen durchzuführen. Die Öffentlichkeit dürfe auf keinen Fall etwas erfahren. Je weniger davon wüssten, umso besser. Nicht der Hauch eines Gerüchts dürfe nach außen dringen. Die Leitung befürchtete einen ungeheuren Imageverlust, ein Desaster für das Geschäft. Wenn das bekannt würde, nahm man an, würde niemand mehr durch den Tunnel fahren wollen.

Babettes Auftrag gemäß hatten die Kollegen vom Verfassungsschutz über die Mautstellen und später sogar durch die vielen Kameras, die den offiziellen Eingang zum Tunnelgelände überwachten, die Bewegung des Peugeot Rifters verfolgt. Es lagen einige unscharfe Aufnahmen der Fahrerin vor, in denen sie zweifelsfrei die gesuchte Terroristin Aisha Siddika identifizieren konnten. Beim Passieren der Sperren wies sie sich als Angestellte des Sicherheitsdienstes aus, die in Vertretung für einen ausgefallenen Kollegen die Nachtschicht übernehmen würde. Ihre Papiere waren ausgezeichnete Fälschungen. Bei der Kontrolle war sie nicht aufgefallen. Erst die Überprüfung, nachdem die Firmenleitung informiert worden war, ermöglichte die positive Identifizierung. In Absprache mit dem Supervisor des Sicherheitsdienstes ging man davon aus, dass es nur einen Ort geben würde, an dem die Möglichkeit bestand, über Nacht eine Bombe in einem der Züge zu installieren, nämlich in den Werkhallen, in denen die Züge vor der Durchfahrt gereinigt und gewartet wurden. Das war also jetzt ihr Ziel.

24 Stunden vorher hatte Babette mehrere Male mit dem französischen Kollegen alles durchgesprochen und dann ihr Vorgehen mit der Tunnelgesellschaft abgesprochen. Die Aktion sollte unter dem Radar laufen, wie es so schön hieß. Babette bat auch darum, dass das Einsatzteam auf jeden Fall die kleinen, wie Spielzeug aussehenden Geräte bei sich tragen müsste, ebenso ihr Kontaktmann in Frankreich.

„Fragen Sie mich nicht, warum. Sie würden es nicht glauben. Tun Sie es einfach", hatte Babette gesagt, als er den Grund dafür erfahren wollte.

„Wenn ich nicht wüsste, wie viel Hall von Ihnen hält …"

Jade war klar, dass Tom nicht informiert werden konnte, obwohl er in telefonischem Kontakt mit Babette stand. Es war nicht möglich, ihm ihre Errungenschaft mitzuteilen, da er nicht abgeschirmt war und auch keine Möglichkeit bestand, ihn zu informieren, ohne dass Gatow dadurch etwas über ihr Vorgehen erfahren hätte. So würde der Telepath weiter nur mit Vermutungen über den Grund für das Abbrechen ihrer Gedanken leben müssen. Der Leiter des GIGN-Teams und Kamel Durand, der Algerier, hatten Jade auch danach gefragt.

„Mir kannst du es doch sagen", drängte dann auch noch Michelle. Aber Jade täuschte Unwissenheit vor. Sie habe keine Ahnung, es müsse aber sehr wichtig sein, dass sie die Dinger trügen. Nachdem das Team den Bus bestiegen hatte, der sie zum Einsatzort transportieren würde, sagte niemand mehr etwas. Jade schaute sich noch einmal unter den Mitgliedern um. Der Chef, Pascal Le Calvez, saß am Steuer und beobachtete im Rückspiegel jeden seiner Leute, um ihren Status zu überprüfen. Kamel, die Sturmhaube übergezogen, starrte mit finsterem Blick vor sich auf den Boden. Michelle nickte ihr selbst freundlich zu. Victor ballte seine Hände zu Fäusten und löste sie wieder. Noel drehte sich vom Beifahrersitz immer wieder zu den anderen um. Seine Augen strahlten in Erwartung der bevorstehenden Aktion. Fabrice bemühte sich, cool zu wirken, und reagierte mit seinem zurückhaltenden Lächeln aus den großen

Augen mit den unglaublich langen schwarzen Wimpern.

Sie selbst war aufgeregt, endlich konnte sie etwas Sinnvolles unternehmen, das Attentat verhindern, die Terroristin stellen. Die Zeit des tatenlosen Wartens war vorbei. Nach den langen Monaten des Schweigens würde sie vielleicht sogar wieder mit Tom zusammentreffen.

Pascal fuhr mit dem Bus so nah an den Einsatzort heran, wie es möglich war, ohne die Zielpersonen am Einsatzort zu warnen. Er ließ den Wagen die letzten Meter ohne Licht und im Leerlauf ausrollen. Die Wagentüren lehnten sie nach dem Verlassen an, um jeden Lärm zu vermeiden. Aus der Ferne klangen die gedämpften nächtlichen Geräusche der Stadt Calais herüber. Trotz größter Vorsicht hoben sich dagegen beim Vorrücken das Trampeln der Stiefel und das Rascheln durch die schwere Kleidung lauter als erhofft ab. Sie näherten sich jetzt dem Triebwagen, der den Zug durch die rechte der vier schlauchartigen Montagehallen gezogen hatte und nun abgekoppelt und verlassen an der Spitze stand. Ein Waggon des Zuges, bestehend aus zwölf Transport- und einem Ladewaggon, stand außerhalb der Werkstrecke. Der restliche Teil befand sich gänzlich innerhalb der Halle oder auf der anderen Seite, war vermutlich bereits gereinigt und abgefertigt.

Jade hörte das Atmen des Kollegen, der geduckt an ihrer rechten Seite mit schussbereit erhobener P90 voranschlich, die anderen zu ihrer linken. Sie drehte den Kopf und sah das Restlicht in seinen Augen blitzen, die als Einzige durch den Schlitz der Sturmhaube zu erkennen waren. Es handelte sich um Victor. Sie erkannte ihn an seinen Augen und an seinen Bewegungen. Erstaunlich, wie schnell sie sich an die Gruppe gewöhnte. Er nickte ihr zu und deutete mit der erhobenen Waffe voraus. Einen Augenblick später erreichten sie einen gelben Elektrokarren, der hier auf dem Gelände auch als Zugmaschine verwendet wurde. Im Verhältnis zu den Waggons des 800 Meter langen Shuttle-Zuges ein recht kleines Gefährt. Fournier erhielt den Befehl, rechts außen neben dem Zug vorzurücken. Sie warf einen ersten Blick in den an der Front offenen Waggon. Im Inneren brannte Licht, aber er war leer, zumindest bis zu der ersten Barriere, die die Schleuse zwischen den einzelnen Abteilungen trennte. Die anderen betraten zusammen durch das Tor des Parallelgleises die Halle. Nur das Licht, das aus den Fensteröffnungen der Waggons fiel, erleuchtete die Dunkelheit.

43

Toms ganzer Körper kribbelte. Er ballte seine Hände zu Fäusten und rieb die Finger an den Handballen, um die Anspannung loszuwerden. Zwei Schritte weiter ging er in die Hocke. Eine Hand auf das kalte Metall gestützt und die andere auf der Waffe an seiner Hüfte, lugte er um die Spitze des Triebwagens herum. Ausgerechnet heute sollte also eine unangemeldete Antiterrorübung stattfinden, das fehlte ihnen noch! Die beiden Bodyguards verharrten geduckt hinter ihm. Es handelte sich bei den beiden laut schwätzenden Uniformierten offensichtlich um eine Patrouille des regulären Sicherheitsdienstes. Sie trugen dieselben Uniformen wie Tom und seine Leute. Obwohl es aufgrund der Helligkeit nicht notwendig war, spielte einer der beiden mit seinem Handscheinwerfer herum, leuchtete einmal hierhin, einmal dorthin, unterstützte mit dem Gestikulieren seine Worte. Ein Lichtstrahl traf die Spitze des Triebwagens, hinter dem Tom hockte. Er fuhr zurück. Hatten sie ihn entdeckt? Er riss seine zur Faust geballte rechte Hand hoch. Das Zeichen für seine Crew. Stopp! Absolute Ruhe! Aber die beiden Wächter entfernten sich. Sie warteten so lange, bis das lautstarke Schwatzen in der Ferne verklungen war, bevor sie sich weiter an den Vormarsch machten. Auch wenn sie als Tarnung dieselben Uniformen trugen, war es entschieden besser, eine unbeabsichtigte Begegnung zu vermeiden. Bestimmt kannten sich die meisten des Wachpersonals untereinander. Zusätzlich würden sie sicher aufgrund ihrer mangelnden Sprach- und Insiderkenntnisse auffallen. Nur im ersten Moment und aus der Ferne würde die Kleidung einen gewissen Schutz vor Entdeckung bieten. Vorsichtig bewegten sie sich weiter vor. Auf dem nächsten Gleis, etwas zurückgesetzt, wartete ein weiterer Zug auf den zukünftigen Einsatz. Direkt dahinter erhob sich das längste der Wartungsgebäude, in denen die Züge versorgt und wieder auf Vordermann gebracht wurden. Nur wenige Meter trennten sie noch von dieser Werkhalle. Vorgebeugt und Schritt für Schritt tasteten sie sich noch vorsichtiger als bisher voran. Bei jedem Geräusch blieben sie stehen, schauten sich um und lauschten, ob und woher Gefahr drohen könnte.

Eng an die weiß gekalkte Hallenwand gedrückt, riskierten sie nacheinander einen schnellen Blick um die Ecke. Auch dieses Gebäude war im Inneren unbeleuchtet. Sie schlichen auf die zwei Eingänge für Züge zu, einer war geschlossen und der zweite gewährte durch das offene Tor den Blick in die leere Halle. Der Schienenstrang verlief im Dunkeln. Aber nur fünf Schritte weiter hatten sie freies Blickfeld auf ihr Ziel. Vor ihnen lag, etwa 150 Meter entfernt, der Bereich, auf den sie es abgesehen hatten. Dort sollten

nach Gatows Informationen die Sprengsätze im Zug installiert werden. Alle drei richteten sich erstmals wieder zu ihrer vollen Größe auf, reckten und streckten sich. Tom in der Mitte. Sie standen nebeneinander und verschafften sich aus sicherem Abstand einen Überblick. Tom war froh über ihre Tarnung. Auf einen unbeteiligten Zuschauer wirkten ihre Uniformen, als wenn sie hierhergehörten und ihren Dienst pflichtgemäß erfüllten. Genau vor ihnen lagen vier kleine Werkhallen, deren Türen alle geöffnet waren. Auf zwei der vier hineinführenden Gleise stand ein Zug. Ganz rechts war bis auf einen halben Waggon und eine gelbe Rangiermaschine, die aussah wie ein Trecker auf Schienen, bereits der ganze Zug in die Halle gefahren. Daneben existierten mehrere Montagehallen, aus denen kein Licht drang und deren Tore geschlossen waren.
Tom hielt über das Kehlkopfmikrofon leise Rücksprache mit Omega.

„Leader, hier SEC-One. Wir nähern uns von westlicher Seite. Over."

„Was sehen Sie? Beschreiben Sie, SEC-One."

„Vier Werkhallen, in einer davon wird an einem Zug gearbeitet. Gibt es weitere Hinweise? Over."

Sie waren am richtigen Ort. Das war der Zug, der auf den nächsten Einsatz vorbereitet wurde. In ihn, so die bisherigen Informationen, sollte der Sprengsatz eingebaut werden. Oder er war bereits installiert worden. Aber der Zug war lang und die Halle auch. Vielleicht konnte Gatow aktuell bessere Hinweise empfangen.

„Ich frage nach", reagierte Omega.

Er würde Gatow bitten, die Gedanken der Terroristin zu scannen, wo der genaue Standort war. Es entstand eine längere Pause. Die drei sahen sich an. Langanke zuckte mit der Schulter. Außer dem statischen Knistern war für geraume Zeit nichts zu hören. Gab es Probleme mit dem Telepathen? Das hatte sich ja schon angebahnt.

„SEC-One, suchen Sie nach Sektor 7."

Verdammt, wo sollte das sein? Woher sollte er wissen, wo Sektor 7 war? Vielleicht gab es ja Markierungen an den Wänden, wie in großen Parkhäusern. Tom schaute sich noch einmal genauer um. Er fand keinerlei Hinweise. Keine Wand war mit irgendeiner Bezeichnung versehen. Auf den Plänen, die sie vorher begutachtet hatten, war auch nichts in Sektoren eingeteilt gewesen. Tom verzog das Gesicht.

„Was ist?", fragte Langanke.

„Hat einer von euch die geringste Ahnung, wo hier Sektor 7 sein soll? Hier gibt es schließlich keine Touristeninformation, in der wir nachfragen können." Langanke schüttelte den Kopf und wendete sich ab.

„Touristeninformation ist gut", flüsterte Hartmann und verzog sein Gesicht zu einem gequälten Grinsen, „deinen Humor möchte ich haben."

Tom zuckte mit den Schultern. Er hatte zwei Dinge mit diesem Scherz erreicht. Zum einen Entspannung – trotz der unklaren Situation standen sie in einer lockeren, abwartenden Haltung an seiner Seite – und sein Team zusammenzuschweißen. Es wirkte jetzt noch mehr wie eine Einheit, abgegrenzt gegen den Chef in der Zentrale. Ein weiterer Versuch Toms, seine Position zu stabilisieren, damit er sich im Ernstfall darauf verlassen konnte, dass sie ihm bedingungslos folgten. So weit lief bisher alles glatt. Aber Sektor 7? Was sollte er mit dieser Angabe anfangen?

„Leader, geht es genauer? Over."

Es dauerte länger, bis Omega antwortete.

„Es muss da irgendwo sein, beeilen Sie sich. Das ist der einzige Hinweis, den ich aus Gatow herausbekomme. Es sollen Autos daneben geparkt sein. Hilft das?"

Nur in der Halle ganz links außen deutete das Licht, das aus den Fenstern der Waggons drang, auf Betrieb hin. Geräusche oder Bewegungen waren nicht wahrzunehmen. In der rechten war alles dunkel, obwohl dort auch ein Zug stand. Vielleicht war nachts nur *ein* Wartungs- oder Reinigungstrupp beschäftigt, der nach der Erledigung seiner Arbeit von einer Halle zur nächsten wechselte. Neben dem rechten in die Halle führenden Gleis schloss sich bis zu ihrem Standort die durchgehende weiße Wand des Gebäudes an, um das herum sie gerade gekommen waren. Die zwei Gleise in der Mitte waren leer, soweit der Blick in die dunklen Schläuche der Gebäude das erkennen ließ. Auf der linken Spur stand ein Zug, vier Waggons und der Triebwagen noch vor der Halle, weitere darin und vermutlich reichte der Rest des Zuges auf der anderen Seite noch aus der Halle hinaus. Da alle über Ohrhörer mithörten, bedurfte es keiner weiteren Absprache. Tom deutete nur mit der Hand, Langanke lief einige Schritte vor, um hinter den Zug sehen zu können, und kehrte zurück.

„Daneben parken Pkw."

„Okay. Also vermutlich der richtige Zug. Dann wollen wir uns den einmal näher ansehen."

Die Informationen waren verdammt rudimentär. Tom war Besseres von Gatow gewöhnt. Wenn das so weiterging, fiel er bestimmt noch völlig aus.

„Hier SEC-One, hören Sie, Leader?"

„Hier Leader, sehen sie irgendetwas von diesen verdammten Terroristen? Over."

„Negativ. Alles ruhig und leer." Nur der Form

halber stellt Tom noch die Frage. Er würde jetzt auf jeden Fall wie geplant zuschlagen. „Wie sollen wir vorgehen?"

„Keine Beschränkungen. Over."

„Verstanden, Leader. Ende."

„Nehmen wir uns den Zug vor", sagte Tom und legte die Reihenfolge fest, in der sie sich den Waggons näherten. Mäßiges Licht schien durch die Fenster nach draußen. Sie liefen auf den Zug zu, verfolgt von den Schatten ihrer Bewegungen, und gingen an der geriffelten Metallwand in Deckung. Tom spähte durch eines der Fenster. Der Innenbereich war leer. Mit Handzeichen forderte er die beiden auf, ihm zu folgen. Sie schlichen an den Wagen entlang auf das Gebäude zu und überprüften an jedem Fenster erneut, ob sich jemand darin aufhielt. Am Eingang zur Halle streckte Tom den Arm in die Höhe als Zeichen zum Halten und drehte sich zu Langanke und Hartmann um. Er hatte seine Entscheidung getroffen.

„Wir gehen rein."

Langanke hatte sich am Vortag schlau gemacht und kannte den Türmechanismus. Ein Handgriff und die Tür schob sich mit einem leisen Zischen zur Seite. Mit gezogenen Waffen drangen die Männer in den Waggon ein. Ein Blick nach links überzeugte sie davon, dass ihnen niemand in den Rücken fallen konnte, bevor sie sich nach rechts wendeten. Als die Tür sich nach wenigen Augenblicke selbsttätig wieder schloss, fuhren sie mit vorgestreckten, schussbereiten Waffen herum. Ihr Atem ging schneller.

„Scheiß Technik," entfuhr es Langanke.

Ein hörbares Ausatmen, sie senkten die Waffen. Tom steckte die Walther in sein Schulterholster und sah sich um. Die anderen folgten seinem Beispiel. Das diffuse Licht aus den Leuchtbändern, die an der

Decke der Waggons auf beiden Seiten angebracht waren, erhellte das Innere des Shuttles mäßig. Die nächsten Absperrungen zwischen den einzelnen Waggons waren geöffnet. Erst weit hinten konnten sie eine Barriere ausmachen, das Rolltor in der Mitte für die Autos und auf beiden Seiten die schmalen Klapptüren mit senkrechten Scheiben für die Fußgänger. Sollten sie durch den ganzen Zug gehen? Es blieb ihnen wohl nichts anderes übrig. Irgendwo mussten sich diese Terroristen nach Gatows Angaben ja aufhalten.

Tom ging zur gegenüberliegenden Seite und schaute durch das Fenster hinaus. Dort parkten mehrere Pkw ordentlich nebeneinander in einer Reihe parallel zum Zug, einige weiße, ein roter, zwei schwarze und dazwischen ein dunkelblauer Peugeot Rifter. Sie musste also hier sein oder hier gewesen sein. Tom betätigte den Mechanismus und die Tür des Shuttles öffnete sich zu dieser Seite.

„Untersuch den Wagen", forderte er Hartmann auf. Hartmann sprang aus dem Zug, umkreiste den Peugeot und als er sämtliche Türen überprüft hatte, schlug er mit dem Ellenbogen die Scheibe ein und durchsuchte den Wagen. Er schaute im Innenraum unter die Sitze und ins Handschuhfach. Nachdem er hinter das Fahrzeug getreten war, die Heckklappe geöffnet und sich hineingebeugt hatte, kam er zu Tom und Boyd zurück.

„Nichts", meldete er.

„Nichts mehr", vermutete Tom. Also hatten sie den Sprengstoff schon im Zug untergebracht. Sie würden sich auf Gatow verlassen müssen, um zu erfahren, wo die Bombenladung versteckt war.

44

Gatow sah sich selbst als Monstrum, eine Art Werkzeug in den Händen der sechs Familien. Dieses Bild hatte er von sich akzeptiert. Aber waren da nicht noch mehr Facetten? Reichte ihm das als alleinige Identität? Diese Fragen stellte er sich in letzter Zeit immer häufiger. Der Druck in seinem Schädel wurde größer. Er sah von der Terrasse aus seinem bequemen Korbsessel, mit vielen Kissen um sich herum, auf die blühende Gartenlandschaft, die in der nächtlichen Beleuchtung noch märchenhafter als am Tag wirkte. Eine Ablenkung. Der Anblick ließ ein kurzes Lächeln um seine Mundwinkel zucken. Dann kehrten der Schmerz und seine Sorgen zurück. Omega stand neben ihm und sprach in herrischem Ton über Funk mit Tom und seinem Team vor Ort. Was sagte er? Gatow bekam es nicht mit. Er schloss die Augen. Der Druck in seinem Kopf wurde größer. Hatte Omega sich verändert? Gatow erkannte schon lange nicht mehr den Mann in ihm, dem das Wohl der Menschheit am Herzen lag. Er war eigensinnig, überheblich und raffgierig geworden. Der Erfolg der letzten Mission, dem immensen Gewinn, den er bei den Aktiengeschäften durch die Manipulation der Medien und das Aufbauschen der Corona-Gefahren eingefahren hatte, schien ihm zu Kopf gestiegen zu sein. Die damit verbundene Belastung trieb diese Entwicklung womöglich voran. Früher hatte Gatow mit Dankbarkeit zu Omega aufsehen können und fühlte sich von ihm geschätzt. Er hatte sich gerne als Teil des Ganzen und als Unterstützer empfunden. Diese Situationen wurden immer seltener. Die Verachtung, die ihm jetzt entgegenschlug, wenn er nicht so funktionierte, wie Omega sich das wünschte, trug dazu bei. Omega setzte in letzter Zeit immer öfter die Kappe mit der Perücke auf. Das wirkte zwar relativ unauffällig, aber Gatow merkte es natürlich sofort. Jedes Mal brach jeglicher Kontakt zu Omegas Geist abrupt ab. Darin erkannte er, dass auch Omegas Misstrauen gegen ihn wuchs. Vor allem deshalb, weil er sich so gut mit Tom verstand.

Ja, überlegte Gatow, Toms Anwesenheit war sehr angenehm für ihn. Was sah er in Tom inzwischen, fragte er sich. War Tom ihm ähnlich? Zumindest brachte er ihm Respekt und Wertschätzung entgegen. Aktuell wurden Gatows Fähigkeiten wieder gefordert. Jetzt, wo ihm so viel durch den Kopf ging. Er hatte Hunger, er würde am liebsten Marzipan essen, *verschlingen* war für ihn der richtige Ausdruck. Es wurde wichtig, Entscheidungen zu treffen, und er spürte, wie sich der Druck in seinem Gehirn verstärkte. Ein beginnender Schmerz, genau wie immer in solchen Situationen. Das Zentrum entstand über dem rechten Auge, wie ein Messer, das in sein Gehirn gestochen wurde. Alles wurde zu einer

Überlastung. Jedes Geräusch, selbst das Licht wurde unerträglich. Vielleicht war er langsam zu alt für diese Aufregungen, wenn eine Operation direkt stattfand.
Er hatte sich in das Bewusstsein dieser Aisha Siddika eingeschaltet. Sich gegen diesen großen Hass in ihr abzugrenzen, nahm seine ganze Kraft in Anspruch. Jetzt verstand er, warum sie so begierig darauf war, mit ihrem Anschlag ein Fanal zu setzen. Ihr Bruder war als unbeteiligtes spielendes Kind bei einem Einsatz gegen den IS getötet worden. Ihre Anklagen, die sie an allen möglichen Stellen vorgebracht hatte, waren nicht beachtet worden. Sie war mit Phrasen abgespeist worden. Auf der Suche nach Trost war sie an einen der führenden Köpfe des IS geraten und sein Charisma hatte sie zu einer glühenden Verfechterin seiner Idee, der Errichtung eines islamischen Gottesstaates, gemacht. Dieser Mann, Djamal Hakim al-Baghdadi, hatte es geschickt verstanden, ihre Wut und den Gedanken an Rache gegen die westliche Welt in seinen Kampf umzuleiten. So war sie zu seiner folgsamen Kämpferin geworden und unterstützte ihn bei spektakulären Taten, wie Massakern an Ungläubigen und Enthauptungen vor laufender Kamera. Gatow fand es unglaublich, wie tief ihre Überzeugung verwurzelt war. Sie war eine ständige Bedrohung für die westliche Kultur, ein unberechenbares Werkzeug dieses Teufels. Alle gut gemeinten Resozialisierungsversuche der zivilisierten Welt würden an ihr scheitern, so sehr hatte sie sich ihrer Revanche und der Idee der Organisation verschrieben.

„Wo sind die Terroristen jetzt?", drang Omegas Stimme zu Gatow durch. Wie ein Blitz legte ihn der Schmerz in seinem Kopf für einen kurzen Moment lahm. Er war so sehr in den Beweggründen dieser

Frau verfangen, dass es ihm schwerfiel, in die aktuelle Situation zurückzufinden. Bestimmt hatte seine Erkenntnis, dass der Verfassungsschutz nun auch eine Abschirmung gegen ihn hatte, zusätzlichen Druck erzeugt, ihn in Panik versetzt und die Entwicklung seines Migräneanfalls beschleunigt. Was hatte Omega gefragt? Eine bleierne Schwere lag über ihm. Er blinzelte, aber das Sehen fiel ihm schwer. Wo war er? Eine Hand drang plötzlich durch den Schleier und streckte ihm ein Glas Wasser entgegen. Omega reichte ihm eine der starken Tabletten, die seine Migräne zurückdrängen sollten. Er griff danach, steckte sie in den Mund und kippte das Wasser hinterher. Der Druck stieg weiter, sein Puls raste, er musste sich konzentrieren. Seine Aufgabe war es, zu verhindern, was diese Person plante. Tom musste erfahren, wo der Sprengstoff, wo die Bombe untergebracht war. Hoffentlich war es nicht zu spät. Er musste es schaffen, das Versteck des Sprengstoffs herauszubekommen und weiterzugeben. Menschenleben retten.

„… Sektor 7 …", bekam er mühsam heraus. „… wo die Autos …" Tom würde wissen, was gemeint war.

„Was ist das? Sektor 7?"

Omegas Frage war das Letzte, das in Gatows schwindende Wahrnehmung, in sein Bewusstsein drang. Bevor er zusammenbrach, spürte er die damit verbundene Emotion. Seine Hände wurden feucht und ein kalter Schauer lief ihm den Rücken hinunter. Angst überfiel ihn unerwartet, dann wurde es schwarz um ihn.

45

Nachdem sie Aisha Siddikas Auto entdeckt hatten, von ihr selbst und dem Sprengstoff bisher keine Spur zu finden war, beschloss Tom, den ganzen Zug zu überprüfen. Da sie jederzeit durch die Türen hin und her wechseln konnten, ließ er Langanke und Hartmann auf der linken Außenseite den Zug entlang vorrücken. Er selbst schlich auf gleicher Höhe mit ihnen auf der rechten Seite entlang. Die Verständigung erfolgte über ihre Funkverbindung und mit Handzeichen durch die Türfenster. Sie arbeiteten sich Waggon für Waggon vor. Sichtkontakt durch die Türfenster. Waggon leer. Weiter.
Im sechsten Waggon huschten schemenhafte Schatten an den Fenstern vorbei. Hier ging die Arbeitskolonne ihrer Aufgabe nach. Tom blickte am Rand des Fensters in den Innenraum und beobachtete drei Männer eines Reinigungstrupps bei ihrer Tätigkeit. Vom Aussehen der drei konnte es sich um die Gesuchten handeln. Nur weil sie dem äußeren

Klischee entsprachen, musste es nicht heißen, dass es sich tatsächlich um Angehörige der Terrorzelle handelte. Es konnte durchaus naheliegendere Erklärungen geben. Viele Einwanderer wurden in schlecht bezahlten Jobs beschäftigt, wenn sie überhaupt Arbeit bekamen. Auf Tom wirkte es, als wenn die Männer ihre Arbeit hier abgeschlossen hätten und sich bereit machten, den nächsten Waggon in Angriff zu nehmen.

Wenn die Menge an Sprengstoff, die Aisha Siddika nach den Angaben von Babette zur Verfügung stand, wirklich zum Einsatz kam, würde das zu einer Katastrophe führen, die dem Terroranschlag auf das World Trade Center 2001 gleichkam. Tom wusste, dass das Tunnelsystem aus zwei Transportröhren und einem Versorgungs- und Rettungsschacht bestand. Was geschah, wenn in diesem fragilen System eine Sprengladung dieses Ausmaßes zur Zündung gebracht würde? Könnte die Explosion eine solche Kraft entwickeln, durch die Röhre treiben, wie ein Geschoss durch einen Lauf? Oder würde die Ladung ausreichen, das Erdreich darüber zu durchbrechen, sodass das Wasser des Ärmelkanals in das Tunnelsystem eindringen könnte? Eines wäre klar, die Sicherheitssysteme würden versagen. Die hatten sich bereits bei einigen Bränden als sehr dürftig erwiesen. Unter den Bedingungen würde es für die 2000 Fahrgäste, die sich in den fünf Zügen befänden, die immer zeitgleich durch den Tunnel fuhren, keine Hoffnung auf Rettung geben. Sie würden in der Falle sitzen. Es würde ein Inferno, ein Alptraum werden. In der durch die Explosion beschädigten Tunnelröhre würden Temperaturen bis zu 1000 Grad Celsius entstehen. Selbst Menschen, die sich weiter vom Explosionszentrum entfernt aufhielten, hätten unter

den Bedingungen keine Chance auf rechtzeitige Bergung. Er stellte sich die Passagiere vor, die in Stücke gerissen, verbrannt, an Rauchschwaden erstickt oder durch Gase vergiftet werden. Sie mussten auf jeden Fall verhindern, dass es so weit kam.
So wie es aussah, schien das Semtex-H bereits versteckt und die Bombe vorbereitet zu sein. Sie würden diese Männer überprüfen. Wenn es die Mitglieder der Terrorzelle waren, mussten sie sie dazu bringen, das Versteck der Sprengladung zu verraten. Oder Gatow musste weiterhelfen. Wenn alles nichts brachte, überlegte Tom, brauchten sie eine neue Strategie. In dem Fall sollten sie unter allen Umständen verhindern, dass dieser Zug nicht eher das Gelände verließ, bis er komplett durchsucht worden war. Bis sichergestellt wurde, dass kein Sprengstoff an Bord war. Das Risiko wäre sonst viel zu groß. Das war in seinen Augen die letzte Option – egal, ob dann etwas an die Öffentlichkeit durchdringen würde.
Tom duckte sich vom Fenster weg und flüsterte in das Kehlkopfmikrofon.

„Hört ihr? SEC-Two und SEC-Three?"

„Wir hören. Over", kam es doppelt zurück.

Tom besprach die Vorgehensweise und fragte, wer am besten die Landessprache beherrschen würde. Das war Langanke, er hatte einige Jahre in Frankreich gelebt.

„Okay. SEC-Three. Du machst den Sprecher. Auf *Drei* gehen wir rein."

„Verstanden. Over."

Tom sah über die Fensterkante, achtete auf die Arbeiter und gleichzeitig auf Langanke, der von der anderen Seite zu ihm herüber spähte. Er hob seinen Arm und gab Handzeichen, einen Finger, zwei, dann drei. Auf beiden Seiten betätigten sie den Mechanismus zum Öffnen und betraten den Waggon.

46

Pascal Le Calvez hatte sich entschieden, seine Gruppe aufzuteilen. Er schickte Michelle zu Fourniers Verstärkung auf die rechte Seite außerhalb des Zuges. Roux und der Kleine, Fabrice Lefebre, sollten links an der Außenseite des Zuges vorrücken und er selbst, Durand und Jade unter seiner Aufsicht würden innerhalb des Zuges von Schleuse zu Schleuse vordringen. Bereits nach der ersten Schleuse stellte sich eine Routine ein, die eine Atmosphäre von Gelassenheit vermittelte. Zumindest war das Jades Eindruck. Ein perfekt aufeinander abgestimmtes Team. Jeder Schritt wurde perfekt durchgeführt, wie in Hunderten von Übungstagen geprobt. Sie schlichen zu zweit eng an der linken Innenwand entlang, Pascal Le Calvez vorne weg, sie folgte ihm und auf der rechten Seite Kamel Durand. Sonst war sie gewöhnt, an erster Position zu stehen, aber in diesem Fall war es für sie in Ordnung, da sie nur als eine Art Beobachter galt. Pascal hatte ihr deutlich gesagt, dass sie es nur ihrer Sonderstellung zu verdanken habe, dass sie ihre Waffe behalten dürfe. Das Vorpreschen erfolgte immer seitenweise abwechselnd. Pascal als Leiter der Gruppe schlich tief gebückt voran, damit für Jade als Nachfolgende das Sicht- und Schussfeld nicht versperrt war. Bei den Schleusen angekommen, presste sich entweder Pascal auf der linken Seite oder Kamel auf der rechten Seite noch enger an die Wand und spähte durch die senkrechten Scheiben der schmalen elektronischen Klapptür in den nächsten Container. Kamel ging vor dem Rolltor auf seiner Seite in Deckung, mit schussbereiter Waffe. Auf ihrer Seite war Pascal der Erste, der durch die Tür in den nächsten Waggon sprang, sobald der elektronische Mechanismus ausgelöst worden war. Jade folgte dann, ebenfalls mit ihrer Glock im Anschlag.

Ärgerlich war, dass die Elektronik verzögert reagierte, sodass es kaum einen Überraschungseffekt geben würde, falls sie in einem der kommenden Waggons jemanden entdecken sollten. Jade überlegte, wie weit wohl das Zischen der sich öffnenden Türen auch in den weiter vorausliegenden Waggons noch wahrgenommen werden konnte. Wie früh wurde ihr Kommen dadurch verraten? Entstand für die Terroristen durch die rechtzeitige Warnung eine Fluchtmöglichkeit? Oder konnten sie selbst in einen Hinterhalt geraten? Hatte Pascal Le Calves das alles bedacht? Ein weiteres Hindernis bestand darin, dass die Durchgänge so eng waren, dass sich auf jeder Seite nur eine Person hindurchquetschen konnte. Nachdem sie drei Schleusen hinter sich gebracht hatten, wurden Michelle und Fournier, die sie als Deckung auf der rechten Außenseite begleitet hatten, hereingeholt. In der Halle war der Abstand zwischen Zug und Wand zu gering, sodass sie dort nicht weiterkamen. Jetzt drangen sie innerhalb des Zuges zu fünft vor.

Die veränderte Vorgehensweise hatte sich gerade eingespielt, als Fabrice von der Außengruppe auf der linken Seite ein Signal gab. Die Verständigung erfolgte über abhörsichere Funkgeräte auf einer Spezialfrequenz. Fabrice Lefebre und Noel Roux waren über etwas gestolpert, das sie zuerst für einen Haufen gebrauchter Putzlumpen gehalten hatten.

Pascal gab Befehl, dass jeweils eine Person an den Türen zur Beobachtung bleiben sollte, falls sich in dem nächsten Waggon etwas regen sollte. Er selbst, Jade und Victor Fournier verließen den Waggon, um zu sehen, was Fabrice entdeckt hatte. Im ersten Augenblick wirkte es wie ein Abfallhaufen. Erst bei näherem Hinsehen wurde deutlich, dass es sich um einen Mann in der Uniform des Wachpersonals handelte. Zusammengekrümmt in Embryonalhaltung, die Hände mit Kabelbinder auf den Rücken gebunden. Der Leiter ihres Teams kniete sich daneben, zog einen Handschuh aus und legte dem menschlichen Bündel zwei Finger an die Halsschlagader.

„Er lebt. Puls geht langsam", sagte Pascal, zog ein Klappmesser aus dem Nylon-Gürteletui und durchtrennte die Fesseln. Es war das erste Mal, dass Jade das berühmte Messer sah, das zur Ausstattung des GIGN gehörte. Eine Entwicklung des französischen Nahkampftrainers und Messermachers Philippe Perotti. Unter der Bezeichnung CAC 200 vereinigte es alle fortschrittlichen Technologien bei der Herstellung eines operativen Messers. Die Klinge besteht aus korrosionsbeständigem Edelstahl Nitrox. Griff und Schneide sind schwarz beschichtet. Jade wusste, dass auch die französische Armee damit ausgestattet war, allerdings mit olivfarbigen Griffen.

Ausgeklappt hat es eine Länge von 238 mm, bei einem Gewicht von 195 g. Glasbrecher am Ende, exzellent ausgewogen. Sie hätte es am liebsten selbst in die Hand genommen.
Victor ging in die Hocke und half Pascal, den Mann in eine angenehmere Haltung zu bringen. Vorsichtig entfernte er das Panzerband, mit dem ihm der Mund zugeklebt war, und entfernte den Knebel. Im Bemühen, den Bewusstlosen angenehm zu betten, hielt er mit einer Hand seinen Hinterkopf. Der Mann zuckte zusammen und stöhnte. Pascal zog seine Hand zurück, Blutspuren klebten daran.

„Er hat einen ordentlichen Schlag auf den Kopf erhalten."

Sie beugten sich über den am Boden Liegenden, als sich dessen Augenlider langsam mit einem Blinzeln öffneten. Er blickte zwischen ihnen hin und her.

„Leuchte ihm nicht so in die Augen", sagte Pascal und sprach beruhigend auf ihn ein, erklärte ihm, dass sie von der GIGN seien.

„Es ist alles in Ordnung, wir helfen Ihnen." Unter viel Gestöhne erfuhren sie von dem Überfallenen, dass er zu einer der Patrouillen gehöre, die immer zu zweit unterwegs wären. Heute hätte statt seines üblichen Partners für die Schicht als Vertretung eine Frau den Dienst angetreten.

„Wir hatten unsere Route gerade begonnen", erzählte er anfangs stockend, nach Worten suchend. Er wurde aber schnell flüssiger in seiner Wortwahl, je sicherer er sich in der Gegenwart der GIGN-Truppe fühlte „ich habe ihr alles erklärt. Als wir in die Halle kamen, ging ich voraus. Dann hat mich irgendetwas getroffen. Oder vielleicht bin ich an eine Metallverstrebung geknallt. Ich habe keine Ahnung, wie das geschehen konnte." Er tastete nach der Beule an seinem Hinterkopf und zischte vor Schmerz zwischen den Zähnen, als er sie berührte.

„Ich war wohl völlig weg. Bis ihr mich geweckt habt."

„Machen Sie sich keine Sorgen. In ein paar Tagen ist alles wieder gut."

„Wo ist denn die neue Kollegin? Hat es sie auch erwischt?"

„Das würden wir auch gerne wissen!"

47

Tom, Langanke und Hartmann betraten mit lächelnden Gesichtern von beiden Seiten den Abschnitt des Zuges, in dem der Reinigungsdienst tätig war. Sie bemühten sich, so lässig und normal wie möglich zu erscheinen, eben, als wenn sie aus purer Langeweile während der Nachtschicht die anderen zu einem Plausch besuchen würden. Die drei Männer zuckten zusammen und fuhren herum. Tom war sich nicht sicher. Hatte der mit den etwas längeren Haaren kurz in seinen halb offenstehenden Overall greifen wollen? War darin eine Waffe versteckt?
Langanke sprach sie in einem akzentfreien Französisch an, soweit Tom das beurteilen konnte. Im Hinblick auf die Sprachkenntnisse schien er Langanke unterschätzt zu haben.
  „Hallo, wie läuft es? Fertig mit der Arbeit?"
Tom hoffte, dass die drei auf die Finte von dem gelangweilten regulären Securityteam hereinfielen. Handelte es sich nun tatsächlich um ein offizielles

Reinigungsteam oder waren das die Gesuchten? Im Moment schien alles in Ordnung zu sein. Sie ließen sich auf einen Smalltalk mit Langanke ein. Zwei von ihnen standen neben einer Putzmaschine, an der ein Behälter für Abfall hing. Der andere strich sich mit der Hand, die vorher so verdächtig gezuckt hatte, lässig die Haare aus dem Gesicht.

Tom näherte sich ihm mit langsamen Schritten, Langanke und Hartmann schlenderten auf die anderen zu. Plötzlich zog der einzeln Stehende die Stirn kraus. Sollte er den Bluff durchschaut haben? Üblicherweise waren die Patrouillen der Security zu zweit unterwegs. Sollte ihn misstrauisch gemacht haben, dass sie mit drei Mann aufgetaucht waren? Am entfernten Ende des Waggons zischte der Mechanismus der Schleusentüren. Alle blickten in die Richtung. Gleichzeitig zogen Tom und der Langhaarige ihre Waffen. Die zusammenstehenden Araber sprangen auseinander. Beide griffen in den Abfallcontainer und rissen Waffen heraus. Tom erkannte zwei vollautomatische Maschinenpistolen. Einer verhakte sich mit seiner HK MP7 am Rand des Containers und riss diesen damit von dem Transportwagen. Leere Flaschen, Papiertücher, Zigarettenschachteln und sonstiger Müll landeten auf dem Boden. Der Zweite fand Deckung hinter der Karre, von der der Container gerutscht war. Der andere hechtete hinter einen Reinigungswagen, dessen rotierende Bürsten seit ihrer Ankunft immer dieselbe Stelle schrubbten. Einen Moment war nur das Summen der Maschine und das Kratzer der Bürsten zu hören. Also doch. Sie hatten die Terroristen gefunden. Tom spürte jeden Muskel in seinem Körper. Die Anspannung ließ das Adrenalin in seine Blutbahn schießen. Für solche Situationen war er ausgebildet.

Er war sich dessen bewusst und nahm, wie er es gewohnt war, in Sekundenbruchteilen eine Analyse der Situation und seiner Möglichkeiten vor. Wer kam hinten aus dem nächsten Waggon. Was waren das für Leute? Weitere Terroristen? Wieso hatte Gatow sie nicht vorgewarnt?

„Waffen runter", schrie Langanke, „ihr habt keine Chance."

Tom sah das nicht so, immerhin standen er und seine Leute ohne jede Deckung im Raum, da sie sich von den Türen entfernt und auf die Männer zubewegt hatten. Es sah nicht gut aus. Wenn die Kerle es drauf anlegten, ihnen ihr eigenes Leben egal war, wie es von den Glaubenskämpfern bekannt war, war es um Tom und seine beiden Helfer geschehen.

Vom Ende des Wagens hörten sie lautes Trampeln mehrerer Füße.

„Keine Bewegung. Waffen runter", wurde von dort ebenfalls ein Befehl gebrüllt. Waren jetzt Tom, Langanke und Hartmann oder die Männer der Terrorzelle gemeint?

Tom beobachtete aus den Augenwinkeln, wie Langanke zu seiner Linken breitbeinig, leicht vorgebeugt einen sicheren Stand eingenommen hatte. Er hielt die Glock ausgerichtet auf den an der Wand, halb hinter dem Reinigungskarren hockenden Terroristen. Mit der anderen Hand stützte er die Zielhand. Hinter ihm war, leicht versetzt, Hartmann in Stellung gegangen. Er zielte auf den anderen und bewegte sich kaum merklich weiter von Langanke weg. Seine Stellung wäre ideal, wenn die Terroristen nur halbautomatische Pistolen gehabt hätten. Dann hätte er, wenn Langanke getroffen würde, aus der Deckung hinter ihm noch mehr Chancen gehabt, den Feind zu erwischen. Bei den MPs allerdings, die einen breiten Bereich mit einer Salve abdecken konnten, war es sinnvoller, sich weiter auseinander zu stellen. Tom sah, wie sich auf Langankes Stirn ein feuchter Film bildete, und merkte gleichzeitig, wie auch ihm Schweißtropfen aus den Achselhöhlen liefen. Er fluchte innerlich. Die Situation war verfahren. Er und seine Leute hatten jeder einen dieser Typen im Visier. Wenn Langanke und Hartmann genauso gut treffen konnten wie er, hatten sie eine reelle Chance. Sie mussten nur zuerst schießen und den Feind ausschalten, ohne dass auch nur einer von denen noch den Auslöser betätigen konnte.

Was war aber mit dieser neuen Gruppe? Ohne sein Ziel aus den Augen zu verlieren, versuchte er in der Entfernung etwas zu erkennen. War das Hilfe oder Unterstützung für den Feind? Konnte es sich um die Sondereinheit handeln, von der sie unterwegs gehört hatten? Ihre Kampfanzüge deuteten jedenfalls darauf hin. Wenn er sich für Flucht durch die Türen entschied, wie würden Aisha Siddikas Männer darauf reagieren? Er überlegte hin und her. Sollte er den Befehl zum Schießen geben? Damit sein Leben und das seiner Männer riskieren? Oder abwarten, was die Gruppe am Ende des Waggons unternahm?

Es waren bisher nur Bruchteile von Sekunden vergangen, in denen er es geschafft hatte, sich ein Bild von der gesamten Situation zu machen. Es handelte sich offensichtlich um fünf Personen, die sich strategisch über die Breite des Zuges verteilt hatten. Zwei von ihnen rückten in langsamen Schritten weiter vor. Die Blicke der Araber irrten abwechselnd in beide Richtungen, zu Tom und seinen Leuten und zu der neuen Gruppe hinüber. Ihre Arme und Beine schienen nicht mehr zu ihrem Körper zu gehören, sie flatterten hin und her. Sie wechselten mehrfach die Zielrichtung ihrer Waffen und rutschten auf dem Boden einmal zur einen und einmal zur anderen Seite in Deckung. Sie flüsterten miteinander. Tom fing einige Worte in Farsi auf – offenbar ein ratloses Hin und Her.

Tom atmete langsamer, seine Anspannung ging merklich zurück. Er wusste plötzlich, wer diese Leute am anderen Ende des Waggons waren. Die Embleme an Kampfanzügen und Ausrüstung belegten ihre Zugehörigkeit zur Groupe d'intervention de la Gendarmerie nationale: ein Einsatzkommando der GIGN.

Allerdings, überlegte Tom, mussten die Leute vom GIGN genau wie sie selbst vorsichtig sein, bei einem Schusswechsel nicht die gegenüberstehenden Leute zu erwischen. Die GIGN-Kämpfer waren zwar durch Kevlarwesten geschützt, ebenso wie Toms Team. Aber es blieben genug Körperbereiche, die Verletzungen davontragen konnten. Ihm wurde auch klar, dass es ein weiteres Problem gab. Er konnte den Franzosen keine vernünftige Erklärung für seine Anwesenheit hier geben. Jetzt stand sein Vorgehen fest. Er würde der GIGN das Aufräumen überlassen und seine Leute in Sicherheit bringen. Er fluchte innerlich erneut auf den Telepathen. Wieso hatte Mischa sie nicht gewarnt?

„Rückzug, Leute! Aber macht langsam! Zu den Türen", gab Tom den geflüsterten Befehl über das Kehlkopfmikrofon an seine Leute. Mit vorsichtigen Bewegungen zogen sie sich zurück. Den Blick weiter über den Lauf der Waffen auf ihre Ziele gerichtet. Die Araber rutschten zu Toms Seite hinter ihre Deckungen, behielten dabei aber die Waffen auf Tom und seine Leute gerichtet. Ein Fingerdruck aus ihren MPs würde ein Dauerfeuer auslösen, und wenn das auch nur in ihre ungefähre Richtung zielte, konnte das erheblichen Schaden anrichten. Aber die Terroristen wussten natürlich auch, selbst wenn Tom oder seine Kollegen getroffen würden, konnten diese noch einen oder mehrere von ihnen erwischen. Die größere Gefahr sahen sie wohl in der Kampfgruppe auf der anderen Seite. Es fand eine lautstarke Auseinandersetzung zwischen den Arabern und dem Anführer der GIGN statt. Soweit Tom verstand, ging es um bedingungslose Aufgabe. Der GIGN-Verhandlungsführer setzte vermutlich alle psychologischen Tricks ein, die für solche Situationen geschult wurden.

So wie die GIGN-Leute auf beiden Seiten des Zuges abwechselnd Schritt für Schritt vorrückten, tasteten Tom und gegenüber seine Leute sich zurück. Sie nutzten immer den Moment, wenn die Araber sich wieder der französischen Truppe zuwendeten. Tom erreichte die Tür auf seiner Seite und streckte einen Arm langsam nach hinten aus. Er sah, dass Langanke auf der gegenüberliegenden Seite ebenso wie er, mit der freien Hand rückwärts nach dem Türöffner langte. Das Zischen der Türen erfolgte gleichzeitig. Im selben Moment glitten sie jeweils auf ihren Seiten hinaus, blieben aber im Türrahmen stehen, die Waffen noch auf ihre Ziele gerichtet. Jetzt waren sie durch die Deckung im Vorteil. Ganz heiß fühlte Tom jetzt seinen Körper, seine Hände waren feucht. Aber es war nicht die Zeit, sich Gedanken darüber zu machen. Sie mussten Hartmann noch sicher hier herausholen. Tom legte seine Glock an die Kante der Waggonwand und stabilisierte mit beiden Händen sein Ziel. Aus dem Augenwinkel verfolgte er die Vorgänge auf der anderen Seite. Langanke wich einen Schritt zurück, um Platz für Hartmann zu machen. Tom hielt die Stellung, um ihm weiter Feuerschutz zu geben.

Langankes Kopf ruckte unerwartet in Toms Richtung. Er schaute ihn direkt an oder sah er an ihm vorbei? Seine Augen weiteten sich und er öffnete den Mund. Tom hörte über das Kehlkopfmikrofon, wie er Luft holte.

„Tom ... hinter dir ..."

Was wollte er ihm sagen? Was war das für ein eigenartiges Benehmen? Wieso achtete er nicht mehr auf sein Ziel? Hartmann war doch noch in Gefahr. All das ging Tom durch den Kopf. Genau in dem Augenblick spürte er einen Druck an seiner linken Niere, und eine Stimme, die ihm bekannt war, flüsterte.

„Damit hast du nicht gerechnet, mein Schöner."

Das also wollte Langanke ihm sagen. Aisha Siddika rief mit lauter Stimme einen Befehl in Farsi durch die offene Tür, der ihren Männern galt. Ein kurzer Feuerstoß und Hartmanns Körper wurde vom Aufprall der Projektile durchgeschüttelt. Einen Großteil hielt die Schutzweste ab, aber die letzten Kugeln trafen Hals und Kopf. Blut und Knochenteile spritzten auf die Wand und ein roter Schleier bildete sich hinter dem, was von seinem Kopf übriggeblieben war.

Die Tür vor Tom schloss sich wieder. Im selben Moment erklang erneut ein Zischen. Auf seiner Seite des Zuges öffnete sich eine Tür, die weiter voraus im nächsten Waggon lag, und einer der GIGN-Kämpfer sprang heraus. Die Glock auf ihn und die IS-Terroristin hinter ihm gerichtet. Irgendetwas an der Art, sich zu bewegen, kam Tom sonderbar vor. War das eine Frau unter dem Kampfanzug? Die dominante Stimme des Franzosen, den Tom für den Einsatzleiter hielt, brüllte etwas hinter seinem Teammitglied her, das Tom nicht verstand. Aisha Siddika legte mit ihrer rechten Hand ein Karambit an seinen Hals, wie er aus dem Augenwinkel erkannte. Die sichelförmige, rasiermesserscharfe Klinge schmiegte sich passgenau an seinen Kehlkopf. Dieses ursprünglich aus dem indonesischen Raum stammende Kampfmesser war durch zwei wesentliche Merkmale gekennzeichnet, die geschwungene Hawkbillklinge und einen Ring am Ende des Griffes. Dieses Messer wurde ursprünglich für friedliche Zwecke bei der Reisernte im Raum Indonesischen, Malaysia und den Philippinen verwendet. Die Frauen hielten es mit dem kleinen Finger am Ring, bündelten die Reishalme und schnitten sie mit der gebogenen Schneide ab. Die Terroristin drehte Tom mit leichtem Druck zwischen sich und den neuen Gegner. Obwohl Tom der Bewegung ohne Widerstand folgte, genügte selbst diese minimale Berührung, um seine Haut anzuritzen. Er spürte, wie etwas Warmes seinen Hals hinunterlief.

„Ein falscher Atemzug und ich trenn dir den Kopf ab."

Der Druck der Waffe in Nierenhöhe verschwand. Sie übte eine leichte Bewegung mit der Klinge aus, der Tom folgte, sodass er näher vor ihr stand und sie an seiner linken Seite vorbei ein freies Schussfeld bekam.

„Hier Leader an SEC-One. Was ist bei Ihnen los?", klang Omegas Stimme in Toms Ohr.

Jade hatte verstanden, was Pascal Le Calvez ihr hinterhergerufen hatte.

„Verdammt noch mal, was bildest du dir ein, du stehst unter meinem Kommando!" Dem waren noch etliche Flüche gefolgt. Aber als Jade erkannte, dass diese Siddika Tom als Geisel nahm, konnte sie nicht tatenlos zusehen. Es war ihr völlig egal, was Pascal Le Calvez für Befugnisse hatte und ihr androhte. Deshalb hatte sie unbedingt nach Calais gewollte, weil sie sich ausgerechnet hatte, dass sie Tom hier unterstützen konnte.

„Denk nicht mal dran", rief die Iranerin ihr auf Französisch zu, „sonst stirbt er."

48

Jade stand, nachdem sie aus dem Waggon gesprungen war, bewegungslos, wie eine Statue in Schussposition. Sie zielte an Tom vorbei auf den Kopf der Iranerin. Zumindest auf das, was nicht durch Tom verdeckt war. Sie hörte noch die Flüche des Teamleiters der GIGN-Truppe hinter sich verklingen.
Es war jetzt absolut still, bis auf ihren Herzschlag und das Rauschen des Blutes in ihren Adern. Sie stand Tom gegenüber in dieser misslichen Lage und durfte sich keinen Fehler erlauben. Das kleinste Missgeschick konnte sein Leben auslöschen. Das war die befürchtete Situation, die sie immer wieder in ihren Träumen und Flashbacks erlebt hatte. Alles was ihr wichtig und vertraut war, war weit weg, gehörte zu einer anderen Zeit. Einen Moment lang lähmte sie ein Gefühl der Hilflosigkeit. Das Erlebnis aus der Vergangenheit sollte nicht ihre aktuelle Arbeit gefährden. Das konnte sie nicht zulassen. Jade wurde

wütend. Es durfte nicht sein, dass die Erinnerung wie eine Krankheit ihre Arbeit vergiftete. Dafür war jetzt keine Zeit. Jetzt kam es nur auf sie an. Jeder Skrupel war verschwunden. Sie war eiskalt. Sie wusste nur eins, wenn sich eine Gelegenheit ergab, würde sie abdrücken. Ohne zu zögern. Alle ihre Bedenken schwanden. Wieder richtete sie die Waffe auf einen Menschen und war gezwungen, abzudrücken. Wobei das durchaus den Tod der Person bedeuten konnte. Damals war keine Zeit zum Überlegen geblieben. Da hatte sie automatisch reagiert. Heute musste sie sich ganz genau überlegen, wo sie treffen wollte, um Tom nicht zu verletzen. Es knisterte in ihrem Ohrhörer.

„Jade? Was geschieht bei euch?", meldete sich Babette über die Satellitenverbindung.

„Jetzt nicht", keuchte Jade.

„Schnauze", schrie Aisha Siddika. „Mit wem redest du? Hör sofort auf. Waffe runter, sonst stirbt er."
Jade sah, wie die Klinge des Karambitmessers an Toms Hals lag. Egal wie sie die Terroristin treffen würde, selbst wenn sie sofort tot wäre, würde sie Tom noch mit sich nehmen. Dann bemerkte Jade, wie neben Toms Taille der Lauf einer Schusswaffe erschien. Diese Frau zielte mit der linken Hand an Tom vorbei auf Jade.

Jade überlegte hin und her. Sie musste etwas tun. Was war der richtige Weg? Angenommen, sie würde schießen, dann gefährdete sie Tom in zweifacher Hinsicht. Zum einen konnte sie Tom verletzen statt Aisha Siddika und zum anderen, selbst wenn sie traf, konnte die Terroristin Tom noch mit dem Karambit ermorden. Nichts zu tun, war auch keine Lösung, dann hatten weder sie noch Tom eine Chance. Sie musste eine Möglichkeit finden, die Situation zu ihren Gunsten zu verändern. Nur einen halben Schritt vielleicht. Den Schusswinkel einen Hauch verbessern. Sie begann in Deutsch auf die Iranerin einzureden. Vielleicht konnte sie sie aus der Reserve locken. Vorsichtig, ganz langsam begann sie sich dabei zu bewegen. Über eines war sie sich im Klaren, sie hatte nicht den leisesten Zweifel, dass sie abdrücken würde. Sobald sich die kleinste Gelegenheit ergeben würde. Auch die Bedenken, die sie eben noch wegen Tom hatte, selbst wenn sie die Terroristin treffen würde, waren plötzlich wie ausgelöscht. Ebenso die Zweifel, die sie mit sich herumgetragen hatte, je wieder auf einen Menschen schießen zu können, hatten sich verflüchtigt. Ganz im Gegenteil. Wie diese Person ihr da gegenüberstand. Auf Jade wirkte es, als wenn sie mit einem überheblichen Grinsen im Gesicht ihre Macht auskostete. Die hatte keinerlei moralische Bedenken, ein Leben auszulöschen. Ach was, Hunderte, nein, Tausende zu opfern für ihre Ziele. Da war kein Zittern und Zagen, nur überlegte kalte Logik in ihrem Vorgehen. Jemand, der nichts zu verlieren hat, dem alles egal ist. Was musste für eine Wut in dieser Frau stecken! Es wäre Jade eine Genugtuung, diese kaltschnäuzige Terroristin umzulegen.

***

Omega warf einen Blick auf Gatow, der, wie üblich, wenn ihn seine Migräne übermannte, im abgedunkelten Zimmer lag. Die letzte Aussage, die er aus ihm herausgeholt hatte, war dieses *Sektor 7* gewesen. Das musste ihnen reichen. Im Sektor 7 war die Bombe versteckt. Wenn Tom so gut war, wie er dachte, würde er die Lösung auch mit dieser rudimentären Angabe finden. Er nahm das Funkgerät zur Hand, aber von Tom keine Reaktion. War da überhaupt ein Signal oder war die Verbindung gestört. Omega meinte etwas zu hören. Es klang wie ein unterdrücktes stoßweises Atmen. Was ging da vor sich?

„Was ist los, Leute? Antwortet! SEC-One. Antworten Sie. Tom, melden Sie sich. Over."
Er öffnete den Kanal für alle.

„Achtung, SEC-Two, SEC-Three. Hören Sie? Over."
Langanke meldete sich und schilderte Omega die Lage.

„Was hat der GIGN hier zu suchen? Wieso hat Gatow das nicht mitbekommen und uns informiert? Was soll jetzt geschehen?"
Omega nahm die Erregung hinter Langankes Wortschwall wahr. Ihm ging es nicht anders. Sie durften da nicht weiter auffallen. Zur Not würde er seine Leute vor Ort opfern. Es sei denn, sie kamen da noch weg. Es gab nur eines.

„Rückzug! Sofortiger Rückzug", ordnete er an. „Wenn irgend möglich, bringen Sie Tom mit." Die Organisation war schon halb sichtbar. Wenn die Tarnung ganz aufflog, mussten sie noch heute die Unterkunft wechseln.

„Ich schicke Unterstützung. Over."
Kaum hatte Omega das Funkgespräch beendet, meldete sich sein abhörsicheres Satellitenhandy. Es war die derzeitige Nummer 2 der Organisation. Das hatte ihm gerade noch gefehlt, ausgerechnet jetzt, während die Operation lief. Musste eigentlich immer alles auf einmal passieren? Er nahm den Anruf entgegen. Omega hatte keine Lust, sich mit alltäglichen Freundlichkeiten aufzuhalten.

„Ja?"

„Wann bist du da fertig? Wir hatten einen

Entschluss gefasst und abgestimmt."
Das klang nicht gut.

„Völlig richtig. Keine Sorge, ich halte mich daran, „ich lege nur zwei kurze Zwischenstopps ein." Es machte ihn wütend, als er merkte, wie er begann, sich zu rechtfertigen.

„Soll ich dir noch einmal vorrechnen, wie viel wir an den verdammten Impfstoffen mehr verdienen, wenn ich Meyer-Brabandt, den Vorstand des einzigen Unternehmens, das sich nicht an die Preisabsprachen halten will, überzeugen kann?"

„In welchem Ton redest du denn mit mir?"
Verdammt, er hatte für diesen Mist keine Zeit.

„Ich bin sehr beschäftigt." Am liebsten würde er das Gespräch beenden. Aber er schaffte es mit Mühe, sich zurückzunehmen. „Wir sollten das ein anderes Mal in Ruhe besprechen. Ich werde Meyer-Brabandt zu einem letzten Gespräch am Flughafen in Mülheim treffen, wenn er das Testzentrum im Luftschiffhangar besichtigt. Er will dort anregen, dass man das auch als Impfzentrum einrichtet. Es ist so eine Art Werbetour für sein Produkt. Wir können nicht dulden, dass er den Preis kaputtmacht. Anschließend verabschiede ich mich gerne endgültig aus diesen Gefilden. Vorher muss ich unsere Interessen wahren und eine Einigung erzielen. Wir landen da kurz und ich kläre das. Der Termin ist abgesprochen. Danach noch Zürich. Ich habe dort in der Bank etwas zu klären, persönlich. Hängt mit keinem unserer Projekte zusammen, wirklich …" Es wurmte ihn ungemein. Er atmete tief durch, um sich zu beruhigen. Wieso musste er Rechenschaft ablegen? Jetzt reichte es endgültig. Er würde sich etwas einfallen lassen, wie er die Machtverhältnisse innerhalb der Familien zu seinen Gunsten verändern konnte.

„Wann wirst du zurück sein?" Die Stimme klang gepresst, als wenn es großer Beherrschung bedurfte, ruhig zu bleiben. Omega nannte den genauen Zeitpunkt.

„Dann erwarten wir dich wieder in den Staaten."

49

Es war eine ausweglose Situation. Siddika hielt neben Toms Hüfte die Waffe auf Jade gerichtet, die sieben Meter weiter mit ihrer Glock auf sie und Tom zielte. Es war nicht zu fassen! Die Person in dem Kampfanzug der GIGN war niemand anderes als Jade Taylor, seine Partnerin vom Verfassungsschutz. Was musste alles inzwischen geschehen sein, dass Jade hier, genau wie er, mit den Franzosen zusammen den Anschlag der IS-Terrorzelle verhindern wollte? Wieso hatte Mischa davon nichts gewusst? Ging es ihm so schlecht, dass er das nicht mitbekommen hatte? Wieso hatte Babette nichts gesagt? Hatte sie Jade zu seiner Unterstützung geschickt? Würde es Jade gelingen, die Erinnerung an ihr Trauma, als sie in einer ähnlichen Situation einen Mann erschossen hatte, zu überwinden? All das ging ihm durch den Kopf, während er nicht eine Bewegung machen konnte, ohne dass die rasiermesserscharfe Klinge des Karambitmessers in seinen Hals eindrang.

Aus dem Waggon erklang eine MP-Salve und weitere vereinzelte Schüsse. Tom nahm das Zischen sich öffnender und schließender Türen wahr. Gebrüll und der Lärm mehrerer Personen drang an seine Ohren. Einzelne Projektile trafen auf Metall und irrten als Querschläger weiter. Tom dachte gar nicht mehr an das Messer an seinem Hals. Er konnte nichts tun. Das schien ihm in diesem Moment klar. Aber war das wirklich so? Gab es nicht doch eine Chance? Etwas, das er einleiten konnte, wie er die Situation für Jade und sich verbessern konnte? Alles hing von Jade ab. Was mochte gerade in ihr vorgehen? Er stellte fest, dass sie sich langsam nach links und auf ihn zu bewegte.

„Waffe runter", rief die Terroristin, „sonst schneide ich ihm die Kehle durch."

Hoffentlich ließ Jade sich nicht darauf ein. In dem Moment spürte Tom, wie die Klinge weniger Druck auf seine Kehle ausübte. Er nutze die Gelegenheit, riss den Arm hoch, zwischen seinen Hals und ihren Arm mit dem Karambit und schlug ihre Messerhand von sich. Gleichzeitig stieß er mit aller Kraft seinen Kopf schräg nach hinter, von der Schneide weg, um ihren Kopf zu treffen. Es klang wie ein Schlag auf trockenes Holz. Tom nahm an, dass er ihren Wangenknochen getroffen hatte. Er hatte diesen Gedanken noch nicht zu Ende gedacht, als er einen Schlag mit einem harten Gegenstand, vermutlich Aishas Waffe, auf seinen Kopf bekam. Nebel umfing ihn, es wurde schwarz. Aber er verlor nicht das Bewusstsein. Schon als seine Knie den Boden berührten, tauchte er aus dem Dunkeln wieder auf und spürte den stechenden Schmerz am Hinterkopf. Etwas lief klebrig und warm an seinem Hals hinunter.

Der Moment – ein Sekundenbruchteil – reichte. Jade sah, wie Tom sich von der Schneide des Messers entfernte und aufgrund des Schlags in die Knie sackte. Sie hatte freies Schussfeld. Bei der Entfernung war ihre Gegnerin nicht zu verfehlen. Jetzt nicht versagen, sorgfältig zielen. Es gab nur diese Chance. Die Terroristin sah ihr in die Augen und setzte an, sich tiefer hinter Tom zu ducken. Durch Jades Kopf zogen keine Gedanken mehr. Sie war nur noch Konzentration, spürte eine innere Gelassenheit. Alle ihre Bedenken waren verflogen. Sie visierte, folgte der Bewegung der Terroristin und betätigte den Abzug der Glock. Ihr Ziel war der Kopf. Die Kugel, die einmal den Lauf verlassen hatten, nahm ihren vorbestimmten Weg, unabhängig davon, ob das Ziel sich bewegte und seine Position verließ. Aisha Siddika bückte sich und drückte ebenfalls ab.

Tom roch den Schmauch, meinte die Flugbahn des Projektils zu spüren, wie es an ihm vorbeiflog und den linken Arm Aisha Siddikas traf. Aus dem Augenwinkel sah er, wie ihr die Waffe entglitt. Sie blieb hinter ihm in Deckung, ließ das Karambit fallen und griff mit der rechten Hand nach der Waffe. Ihr linker Arm hing schlaff herunter, Blut tropfte auf den Boden. Was war mit Jade? Sie war ebenfalls getroffen. Tom sah, wie sie zuckte, wie ein Bein unter ihr nachgab und sie zu Boden stürzte. Sie hielt ihre Glock noch in der Hand, fest umklammert, stütze sich im Liegen mit dem linken Ellenbogen auf, zielte an Tom vorbei und gab zwei weitere Schüsse ab. Er drehte sich nicht um. Er hörte, wie sich hinter ihm eilige Schritte entfernten. Aisha Siddika floh, als sie ihre vorteilhafte Position verloren hatte. Das war ihm im Moment egal. Jetzt war nur Jade wichtig. Um die

Terroristin würde er sich später kümmern.

Wie schwer war Jades Verletzung? Quälende Gedanken überfielen ihn. Hätte er verhindern können, dass sie in diese Situation geriet? Er kam unsicher mit einem Schwanken auf die Beine und stolperte zu ihr. Jetzt erst ließ Jade die Glock los, sie klapperte auf den Steinboden.

„Hätte ich das anders machen müssen?", kam es in einem leisen Stammeln über Jades Lippen, während Tom sein Messer zog und ihre Hose am Oberschenkel um die Stelle mit der dunklen Verfärbung herum aufschnitt. Ein reiner Durchschuss, stellte er fest, die Arterie war nicht getroffen. Jade presste eine Hand auf die Wunde und versuchte, mit dem Druck die Blutung so gut es ging zu stoppen.

„Ich hab sie auch erwischt", sagte sie, „am linken Oberarm. Die Waffe hat sie fallen lassen, aber mit der anderen Hand wieder aufgehoben und mitgenommen."

„Ich weiß. Ich hab es gesehen. Du hast alles richtig gemacht."

Als Aisha Siddika getroffen wurde, nahm sie keinen Schmerz wahr. Nur ihr linker Arm ließ sich nicht mehr bewegen, hing kraftlos herab. Die Waffe war ihr entfallen. Aber das schwächte sie nicht im mindesten. Sie würde ihre Mission fortsetzen. Als sie erkannte, dass sie nicht wieder so nah an Tom herankommen würde wie zuvor, warf sie das nutzlos gewordene Messer von sich. Sie bückte sich und ergriff mit der Rechten die Pistole, zielte auf Tom. Der strauchelte, richtete sich wieder auf. Sie ging einige Schritte rückwärts, Tom zwischen sich und der Frau, die am Boden lag. Als diese von ihr getroffene GIGN-Angehörige aus der liegenden Stellung an Tom vorbei auf sie feuerte, und Tom nichts anderes als diese Person im Sinn hatte und auf diese zustürzte, drehte Aisha Siddika sich um und lief mit der rechten Hand die Waffe haltend und gleichzeitig ihren verletzten linken Arm an sich drückend in westlicher Richtung davon. Am Ende des Gebäudes überquerte sie die Eisenbahnlinien, die in die Werkhallen führten, und hielt sich links.

Zwei Franzosen eilten auf die verletzte Jade und Tom zu, der neben ihr kniete. Andere liefen hinter einem fliehenden Terroristen her.
„Sie ist da lang!" Jade deutete in die Richtung, in der Aisha Siddika im Dunkeln verschwunden war. „Ich konnte sie nicht noch einmal erwischen."
Tom kämpfte mit seinen Schuldgefühlen. Jade war angeschossen, und er wollte sie nicht zurücklassen. Andererseits hielt er es für seine Pflicht, der Terroristin zu folgen. Er würde sie endgültig zur Strecke zu bringen. Er richtete sich auf. Jade hatte ihm nicht viel sagen können, nur, dass sich Einiges in der Abteilung geändert hatte. Was, wollte oder konnte sie auf die Schnelle nicht sagen. Hauptsache, sie würde durchkommen. Es sah, wie so oft, im ersten Moment schlimmer aus, als es war. Davon hatte er sich überzeugen können und sie mit denselben Worten auch zu beruhigen versucht. Also konnte er sie in der Obhut dieses Franzosen lassen. *Pascal* hatte Jade ihn genannt, das war derjenige, der hinter ihr her geschrien hatte, als sie den Waggon verlassen hatte. Er war wohl der Leiter dieser Gruppe und derjenige, der sich um sie kümmerte. Hektische Worte wurden in dem ganzen Tumult gewechselt. Jeder brüllte irgendetwas in Französisch. Dieser Pascal knurrte Tom an und deutete auf ihn.

Jade übersetzte für Tom.

„Du sollst ja da stehen bleiben, sagt er. Sie werden sich um Aisha Siddika kümmern. Er meint, sie hätte keine Chance, das Gelände zu verlassen."

Davon war Tom nicht überzeugt. Wenn sie es schaffen sollte, würde keine Fahndung der Welt sie wieder auftreiben können. Dazu war sie zu gerissen. Das hatte er schon einmal erlebt.

„Du sollst das den zuständigen Behörden überlassen", dolmetschte Jade weiter. „Alle werden sofort abtransportiert, das Gelände geräumt, damit nichts nach draußen dringt."

In der Hektik um sie herum erteilte Pascal seine Befehle, ruhig, überlegt, aber trotzdem scharf.

Ein junger Kerl kam noch hinzu und brachte Verbandsmaterial für Jade, bevor Tom sie in einem plötzlichen Entschluss zurückließ. Dieser Pascal griff nach Toms Arm, wollte ihn festhalten. Tom riss sich los. Im Laufen sah er, wie einer auf dem verletzten Gefangenen kniete und ihm mit Kabelbinder die Hände auf dem Rücken fesselte. Pascal fluchte hinter ihm her. Die anderen Leute des französischen Teams, die mit Jade gekommen waren, verfolgten den flüchtigen Terroristen in eine andere Richtung. Einige blieben im Zug. Kümmerten sich vermutlich um die Leichen. Langanke hatte sich unauffällig auf der anderen Seite des Zuges aufgehalten. Nun schloss er sich Tom bei der Verfolgung an. Die Toten mussten fortgeschafft werden, überlegte Tom, die GIGN würde sich darum kümmern. Es war nun einmal keine offizielle Aktion.

Jade rief ihm hinterher. Sie mache sich Sorgen um ihn, wegen des Blutverlusts, den er erlitten hatte. Aber er konnte nicht anders, er würde seinen Auftrag erfüllen. Diesmal musste er Siddika stellen. Noch einmal durfte sie ihm nicht entkommen. Sie war zu gefährlich. Wer weiß, was sie alles noch anrichten würde, wenn sie ihr Spiel weitertrieb.

Er konnte weit voraus gerade noch erkennen, wie sie über die Schienenstränge hetzte, in die Richtung, aus der er am frühen Abend mit seinen beiden Helfern aufgebrochen war. Es wunderte ihn, dass er sie überhaupt noch sehen konnte. Aber alles vorher hatte scheinbar doch nur Sekunden gedauert, die sich nur manchmal wie Stunden dehnten. Die Verfolgung kam ihm nach wenigen Schritten bereits wie eine Ewigkeit vor. Er hörte Langanke mit schweren Schritten neben sich und glaubte, seinen Atem zu spüren. Einen weiteren auf einem Nebengleis abgestellten Zug ließen sie hinter sich. Auch an den konnte er sich noch von der Ankunft erinnern.

Tom erhöhte sein Tempo, als er bemerkte, dass Aisha Siddika die Richtung änderte.

„An alle, Rückzug!", meldete sich Omega über Funk, „überlasst den Franzosen den Rest!" Langanke stoppte. Aufgeben kam für Tom aber nicht infrage. Sollte Langanke ruhig auf Omega hören, er würde es durchziehen. Mit der freien Hand riss er sich die für ihn überflüssig gewordenen Ohrhörer heraus und ließ sie fallen. Nichts sollte ihn mehr von seinem Ziel ablenken. Aisha Siddika setzte ihre Flucht nach Osten fort, über einen weiteren Eisenbahnstrang, an einer roten Ziegelwand entlang, bis sie freies Gelände erreichte. Es wirkte skurril. Im Licht der Scheinwerfer, die von den hohen Masten strahlten, lief sie davon. Hatte er nur den Eindruck oder wurde sie langsamer? Tom verringerte die Distanz. Aisha stolperte auf den dunklen Horizont zu. Staub umgab ihren Fluchtweg wie ein weißer Schleier. Er holte

weiter auf. Seine Vermutung war richtig, nach seiner Orientierung waren sie jetzt tatsächlich fast wieder dort, wo er vor gefühlten Äonen dieses Areal betreten hatte. Er hetzte weiter in Begleitung der verfolgenden Schatten hinter Aisha Siddika her, auf den Ausgangspunkt zu. Das Zaunstück, das nur angelehnt darauf wartete, sie wieder hinauszulassen. Sah er richtig? Humpelte sie?
Auf einmal blieb sie stehen und drehte sich um. Sie standen sich gegenüber. Wie die beiden Revolverhelden am Schluss eines Western. Fantasierte er schon? Hatte er mehr Blut verloren, als er dachte? Er fühlte sich auf einmal kraftlos und schwer. Die Walther in seiner Hand schien plötzlich unendlich schwer zu sein. Was war mit ihm. So kurz vor dem Ziel. Träumte er das alles nur? Er sah, wie sich Aisha Siddikas Mund zu einem überdimensionalen Grinsen verzerrte. Wie konnte er diese Fanatikerin je für eine schöne Frau gehalten haben? Tom wurde klar, dass sie sich tatsächlich genau an der Stelle befanden, an der sie das Stück Zaun präpariert hatten. Er sah, wie sie ihre Hand mit der Waffe hob. Er strengte sich an, befahl seinen Muskeln, zu gehorchen. Mit aller Kraft gelang es ihm, seinen Arm hochzubekommen und den Lauf der Walther auf die Gegnerin auszurichten. Schweiß tropfte ihm von der Augenbraue. Der Schlag auf den Kopf hatte wohl mehr bewirkt, als er angenommen hatte. Was war das? Hinter Aisha Siddika tauchte eine Gestalt auf. Das konnte nicht sein. Jetzt wusste er wirklich, dass mit ihm etwas nicht in Ordnung war. Aber dort über die Böschung erhob sich eine Frau und näherte sich in ruhigen Schritten der Iranerin und verharrte dann in angemessenem Abstand. Dort stand … das konnte nicht sein. Es musste sich um eine Halluzination

handeln. Aber die Person sah genauso aus, wie … Das war sie, Gao Xia. Er wusste, dass die Chinesin eine harte Kämpferin war, die vor nichts zurückschreckte. Eine Frau, die es durchaus mit einem Mann aufnehmen konnte. Obwohl sie wie eine zierliche Person aussah, war sie zäh und durchtrainiert, und was sie an bloßer Körperkraft nicht aufzuweisen hatte, machte sie durch Schnelligkeit, Bedenkenlosigkeit und Brutalität wett. Sie hatte ihn sehr beeindruckt. In dem System, in dem sie groß geworden war, hatte das ihr Überleben gesichert. Sie verstand es, sich durchzusetzen. Aber diese Frau tauchte nur in seinen Träumen auf. Ein kurzer Stich durchfuhr ihn. Sie hatte eine neue Identität und lebte im Zeugenschutzprogramm irgendwo auf der Welt. Aber, sagte er sich, vielleicht war das ein Hinweis seines Unterbewusstseins. Ein letzter Appell, sich gegen Aisha Siddika zu behaupten. Er fokussierte erneut die Iranerin.

„Da steht jemand hinter dir. Gib auf!"

Aber sie reagierte nicht. Stattdessen sagte sie etwas auf Farsi. Es war ein Fluch. Tom antwortete in ihrer Sprache. Das schien sie aus dem Konzept zu bringen. Tom sah das Blitzen aus dem Lauf ihrer Waffe. Bevor er den Schuss hörte, spürte er ein Reißen an seiner linken Schulter. Dann drückte er ab. Er sah, dass sie zuckte, ihre Muskeln gehorchten offenbar nicht mehr dem Befehl ihres Gehirns, die Waffe entglitt ihrer Hand und landete mit einem unangenehmen metallenen Klappern auf den Schienen. Es klang wie ein Schlussakkord.

Er ging langsam auf die am Boden liegende Terroristin zu. Sie bewegte sich, wollte anscheinend etwas sagen, aber sie brachte nur ein Blubbern zustande. Sie versuchte in die Tasche ihrer Jacke zu greifen und schaffte es mit aller Kraft. Tom sah, wie sich ihre Hand unter dem Stoff zur Faust ballte. Blut sprudelte aus ihrem Hals. Und dann geschah etwas, das er schon einmal erlebt hatte. Wie ein Déjà-vu. Gao Xia ging mit einer Waffe in der Hand auf die am Boden Liegende zu.

„Das geht nicht", sagte Tom, „du kannst nicht einfach eine wehrlose Person erschießen."

„Das sagtest du schon." Sie schüttelte den Kopf trat noch einen Schritt näher, zielte auf den Kopf der am Boden Liegenden, die die Augen weit aufriss, und drückte ab.

„Ich kann das."

Tom sackte, vom Blutverlust geschwächt, in sich zusammen. Aisha Siddikas Hand rutschte wie von selbst aus ihrer Jacke und Tom sah, wie das kleine Gerät, das sie umfasst hielt, ihren Fingern entglitt. War das ein Zünder? Der Gedanke zuckte durch sein Gehirn. Dann wäre es jetzt zu spät. Aber nichts geschah. Er sah, wie die Chinesin das Ding vom Schotter neben den Schienen aufhob und untersuchte. Es war tatsächlich ein Zünder. Aber Aisha Siddika hatte anscheinend nicht genug Zeit gehabt, ihn auszulösen. Gao Xia beugte sich über Tom. Es muss ein Traum sein, dachte er. Die kurze wilde Affäre über die drei Tage der vergangenen Weihnachten mit der Chinesin hatten einen tiefen Eindruck bei ihm hinterlassen. Aber sie hatte sich – er wusste, dass es ihr schwergefallen war –, für die neue Identität entschieden, die ihr geschenkt worden war. Tom hatte sich damit abfinden müssen, sie nie wieder zu sehen. Die Erinnerung spielte einem ja oft einen Streich und alles wirkte viel schöner, als es wirklich geworden wäre. Aber, versprach er sich in diesem Moment, wenn das hier vorbei wäre und er aufwachte, dann

würde er sich aufmachen und sie suchen.
Gao Xias Stimme, einschmeichelnd weiblich, aber auch stark und ein wenig dominant, wenn es notwendig wurde, klang in seinen Ohren.

„Ich konnte dich das nicht alleine regeln lassen. Wer weiß, ob du das ohne mich hinbekommen hättest!" Ein Lächeln erschien auf ihrem zierlichem Gesicht.

Er lag auf dem Bahndamm, seinen Kopf in ihrem Schoß, und hörte sich reden.

„Geht's dir gut?", fragte er. Sie nickte. Offenbar freute sie sich, ihn zu sehen. Er wollte etwas sagen, bekam aber kein Wort heraus.

Ein ohrenbetäubender Knall zerriss die Stille des intimen Moments, gefolgt von einem nicht enden wollenden Donnern. Tom spürte, wie die Erde unter ihm bebte. Die Nacht war schlagartig taghell erleuchtet. Gao Xias Gesicht über ihm löste sich in dem alles verschlingenden Weiß der Umgebung auf. Sein letzter Gedanke galt Jade, bevor er ohnmächtig wurde. Hatte es sie erwischt?

50

Die Zeitung, vom leichten Wind auseinandergerissen, flatterte in Toms Hand. Gao Xia drückte sie runter, damit sie darüber gebeugt zusammen besser lesen konnten. Sie saßen am Strand von Calais nebeneinander, mit dem Rücken an die ausgeblichenen hölzernen Wellenbrecher gelehnt. Gao Xia kuschelte sich in ihrer langen lindgrünen Strickjacke an Tom. Sie hatte ihre Asics ausgezogen und spielte mit nackten Füßen im Sand. So sehr er auch die Nähe zu der Chinesin genoss, drehten sich Toms Gedanken, seit er wieder wach war, ununterbrochen um Jade und die Männer, die er in der Nacht auf dem Gelände des Tunnelbetreibers getroffen hatte. Was war aus ihnen geworden? Waren sie davongekommen? Weder die rudimentären Berichte Omegas noch die Zuwendungen Gao Xias waren dazu angetan, ihn für längere Zeit zu beruhigen. Er musste Kontakt zur Zentrale

bekommen! Diese verdammte Aisha Siddika hatte doch noch Zeit gefunden, ihr Werk zumindest zum Teil zu vollenden. Hätte er es verhindern können, indem er sie sofort mit mehreren Schüssen erledigt hätte? War die Vorgehensweise Gao Xias gerechtfertigt? Direkt töten? Zumindest hätte die Iranerin dann nicht mehr die Chance gehabt, die verzögerte Zündung zu betätigen.
Gao Xia stieß ihn an.
„He, was ist?"
Tom versuchte zumindest, sich etwas zu entspannen, lehnte sich an sie und schaute wieder auf die Zeitung.
Sie verglichen die Berichte über die Ereignisse in der Regionalzeitung La Voix du Nord und der Tageszeitung Le Figaro miteinander, um so viel Informationen wie möglich zu erhalten.
Gao Xia konnte besser Französisch als Tom. Sie versuchten, so gut wie möglich aus den Zeitungsberichten schlau zu werden. *Unfall bei Wartungsarbeiten* war ein Artikel überschrieben. Die Bürger Calais' seien vorletzte Nacht durch eine gewaltige Explosion aus dem Schlaf gerissen worden. Die Explosion habe sich auf dem Gelände des Tunnelbetreibers, der Firma Getlink ereignet. Eines der großen Gebäude, die für Reinigungs- und Wartungsarbeiten an den Zügen zur Verfügung stehen, habe sich mit Gas gefüllt, das über längere Zeit unbemerkt aus einer defekten Leitung entwichen sei. Nach Expertenmeinung sei dadurch ein hochexplosives Gas-Luft-Gemisch entstanden, das durch einen Funken, als der Zug per Fernsteuerung herausgefahren werden sollte, entzündet wurde. Es sei ein Krater von einem enormen Durchmesser entstanden. Das Zentrum der Explosion habe sich im Waggon Nr. 7 befunden, der quasi pulverisiert worden

sei.

„Das war also Sektor 7", sagte Tom.

„Was meinst du?"

Er erklärte es.

Sie versuchten weiter den Bericht zu übersetzen. Ganze Autos seien in die Luft katapultiert, das Wartungsgebäude völlig zerstört worden. Gebäudeteile, Betonbrocken und Stahlträger habe es zerrissen und diese seien ebenfalls durch die Luft geschleudert worden. Zum Glück habe es keine Personenschäden gegeben. Es grenze an ein Wunder, dass sich zum Zeitpunkt des Unglücks niemand in der Nähe aufgehalten habe. Die Wartungsarbeiten seien bereits beendet gewesen und die nächtlichen Patrouillen des Sicherheitspersonals hätten sich in ihrer Runde an einem weit entfernten Ort aufgehalten.

Tom ließ die Zeitung sinken und sah Gao Xia in die Augen.

„Wie kann das sein, dass weder von unserer Anwesenheit noch dem Einsatz der GIGN etwas darinsteht?"

„Das hat Omega gut hinbekommen", sagte Gao Xia.

Natürlich hatte ihm Omega auch bereits versichert, dass niemand zu Schaden gekommen sei. Jetzt, als er das Ausmaß der Katastrophe in den Worten der Presse las, kamen ihm aber erneut Zweifel.

„Vielleicht wurde es nur herausgehalten? Nein, ich muss mit unseren Leuten sprechen, ob Jade nichts geschehen ist."

Die Berichte in den Zeitungen vor ihnen waren der einzige Hinweis darauf, dass in der vorletzten Nacht etwas Ungewöhnliches auf dem Gelände des Eurotunnels geschehen war. Die Geheimhaltung schien trotz der zum Teil unberechenbar verlaufenden

Aktivitäten funktioniert zu haben. Aber es konnte genauso verschwiegen worden sein, falls dort jemand umgekommen war. Wenn die Gewalt der Explosion groß genug war, würden Knochen zu Staub. Es war schwer nachzuweisen, ob dort jemand umgekommen war, geschweige dann einzelne Personen zu identifizieren. Oder waren die Leute der GIGN so schnell gewesen, dass sie bereits alle evakuiert hatten?

„Omega hat doch gesagt", versuchte Gao Xia, ihn zu beruhigen, „die Tunnelgesellschaft habe nur die abgesprochenen rudimentären Infos an die Presse gegeben."

„Eben das verunsichert mich."

„Sei nicht so misstrauisch. Du solltest Omega vertrauen. Er weiß, was er tut."

Tom atmete tief durch und ihm wurde zum ersten Mal die salzige Meeresluft bewusst. Er begann mit dem nächsten Artikel. Aus den spärlichen Informationen hatte ein Journalist einen Beitrag mit der reißerischen Überschrift *Jugendlicher durch Hochspannungsleitung gegrillt* zusammengeschustert. Drei jugendliche Rowdys seien in das Gelände des Eurotunnels eingedrungen, mit der Absicht, die Waggons mit Graffitis zu versehen. Für einen sei die Aktion tödlich verlaufen, der andere, auf den sich der Bericht konzentrierte, sei mit schweren Verletzungen davongekommen. Nachdem die drei von den hauseigenen Sicherheitskräften entdeckt worden waren, hätte einer von ihnen die Flucht über den Zug angetreten.

„Das war einer der Terroristen", sagte Tom.

Im Bericht des Reporters war ein Jugendlicher daraus geworden, der auf das Dach des 800 Meter langen Containerzuges geklettert und darauf entlanggelaufen war, bis er die sechsachsige Elektromotive, den sogenannten Triebkopf, erreicht hatte. Er hatte die Gefahr unterschätzt, die von dem stromführenden Kabel ausging. Er war wohl davon ausgegangen, es sei sicher, wenn er die Leitung nicht berühre. Aber man durfte den Hochspannungsleitungen nicht zu nahe kommen. Wenn man die Distanz von 1,50 Meter unterschritt, baute sich ein Spannungsüberschlag auf, der zu erheblichen Verletzungen führen konnte. Dieser Lichtbogen traf ihn mit einer Hitze von 20.000 Grad. Der arme Kerl wurde regelrecht geschmort und vom Dach geschleudert. Von einer Überwachungskamera war das Geschehen aufgenommen worden. Die Zeitung zeigte ein unscharfes, grobkörniges Bild. Der Lichtbogen war gut zu erkennen. Tom vermutete, dass er wegen der besseren Wirkung mit einem Bildbearbeitungsprogramm verstärkt worden war. Der Junge habe großflächige Brandwunden davon getragen, 48 % der Haut an seinem Körper waren verbrannt. Er sei sofort ohnmächtig geworden, läge seitdem im Koma und schwebe noch immer in Lebensgefahr. In einem Kästchen waren technische Erklärungen verzeichnet. Tom erfuhr, dass Hochgeschwindigkeitszüge wie Le Shuttle mit einer Fahrleistungsspannung von 25.000 Volt bei einer Frequenz von 50 Hertz unter dem Kanal hindurchfuhren. Bahnelektrifizierungssysteme wurden weltweit mit dieser Spannung betrieben. Das war etwa 100-mal so viel Power, wie aus einer unserer Steckdosen kam. Der Terrorist mit seiner waghalsigen Flucht hatte unbeabsichtigt für eine Coverstory gesorgt, hinter der alle weiteren Aktionen dieser Nacht ungesehen verhallten. Der Reporter, der den Artikel verfasst hatte, wies darauf hin, dass die beiden Ereignisse auf dem Gelände weit auseinandergelegen und, nach Aussage der untersuchenden Behörden, definitiv nichts miteinander zu tun gehabt hätten.

„Groß genug ist das Areal ja", sagte Tom, schaute auf das Meer hinaus und hing seinen Gedanken nach.
Als Tom aus der Ohnmacht wieder erwacht war, hatte Omega die Lücken seines Gedächtnisses gefüllt und ihm über die anschließenden Aufräumarbeiten berichtet. Das Satellitentelefon und die Walther hatte man ihm wieder abgenommen. Toms erste Frage nach dem Erwachen galt Jade. Omega erzählte, dass er in der Nacht noch mit Babette konferiert habe, die wiederum mit einem Kontakt in Frankreich gesprochen hab: Jade sei in Sicherheit. Zumindest stellte Omega das Tom gegenüber so dar. Bevor Tom das nicht selbst aus Babettes oder Jades Mund gehört hätte, würde er nicht zur Ruhe kommen.
Die letzte Nacht ging ihm erneut durch den Kopf. Die Leiche der Iranerin war ebenfalls durch die GIGN abtransportiert worden. Der Schlag auf den Kopf hatte bei Tom eine leichte Gehirnerschütterung hervorgerufen. Bei seinem Drang, Aisha Siddika unschädlich zu machen, ging er bis an die Grenzen seiner Leistungsfähigkeit. Nachdem seine Aufgabe erfüllt war, brach er zusammen. Er hatte die Explosion nicht verhindern können. Gao Xia brachte ihn mit der Unterstützung Langankes, der ihm gefolgt war, in Sicherheit. Sie verließen das Haus neben dem Gelände und Tom wurde noch in der Nacht mit den besten medizinischen Mitteln in der gemieteten Residence versorgt. Omega kümmerte sich um seine Leute. Der überwältigte Mann, den sie gefesselt in dem Stützpunkt am Zaun zurückließen, überstand die Tortur heil. Auf Omegas Anweisung informierte Langanke am anderen Morgen anonym die Polizei in Calais, dass sie den Mann aus seiner misslichen Lage befreien sollten. Das warf für die Beamten eine

Menge Fragen auf. Erklärungen würden sie keine bekommen. Omegas Organisation hinterließ keine Spuren. Die Menge des Semtex-H, versteckt hinter den Seitenverkleidungen des Waggons, hätte gereicht, den Tunnel für alle Zeiten unbefahrbar zu machen. In der Zeitung hatte Tom eine Luftaufnahme des Geländes nach der Explosion gesehen. Die Abmessungen des Kraters sprachen für sich.
Gao Xia strich Tom über den Hinterkopf und erwischte die Stelle mit dem Pflaster, das über der genähten Wunde und der dicken Beule klebte. Er zuckte zusammen. Sie zog die Hand zurück und legte sie ihm sanft auf die Wange.

„Du musst kein schlechtes Gewissen haben", sagte sie, als wenn sie ahnte, womit er sich beschäftigte.
Er überlegte kurz. Nein, das hatte er auch nicht. Sie beugte sich zu ihm, legte ihre Hand auf seine Wange und sah ihm in die Augen. Der Duft ihres Parfums stieg ihm in die Nase.

„Gao Xia", sagte er und ließ sie nicht aus den Augen.

„Ich heiße jetzt Shirley Wang", und ihr helles Lachen untermalte diese Mitteilung, „das ist meine neue Identität. Du wirst dich daran gewöhnen müssen. Dein Chef – ich glaube er heißt Hall – hat mir dazu verholfen."
Langanke war ihnen als Begleitung zugeteilt worden. Er hielt sich dezent zurück. Zehn Meter hinter ihnen hatte er sich am Rand der Dünen niedergelassen. Er beschäftigte sich intensiv damit, den Sand aus seinen Schuhen zu kippen.
Tom wurde schwindelig. War es das Glücksgefühl, in ihrer Nähe zu sein, oder weil die Nachwirkungen seiner Verletzung stärker waren, als er es sich eingestehen wollte? Er streckte sich aus, den Kopf in

ihrem Schoß. Sie strich ihm über die Stirn. Gao Xia war das Backup, das Gatow und Omega sich überlegt hatten. Er wusste, dass Omega nie einen Schachzug unternahm, ohne eine zusätzliche Deckung im Hintergrund. Er konnte diesen Typen doch inzwischen ganz gut einschätzen. Aber er hätte im Leben nicht erwartet, dass sie Gao Xia einsetzen würden. Vermutlich hatte Mischa von seinem Interesse an ihr gewusst. So häufig wie er an sie gedacht hatte.
Tom fragte Gao Xia, ob er ihr Handy benutzen dürfte.
„Ich muss wissen, wie es meiner Kollegin Jade geht."
Sie warf einen schnellen Blick hinter sich. Langanke war so weit weg, dass er ihre Unterhaltung nicht mitbekam.
„Das kann ich nicht tun."
Tom setzte sich mit einem Ruck auf und hätte sie fast am Kinn erwischt, wenn sie nicht schnell ausgewichen wäre.
„Was? Wieso nicht?"
Sie sei ihrem Chef gegenüber loyal. Im Laufe des weiteren Gesprächs erklärte ihm Shirley – er konnte sich nicht an den Namen gewöhnen –, dass sie ihre Zukunft bei Omega und der Organisation der *großen Sechs* sah. Das durfte nicht wahr sein! Sein Magen verkrampfte sich. Sie konnte nicht ernsthaft in Erwägung ziehen, für diese Verbrecher zu arbeiten! Er schaute sie mit offenem Mund an. Was sollte er sagen? Shirley musste das Entsetzen in seinen Augen gesehen haben. Sie hielt ihn fest, streichelte ihn, versuchte ihn zu beruhigen.
„Tom, das musst du verstehen. Die Tätigkeit, die zu meiner neuen Identität gehört, diese Bankgeschäfte, das ist nicht mein Stil. Für so eine Arbeit bin ich nicht geschaffen. Die bieten mir hier eine echte Chance. Da

kann ich das tun, was mir liegt, für das ich ausgebildet bin. Wenn du auch dabei bist, können wir in Zukunft sicher als ein Team zusammenarbeiten." Sie malte ihre gemeinsame Zukunft in bunten Farben aus. „Du hast noch einen Tag, um es dir zu überlegen. Morgen fliegen wir nach Mülheim, da hat Omega ein Meeting, danach ein Abstecher in die Schweiz und dann in die Staaten." Sie lächelte. „Ich wünsche mir das so sehr!", fügte sie noch hinzu.
Wie konnte sie ihn so missverstehen? Sie musste doch wissen, dass er sich nie darauf einlassen würde. Sein Ziel war doch, zu verhindern, dass Omega wieder entkam. Auch wenn er aktuell etwas geschwächt war. Tom gab sich einen weiteren Tag, um den Endkampf gegen die *großen Sechs* und speziell Omega aufzunehmen.
Er saß jetzt mit einem kleinen Abstand neben ihr, hatte seine Knie umfasst und stierte vor sich hin in den Sand. Er schloss seinen Mund, kniff die Lippen zusammen und zog die Nase kraus. Sie hörte auf, ihn zu streicheln und schaute auf das Meer hinaus. Tom warf ihr einen Blick zu. Wahrscheinlich dachte sie schon an die USA. Musste er sich jetzt Sorgen machen, dass Shirley Wang ihm in den Rücken fiel, wenn er gegen Omega vorging? Oder würde ihre Liebe zu ihm größer sein?

51

Alle die unterschiedlichen Impfstoffe, überlegte Omega, er musste es einfach hinbekommen, dass die Konzerne gemeinsam vorgingen. Nur so war der optimale Gewinn abzuschöpfen. Er schritt in dem Salon, der für die Mahlzeiten vorbereitet werden sollte, auf und ab. Mit einem Wischen seiner Hand vertrieb er das Personal, das Einlass begehrte, um einzudecken. Keiner sollte ihn stören. Alle Unternehmen bis auf dieses hatten sich auf sein Angebot eingelassen. Jetzt würden eventuell die Absprachen daran scheitern, dass dieser eine Idiot,

William O. Meyer-Brabandt, sich mit seiner Firma nicht zu der Preisabsprache bewegen lassen wollte. Er weigerte sich, an diesen „Machenschaften", wie er es nannte, teilzunehmen. Meyer-Brabandt befand sich aktuell auf einer Goodwilltour, um seine Kooperation mit Deutschland zu bekräftigen. So verkaufte man Impfstoff. Omega war informiert, dass die Reise ihn zu beispielhaften Impfzentren führen sollte, damit er sich von der perfekten Organisation der Deutschen überzeugen konnte, wobei den Nachrichten eigentlich täglich zu entnehmen war, dass dort überhaupt gar nichts wirklich zufriedenstellend funktionierte. Auf Meyer-Brabandts Agenda, die Omega von seinen Informanten erhalten hatte, standen unter anderem das Theater am Marientor in Duisburg, die Gruga-Messehalle in Essen und der Hangar des Luftschiffs auf dem Flugplatz in Mülheim. Dort befand sich bisher nur ein Testzentrum, aber der Ort würde sich ausgezeichnet für eine kurze Zwischenlandung eignen. Soweit Omega informiert war, wollte Meyer-Brabandt die Deutschen davon überzeugen, dass sie in dem Hangar auch eine Impfstation einrichten sollten, als Vorbild für weitere.

Er versuchte den halben Tag lang, diesen Kerl zu erreichen, um den Termin abzustimmen. Normalerweise würde er sich mit diesen organisatorischen Dingen nicht beschäftigen, aber bei Meyer-Brabandt musste er sich selbst ins Zeug legen. Auf andere Botschaften reagierte der nicht.

Omega griff erneut zu seinem Handy und wählte aus der Anrufliste die gewünschte Verbindung. Diesmal bekam er Kontakt. Nachdem er sich zu erkennen gegeben hatte, sorgte die Reaktion des Konzernchefs dafür, dass seine aufgeflammte Euphorie wieder abflaute.

„Es gibt dazu nichts mehr zu sagen", äußerte der Angerufene.

„Wir können nicht über die Leitung …"

„Selbstverständlich nicht. Aber an meiner Entscheidung ändert sich nichts", beharrte Meyer-Brabandt.

„Kein Argument, das Sie umstimmen kann?"

Omega hörte fast das Kopfschütteln des dickköpfigen Managers.

„Ich würde gerne noch einmal mit Ihnen alles durchgehen."

„Ich habe keinen Termin frei."

„Unter vier Augen …"

„Ist wirklich nicht drin. Ich inspiziere einige Impfzentren und mache mir ein Bild von der Organisation in Deutschland."

Das wusste Omega alles.

„Also eine Art Goodwilltour, Public Relations, zur Werbung?"

„Nennen Sie es, wie Sie wollen."

„Ich könnte zu Ihnen kommen. Wenn Sie mir eine Liste Ihrer Termine zukommen lassen?"

Omega kannte zwar bereits alle seine Termine, aber das musste er ja nicht offenlegen.

„Das macht keinen Sinn. Sie kennen meine Ansicht dazu."

„Ich verstehe Sie vollkommen. Ich benötige auch nicht viel Ihrer Zeit, bin selbst nur auf der Durchreise. Wenn Sie 10 Minuten nebenbei für ein kurzes Gespräch einschieben würden?"

„Es ist sinnlos, Sie werden mich nicht überreden können."

„Das will ich gar nicht. Wenn ich Sie nicht überzeugen kann, dann ist das in Ordnung."

Die Antwort kam kurz und deutlich, als wenn er

Omegas Wunsch nur erfüllte, um ihn loszuwerden.

„Ich werde meiner Sekretärin entsprechende Anweisung erteilen."

Die Verbindung brach ab. Omega starrte sein stummes Handy an. Sein Kopf glühte. Er unterdrückte den Impuls, das Gerät an die Wand zu werfen.

Ein leitender Angestellter des Hotels in seiner Livree öffnete nach einem zaghaften Klopfen die Tür und setzte zum Sprechen an.

„Ja, ja, lassen Sie die Leute loslegen", sagte Omega mit mühsam beherrschter Stimme und wedelte wieder mit seiner Hand in der Luft herum.

Eine halbe Stunde später saßen alle bei Tisch, Omega hatte sich beruhigt und plante erneut. Er hielt einen Vortrag über die Massenproduktion der Impfstoffe, Notfallzulassungen und die Probleme bei der Logistik der Verteilung der Impfstoffe und der Durchführung der Impfungen. Es wirkte auf Tom, als wenn Omega der Dirigent und die Welt das Orchester wäre. Er schwang den Taktstock über die Preisverhandlungen der Weltkonzerne. Welche Unternehmen welches Vakzin zu welchem Preis in welchem Zeitraum zu liefern imstande wären. Die ersten 1,4 Milliarden Dosen waren zugesichert und ausgeliefert. Verträge und Lieferbedingungen von den Regierungsvertretern unterzeichnet.

„Aber", sagte Omega, „eine große Aufgabe steht uns noch bevor. Wir haben fast alle Produzenten oder Lieferanten der Vakzine zu einem Kartell zusammengeschlossen. Es gibt allerdings eine Ausnahme. Ein Mistkerl macht uns den ganzen Schnitt kaputt." Alle anderen wären eingebunden, allerdings nur unter der Bedingung, dass niemand eine Extratour versucht. Ob es sich nun um den Impfstoff

von BioNTech, Moderna, AstraZeneca der Oxford Universität oder den von Johnson & Johnson handelte oder in Zukunft auch den russischen Sputnik V, der, soweit er informiert war, besser als sein Ruf sein sollte. Er würde die Vertreter an einen Tisch bekommen. Sie sollten sich gegenseitig keine Konkurrenz machen und damit das Geschäft ruinieren. Es musste eine Absprache her. Den Einzigen, der dem im Weg stand, würde er am nächsten Tag auf dem Mülheimer Flugplatz bei einer Zwischenlandung treffen und überzeugen. Mit diesem Schlusswort legte er das Besteck beiseite und putzte sich den Mund mit der Serviette ab.
Tom ließ das Gefasel über sich ergehen. In seinem Kopf arbeitete es ununterbrochen, ohne Mischas Anwesenheit dabei zu berücksichtigen. Wie konnte er eine Nachricht zu Babette schicken? Dieser Aufenthalt in Mülheim wäre eine ideale Gelegenheit, Omega und seine gesamte Crew endlich dingfest zu machen. Shirley saß neben ihm. So oft es unauffällig möglich war, suchte sie Körperkontakt. Mal war es ihr Bein, das wie zufällig an seinem lag, mal ihre Hand, die kurz seine berührte.
Omega faltete seine Hände vor dem Bauch. Natürlich war ihm nicht verborgen geblieben, was zwischen den beiden ablief. Wenn er es nicht selbst bemerkte, bekam er die Information vermutlich durch Gatow.
„Tja, Tom, Shirley Wang haben wir nun auch engagiert, wie Sie sehen. Wir würden uns immer noch freuen, Sie auch bei uns zu haben. Sie können es sich bis morgen überlegen. Letzte Chance, sozusagen. Sonst werden wir in Mülheim Abschied nehmen müssen."
Sein Gesicht strahlte Zufriedenheit und Stärke aus, wie er seine anderen Mitarbeiter am Tisch ansah.

Mischa sagte wenig. Er sah Tom an. Tom nickte ihm mit einem Lächeln zu, als wenn er schon Abschied nehmen wollte. Der alte Mann würde ihm fehlen. Irgendwie mochte er ihn. Das hatte nichts mit Gewöhnung zu tun. Er vermisste jetzt schon die intensiven Gespräche, das gemeinsame Lachen. Natürlich hatte Mischa längst mitbekommen, dass er nicht dabei sein würde. Was passierte, wenn Tom einen Weg fände, Omega zu verhaften? Tom hielt dem Blick des Telepathen stand. *Wie entscheidest du dich, Mischa? Wirst du es verhindern?* Weder Mischas Gesichtsausdruck noch seine Augen verrieten ihm, ob er diesen Gedanken aufgefangen hatte. Toms Euphorie, ausgelöst durch die Anwesenheit Gao Xias – er ermahnte sich, sie hieß jetzt Shirley Wang – führte dazu, dass er schließlich doch Gründe für eine Zusammenarbeit des BfV mit Omega suchte. Jetzt blitzte ein kurzes Lächeln in Mischas Augen auf. Vielleicht konnte eine Kooperation Vorteile mit sich bringen. Immerhin hatte es geklappt, das Schlimmste zu verhindern. Ebenso war es gelungen, nichts an die Öffentlichkeit dringen zu lassen.

Omega sah, wie die Chinesin Tom immer wieder berührte. Er wusste durch Gatows Exploration, dass sie eine loyale Kraft für die sechs Familien darstellte. Sie hatte ihn auch sofort informiert, dass Tom ihr Handy haben wollte, um sich nach dem Befinden seiner Kollegin zu erkundigen. Das war eine zusätzliche Bestätigung zu Gatows Angaben. Im Gegensatz zu Tom war sie froh, ihren Platz in seiner Organisation gefunden zu haben. Konnte er sich darauf verlassen, dass sie Tom endlich für eine zukünftige Kooperation bewegen konnte? Auf jeden Fall musste er vorsichtig bleiben. Die anderen

Mitarbeiter seiner Crew waren verunsichert. Er beschloss, morgen die Entscheidung zu treffen. Die Trennung von Tom oder nicht.

Gatow hatte den Kontakt zu den Leuten vom BfV verloren. Irgendetwas ging da vor sich. Er beschrieb, dass sie sich im Vorfeld mit den Möglichkeiten einer Abschirmung beschäftigt hätten. Sie schienen damit erfolgreich zu sein. Diese Entwicklung nicht zu berücksichtigen, hieße, das Ganze sträflich zu verharmlosen. Es wurde zu gefährlich. Wenn Tom sich morgen nicht eindeutig äußerte, musste er verschwinden, ehe durch Toms Pläne er und die Organisation gefährdet würden. Omegas Entschluss stand fest. Er würde Tom verschwinden lassen, wenn er für sie nicht mehr von Vorteil war. Er hatte den anderen fünf zugesagt, in dieser Weise vorzugehen, um Sicherheit zu schaffen. So würde er seine Stellung festigen. Nach dem Treffen, der Kartellabsprache, würde er Tom eliminieren lassen. Für morgen war der kurze Zwischenstopp in Mülheim geplant. Nach der Besprechung mit Meyer-Brabandt unter vier Augen würde er Tom zurücklassen müssen. Zur Umsetzung des Plans würde er Shirley einsetzen, ihr erlauben, dass sie Tom telefonieren lässt. Er würde vermutlich die Zentrale, seine neue Chefin, informieren, wo Omega zu fassen wäre. Diese Babette Kahn könnte ihm noch keine Information über die Abschirmung geben, weil sie befürchten müsste, dass Gatow dann über Tom Genaueres erfahren könnte. Vermutlich würden sie für Omega in Mülheim einen Hinterhalt vorbereiten. Sollten sie ruhig. Dann wäre er darauf vorbereitet.

52

Diesmal war alles gut gegangen. Die kurze Trennung hatte Laura ohne Eifersuchtsanfall überstanden. Sie reagierte zuerst entsetzt auf Jades Verletzung, kümmerte sich dann aber fürsorglich um sie. Laura erzählte ihr, dass bei ihr zu Hause, als sie klein war, bei Mama an der Wand neben dem Küchenschrank ein Zettel hing. Auf dem wurde akkurat verzeichnet, bei wem ihre Familie oder welcher Bekannte bei ihnen zum letzten Mal zu Besuch war oder wer zuletzt wen angerufen hatte. Jedes Detail wurde genau nachgehalten. Ihre Mama achtete penibel darauf, wann die anderen anzurufen hätten und wann sie selbst dran wären. Bei diesen Strukturen in ihrem Elternhaus war es nicht verwunderlich, dass es ihr so schwerfiel, eine Beziehung locker anzugehen. Aber sie wollte sich bemühen.
Mittlerweile besuchte Jade ihre ehemalige WG nur noch, um sich frische Kleidung zu holen. Meist lebte sie bei Laura in Essen. Wie würde es wohl werden,

wenn sie sich die Eigentumswohnung gönnte? Würde Laura dann auch zu ihr kommen? Stand irgendwann das Zusammenziehen an? Oder mehr? Für heute nahm Jade sich vor, ihre Freundin so richtig zu verwöhnen. Sie wartete bereits seit zehn Minuten, als Laura von der Arbeit kam. Laura streifte Kostümjacke und Pumps ab, warf die Jacke zu den anderen auf die übervolle Garderobe und stieß die Schuhe an die Wand, bevor sie ihre Aktentasche in ihr Arbeitszimmer trug. Jade erwartete sie in der Küche. Sie hatte zwei Tequila Sunrise gemixt und mit Champagner aufgefüllt, kühl, fruchtig und prickelnd. Erwartungsvoll sah sie sie an. Der gestresste, abgearbeitete Ausdruck in Lauras Gesicht veränderte sich nicht.

„Danach ist mir jetzt wirklich nicht", fauchte Laura. „Vielleicht geht das nicht in deinen Kopf, aber ich hatte einen echt harten Tag."

„Ist das ein Grund, mich anzubrüllen? Ich weiß überhaupt nicht, was los ist."

Wie immer in solchen Fällen spürte Jade den Drang, sich zurückzuziehen, sich unsichtbar zu machen. Die Ursache für Lauras Probleme war doch nicht sie. Welchen Grund gab es, sie so anzukeifen?

Jade stand auf, spürte Druck hinter den Augen und unterdrückte die Tränen. Sie wollte nur noch eins, den Raum verlassen.

„Was?", setzte Laura nach, „gehst du jetzt wieder? Willst du nicht mit mir sprechen?"

Jade blieb stehen, drehte sich um.

„Sei nicht immer so negativ."

„Bin ich es wieder? Musst du mich wieder kritisieren? Kann ich nicht einfach mal loswerden, was mich so am Tag bewegt? Wo ist das Problem?"

Jade blieb stehen und hielt es aus. Laura starrte sie an.

Jade sah, wie Lauras Gesichtszüge sich entspannten. Nach einiger Zeit wich Laura ihrem Blick aus und sah zu Boden.

„Ich weiß", sagte sie, und das klang versöhnlicher, „ich sehe dieses Problem bei mir. Wenn ich meine Stimmung einfach so rauslasse. Ich wünsche mir, dass ich das ändern könnte. Es würde uns beiden besser gehen. Ich werde mich bemühen, die Dinge vorsichtiger zu sagen, die mich bewegen." Sie stand auf und zog Jade am Arm zurück. Weich und zärtlich. „Lass uns noch einmal beginnen." Mit einem Lächeln deutete sie auf die Getränke. „So möchte ich immer begrüßt werden!"

In Jade brodelte es. Sie hatte das Geschimpfe ausgehalten, erkannt, dass das nichts mit ihr zu tun hatte. War nicht geflohen. Das war eine echte Leistung für sie. Sie wusste, dass Laura es nicht so meinte, einfach nur gestresst war. Eine Achterbahnfahrt der Gefühle raste durch ihren Körper. Ja, sie beide würden das hinbekommen. Jade war sich ganz sicher, sie würde nicht wieder weglaufen. Sie sagte kein Wort, blickte Laura nur an, in der Hoffnung, dass ihre Freundin darin die Zuneigung erkannte, die sie spürte.

„Was ist? Was hast du vor?"

Laura schien zu verstehen. Essen konnten sie später noch. Irgendetwas bestellen. Jade entledigte sich ihrer Jeans, Sweatshirt und Asics. Sie behielt nur den *Dissipator* um. Egal wie komisch das aussah, bevor sie Gatow und Omega erwischt hatten, ging es eben nicht anders.

Das zurückhaltende Lächeln auf Lauras Gesicht stand im Gegensatz zu ihrem sonstigen Auftreten. Jade nahm Lauras widerstrebende Hand und legte sie auf ihre Brust.

„Nun komm …"
Dann umarmte Jade sie und presste ihren Körper an sie. Lauras Anspannung ging in ihren Armen zurück. Sie suchte Lauras Hals und küsste sie hinter dem Ohr. Nach einem kurzen Verweilen in dieser Haltung begann sie Laura zu entkleiden. Sie knöpfte ihre Bluse auf, einen Knopf nach dem anderen. Sie ließ sich Zeit. Jedes Körperteil, dass sie freilegte, bedeckte sie mit Küssen. Die Bluse fiel zu Boden, Jade löste den Verschluss des BHs und mit ihrer Zunge umkreiste sie eine Brustwarze. Sie merkte, wie ein Schaudern Lauras Körper durchzog. Als sie zu stöhnen begann und sich unter ihren Händen wand, dirigierte Jade sie ins Schlafzimmer. Minuten später begann sie mit kaum merklichen langsamen Bewegungen, Lauras Körper weiter zu erforschen. Sie wurde erst schneller, als sie merkte, dass es Laura danach drängte. Jade tastete sich immer näher an Lauras sensible Zonen zwischen den Oberschenkeln heran. Aber selbst dann ließ sie sich Zeit. Je besser sie sich kannten, umso weniger Worte mussten sie wechseln, wenn sie abends nach Hause kamen oder sich trafen. Ohne Worte spürte Jade instinktiv, ob Laura für harten Sex in Stimmung gebracht werden wollte oder ihr der Sinn nach Kuscheln oder romantischen Sex stand. Sie bekamen beide das, wonach ihnen der Sinn stand. Laura ließ sich gehen und genoss es, verwöhnt zu werden. Auch sie fand genau den richtigen Moment, wann Jade wofür bereit war, ohne dass diese ihr das erklären musste. Die Gespräche allein waren schon prickelnd gewesen, über ihre Vorlieben und Wünsche, was am geilsten war, wobei jede die höchste Wollust empfand und wie lange es angenehm war, den Höhepunkt hinauszuschieben. Jede hatte da ihre ganz eigenen Praktiken. Jade war einmal vor Verlangen fast

zersprungen, als sie Laura beobachtet hatte, wie sie es sich selbst gemacht hatte. Sie durfte nur zusehen, nicht eingreifen, nicht berühren.
Sie waren sich in ihrer Sexualität von Anfang an völlig frei begegnet. Enttäuschungen hatten beide genug erlebt, das wollten sie diesmal auf jeden Fall verhindern. Die gegenseitige Offenheit sollte helfen, eine gute Basis schaffen. Jade flüsterte Laura schmutzige Sachen ins Ohr.
Laura stöhnte laut und bäumte sich unter ihren Händen auf.

„Wie ordinär du sein kannst!"

„Ich liebe es ordinär", raunte Jade und knabberte an ihrem Ohr.

Sie intensivierte ihre Fingerspiele. Mit kreisenden Bewegungen näherte sie sich mit zwei Fingern den Bereichen, deren Berührung Laura regelmäßig zur Raserei trieben. Jade beugte sich über sie, ein Bein zwischen Lauras Schenkeln. Laura drückte sich ihr entgegen und rieb sich an ihrem Oberschenkel. Jade zuckte leicht zusammen. Die Wunde schmerzte wieder. Sie verzog ihr Gesicht. Laura reagierte sofort und drückte Jade vorsichtig in eine andere Stellung. Der Schmerz ließ nach, Jade konnte sich wieder entspannen und ganz hingeben. Sie wusste, wie sie mit ihrer Zunge Laura zum Orgasmus bringen konnte.

***

Christian Hellenkamp lüftete den Deckel des Webergrills und wendete die Steaks. Der Duft verbreitete sich über die gesamte Dachterrasse und ließ Jen das Wasser im Munde zusammenlaufen, obwohl sie zuerst keinen Appetit auf Fleisch gehabt hatte. Eines konnte ihr Christian: Grillen und hervorragend würzen. Das war mal klar. Vera und Holger Karuscheid waren bei ihnen, das nette Fotografenehepaar, mit denen sie sich das Haus teilten. Es versprach, ein netter Abend zu werden. Holger hatte sein Notebook mitgebracht. Die beiden zeigten Bilder von ihrem Aufenthalt in Australien vor zwei Jahren und gaben die eine oder andere Anekdote zum Besten. Wenn man aktuell schon nicht reisen durfte, war es schön, wenigstens ein wenig davon zu träumen. Hoffentlich hielt Christian sich, wie versprochen, mit dem Bier etwas zurück.

„Ein Lockdown nach dem anderen", schimpfte Christian, „die Regelungen werden verschärft. Das Eingesperrtsein wird verlängert. Es ist völlig verständlich in meinen Augen, dass die Bürger das Grundvertrauen in die Regierung verlieren. Unsicherheit, nichts planen können. Das ist doch kein Zustand! Nach stundenlangen Diskussionen kommt nichts zustande, wenn diese Politiker verhandeln. Es ist eher wie ein Kasperletheater. Alles neu? Hirnrissiger Schwachsinn. Berichterstattung ist völlig überspitzt. Jeder Pups wird sofort zum Skandal hochgeputscht. Alles unter dem Deckmantel des Gutmenschentums. Es geht immer weiter. Man darf einfach niemanden mehr sterben lassen. Mensch, der Tod gehört doch nun einmal zum Leben dazu, oder etwa nicht?" Christian war in seinem Element. Er redete sich in Rage.

„Uns geht es doch gut", sagte Holger, lehnte sich zurück, streckte die Arme zu den Seiten aus und gab ein wohliges Stöhnen von sich, „außerdem werden die Einschränkungen doch langsam gelockert." Jen und Vera stützten sich auf der Brüstung ab und schauten in den verwilderten kleinen Garten hinunter. Christian ging in die Küche, holte zwei neue Flaschen Veltins, öffnete sie, reichte Holger eine und stieß mit ihm an.

„Ich habe mich mein halbes Leben mit Politologie beschäftigt", fuhr Christian fort, „seit ich 15 war. Das, was die da veranstalten, das sind nun einmal eindeutig totalitäre Züge, egal, wie man es umschreiben will. Und die habe ich hassen gelernt. Das, was die tun, sehe ich als eine echte Gefahr für die Demokratie. Tun so, als wenn sie alles regeln würden, und wenn man genau hinsieht, erkennt man ohne Probleme, sie kriegen eigentlich gar nichts gebacken!"
Jen sah sich nach Vera um und tippte sich an die Stirn.

„Was redest du da?"
Sie würde es heute nicht so weit kommen lassen, dass der Abend wieder wegen Christians Sauferei verdorben würde.

„Hört einmal zu, ich habe euch etwas mitzuteilen. Das ist vielleicht nicht neu, aber für mich wichtig. Ich bin zu der Erkenntnis gekommen, dass sich Probleme nicht dadurch lösen lassen, dass man sie verschweigt."
Vera setzte sich, Holger behielt seine bequeme Stellung bei und verschränkte die Arme hinter dem Kopf und Christian stellte seine Flasche neben dem Grill auf die Mauerkante.

„Was ...", setzte er an.

„Du bist jetzt nicht dran", sagte sie und zeigte auf Christian, „wenn du heute auch nur noch eine weitere Flasche Bier trinkst, bekommst du mit mir ein Problem. Ich habe lange darüber nachgedacht, ob ich weiter vor allen verheimlichen soll, wie es um dich steht mit deinem Alkoholkonsum. Inzwischen glaube ich, dass es sowieso jeder mitbekommt, nur alle wegsehen. Das hat mich lange verunsichert."
Keiner sagte etwas. Jen sah Christian in die Augen und winkte ab, als er ansetzte, um zu protestieren.

„Sag nichts. Ich habe meine Vorstellung, du darfst

deine haben. Es gibt einen ganz bestimmten Grund dafür, dass ich das nicht mehr mitmachen will. Ich spreche hier nicht nur für mich." Sie umfasste ihren Bauch, an dem nun wirklich noch nichts zu sehen war, und bemerkte, dass alle Anwesenden auf ihre Hände schauten. Sie sah an sich hinunter und musste unwillkürlich über ihre Geste lachen.

53

Eine Gulfstream 650 setzte zur Landung auf dem Flughafen Mülheim/Ruhr an. Das Firmenemblem an der Seite wies sie als Eigentum des DUBESOR-Konzerns aus. Elroy Foster, der sich in unauffälligem grauen Anzug in dynamischen Schritten seinem heutigen Arbeitsplatz näherte, hatte sie an den drei Triebwerken und der charakteristischen spitzen Nase erkannt. Mit der Maschine traf sein Zielobjekt ein. Jeder unbeteiligte Beobachter würde in Foster einen typischen Verwaltungsbeamten mit Aktenkoffer auf dem Weg zur Arbeit erkennen, wenn er ihm überhaupt auffiel. Nur sein Köfferchen war etwas eckiger und länger als üblich. Er hatte sich am Vortag mit dem Gelände und den Möglichkeiten vertraut gemacht. Als Vorwand diente ihm, dass er sich im Hangar des Luftschiffs auf das Virus testen lassen wollte. Das Flugzeug nahm die Parkposition ein.

An Bord hatte während des Fluges von Calais nach Mülheim eine Unterhaltung zwischen Omega und Tom stattgefunden, die jetzt ausklang.

„Die Verschiebung der Macht", führte Omega aus, „wir haben durch die Pandemie und den Umgang damit gezeigt, dass eine Neuordnung mit der Chance auf grenzenlosen Verdienst auch ohne einen Krieg und den darauf üblicherweise folgenden Wiederaufbau möglich ist. Was wollen wir mehr? So gehen wir auch für die Zukunft friedlichen Zeiten entgegen."

Shirley Wang – Tom stolperte immer noch über ihren neuen Namen – saß die ganze Zeit neben ihm. Zwischendurch war sie eingeschlafen. Jetzt räkelte sie sich und gähnte.

„Wollen die Menschen das? Die Massen werden ruhiggestellt, auf soziale Weise gut versorgt", sagte Tom, „ich sehe mich als Teil der Bevölkerung. Aber eigentlich werden wir wie Sklaven an einem Ring in der Nase herumgeführt und ausgenutzt."

„Aber Sklaven im Luxus. Nur merken sie es nicht, weil sie genug Zerstreuung bekommen."

„Brot und Spiele", sagte Tom, „Und immer den Strohhalm vor der Nase. Wir können es auch schaffen, haben die Möglichkeit, Aufstieg und Luxus zu erreichen. Aber das ist doch die Lüge." Tom schüttelte den Kopf.

Omega blieb in der offenen Tür stehen und drehte sich zu Tom um.

„Ich glaube, ich werde mir einen neuen Namen zulegen. Bisher haben Sie mich als Omega gekannt. Es stehen große Veränderungen bevor. Ich erwäge, mich ab jetzt Delta zu nennen. Sie verstehen? Der griechische Buchstabe Delta steht in der Mathematik für Veränderung."

Jetzt hebt er ganz ab, dachte Tom.

„Ich werde Deutschland, was sage ich, Europa verlassen", führte Omega unbeirrt seinen Gedankengang fort. „Vorher ist in der Schweiz noch einiges zu klären. Europa wird weiter abgehängt. Das spießige Denken hier bringt diesem Land den wirtschaftlichen Untergang. China ist auf dem Vormarsch. Die Volkswirtschaft dort hat in der Coronazeit keine Verluste, sondern 10 Prozent Zuwachs eingefahren. Schauen wir uns die USA an, die sind erheblich flexibler. Der Fehler hier in Europa – vor allem in Deutschland – ist, dass alles zu lange hinterfragt wird. Prüfen, zögern, zaudern, hadern, das sind hier die Schlagworte. Jetzt kassieren wir in Ruhe ab. Dafür müssen wir nicht vor Ort bleiben. Alles läuft wie geplant. Ich werde noch eine Sache klären, dann sind wir hier fertig."

Er richtete sich zu seiner vollen Körpergröße auf, reckte seinen Hals und ließ den Blick in die Ferne schweifen. In seinen Mundwinkeln entstand die Andeutung eines Grinsens. Als er sich umdrehte und die Gangway hinunter schritt, begleitet von Tom, Shirley, Mischa und den Sicherheitsleuten, wirkte es auf Tom, als wenn er über allem schweben würde. Der Telepath verlor langsam die Blässe. Seine Augen bewegten sich ständig hin und her, um nichts zu verpassen.

Sie waren etwas früher als erwartet eingetroffen. Tom nahm sich vor, Omega und seine Begleiter auf jeden Fall so lange aufzuhalten, bis das SEK eintreffen würde und dieser Organisation endlich das Rückgrat brach. Shirley war auf seine Seite gewechselt und hatte ihm am vergangenen Abend ihr Handy gegeben. Vielleicht war das mehr als ein Zeichen! Mit dem Handy hatte er Babette die Nachricht zukommen lassen, wo sie Omega erwischen würden. Er musste es einfach darauf ankommen lassen, auch auf die Gefahr hin, dass Gatow alles mitbekam. Das Schlimmste, das passieren konnte, war seiner Meinung nach, dass Omega seine Pläne änderte. Aber das würde vielleicht neue Möglichkeiten beinhalten. Tom hoffte, dass sie seine Hinweise verstanden und alles eingeleitet hatte. In dem kurzen Telefonat teilte Babette ihm ihre Sorgen um ihn mit. Tom solle sich immer den Rücken freihalten, Omega nicht vertrauen, vor allem auf dem Rückweg, da sie vermutete, dass Omega ihn loswerden wolle. Sie hatte versucht, ihn zurückzuhalten. Das war ihm selbst alles längst klar, trotzdem musste er es darauf ankommen lassen.

„Nicht, dass er dich tot in einem Hotelzimmer zurücklässt", klangen Babettes Worte noch immer in seinen Ohren. Aber er wollte unbedingt bei Omega bleiben. Er musste dabei sein, wenn die Falle zuschnappte, verhindern, dass nicht im letzten Augenblick wieder etwas schiefging. An dieses Ziel hatte er die ganze Zeit in der Gefangenschaft gedacht.

„Ich geh wieder zu ihm", verabschiedete er sich von Babette, „sonst entkommt er uns wieder."
Bis Omega sein Meeting mit William O. Meyer-Brabandt, dem Geschäftsführer des Pharmakonzerns, abgeschlossen hätte, würden sie sich in der Außengastronomie des *Checkin Café & Bar* ein spätes Frühstück gönnen. Omega entfernte sich in Begleitung seiner beiden Bodyguards, Boyd Rieger und Thomas Langanke. Letzterer war schnell zu einem zuverlässigen Liebling Omegas avanciert. Tom schloss das aus den häufigen Spezialaufträgen, mit denen er betraut wurde, und der Beobachtung, dass Omega sich ständig mit ihm im Flüsterton besprach. Über Philipp Hartmann, der bei der Aktion in Calais erschossen worden war, wurde kein Wort mehr

verloren.

Shirley wählte ein Naturjoghurt mit Früchten und Honig, was unter der Bezeichnung *Stewardess* lief, Tom entschied sich für *Fluglotse*, ein Omelette mit Speck, dazu Latte Macchiato und Orangensaft für beide. Mischa atmete geräuschvoll die frische Luft ein und sah sich um. Er nahm am Gespräch teil, aber seine Beiträge blieben wortkarg. Tom konnte seinen Zustand nicht wirklich einschätzen. Er hatte seine Augen mit einer starken Sonnenbrille abgedunkelt, war ruhig und zurückhaltend und trank einen grünen Tee. Die Bodyguards Elmar Scholl und Norbert Stamp hatten sich mit Kai Rentenberg an einem Tisch weiter niedergelassen.

***

Elroy Foster war in seinem Leben zum zweiten Mal in Deutschland. Er erinnerte sich, wie er damals in der Ausbildung mit falschem Ausweis im internationalen Trainingscenter Germany an den Waffen trainiert wurde. Er hatte mit der HK 417 suppressed, 7.62 x 51 mm gearbeitet. Sie lernten damals in der Trainingseinheit, bei Schüssen durch Glasscheiben unterschiedlicher Stärke die Effekte zu berücksichtigen, die den Flug der Kugel beeinflussten. Gestern hatte er sich bei der Ortsbesichtigung für diesen speziellen Platz entschieden. Von hier aus konnte er ungesehen operieren und sein Fluchtweg war einigermaßen sicher, soweit man das vorhersagen konnte. Unauffällig zu entkommen, war nach der Erledigung eines Jobs das Wichtigste, daher vorrangig bei der Planung zu berücksichtigen. Das Zielobjekt war bekannt. Nicht vorhersehbar war, wie nah es an das Versteck herankommen würde. Da er also die exakte Entfernung nicht kannte, war die Entscheidung für die geeignete Munition schwierig. Bis 400 Meter würde er die 5.56x45 mm verwenden, bis 80 Meter die übliche NATO-Munition, 7.62x51 mm. Wenn er nicht so nahe an das Zielobjekt heran käme, auf eine Entfernung bis 1200 Meter, kam die .300 Winchester Magnum in Frage und darüber hinaus die .338 Lapua Magnum oder die .50BMG. Für die größte Entfernung tendierte er, wie die meisten seiner Kollegen, zu der .338 Lapua Magnum. Seine Devise für jeden Auftrag lautete: So nah wie nötig und so weit wie möglich! Also entschied er sich vorab für den mittleren Bereich. Bei der Munition fiel seine Wahl natürlich auf die .300 Winchester Magnum. Diese Munition hatte in dem Bereich die größte Reichweite und Durchschlagskraft.

***

Omega überquerte den Zu- und Abfahrtsweg der Kunden, die sich testen ließen, und betrat mit seinen Begleitern den Hangar des Luftschiffs. Seine beiden Bodyguards regelten die Formalitäten mit dem Ordnungspersonal. Im Hintergrund erspähte er William O. Meyer-Brabandt, einen gepflegten, schlanken, an die zwei Meter großen Mann mit feingliedrigen Händen. Omega hörte, wie er sich mit Hochachtung über die Organisation der deutschen Impfzentren äußerte. Ein Pulk von Honoratioren umgab ihn. Der Oberbürgermeister, der Ministerpräsident von NRW und deren Sicherheitsbeamte. In Duisburg hatte er dem Theater am Marientor und in Essen der Messehalle einen Besuch abgestattet, beides Testzentren mit Vorzeigecharakter.

„Ich frage mich, warum Sie hier in diesem Hangar, statt Tests durchzuführen, nicht auch ein Impfzentrum einrichten. Das wäre aus meiner Sicht sinnvoll", sagte Meyer-Brabandt zu den Politikern.
Omega, der alles mitbekam, hielt sich im Hintergrund. Langanke hatte einem der Assistenten Meyer-Brabandts seine Ankunft gemeldet und die Bestätigung für das anschließende Gespräch erhalten. Nach dem vereinbarten Zeitplan würde er seine zehn Minuten bekommen, sobald die Honoratioren verabschiedet waren. Omega beherrschte sich, um dem Drang, auf und ab zu gehen, zu widerstehen. Zu viele Gedanken bewegten sich gleichzeitig durch seinen Kopf. Da war Gatows Information, dass es dem Verfassungsschutz gelungen war, eine Abschirmung gegen sein Gedankenlesen zu entwickeln. Das hieß, er hatte keinen Zugriff mehr auf das, was die planten. Das Gefährliche daran war, dass er nicht rechtzeitig die Information erhalten würde, wann er sich zurückziehen musste. Aber dafür hatte er jetzt vorgesorgt. Dann setzte ihn die Nummer 2 ihrer Organisation unter Druck und Gatow funktionierte immer unzuverlässiger. Zu allem Überfluss musste er noch zusehen, dass er Tom loswurde, bevor er Deutschland verließ. Trotz allem spürte er eine unbekannte Leichtigkeit. Alles war ihm gelungen, sein großer Plan ging in Erfüllung. Durch die letzten kleinen Hindernisse würde er sich nicht seinen Erfolg ruinieren lassen. Am liebsten würde er sich selbst auf die Schulter klopfen. Wenn er die Gedanken beiseitedrängte, spürte er eine innere Leichtigkeit. Omega ermahnte sich, seine Erregung zu dämpfen und sich vernünftig auf das Gespräch vorzubereiten. Er war sich sicher, es zu schaffen, die Preisabsprache unter Dach und Fach zu bringen. Das würde sein

krönender Abschluss werden. Gatow würde ihm heute keine Hilfe sein. Jetzt war Omega ganz auf seine Intuition und sein Geschick angewiesen.

Nach dem Essen wollte Shirley noch etwas trinken. Tom erklärte ihr, was unter „Fassbrause" zu verstehen sei. Sie wollte Fassbrause-Zitrone probieren. Tom bestellte einen Espresso. Mischa, Tom gegenüber, rührte den Tee kaum an, in dem er herumlöffelte. Sie konnten von ihrem Standort aus beobachten, wie sich Omega dem Konzernchef näherte. Die beiden Bodyguards und der IT-Spezialist am Nebentisch blieben bei Softdrinks. Omega duldete keinen Alkohol im Dienst. Die Unterhaltung bestritt Kai Rentenberg mit seinem Lieblingsthema, alles über IT. Elmar Scholl und Norbert Stamp blickten in der Gegend herum. Tom sah ihnen die Langeweile an. *Wo bleibt nur das SEK?* Sofort bemühte Tom sich, an etwas anderes zu denken. Mischa nahm die Sonnenbrille ab, sah ihm in die Augen und lachte.

„Alles geht seinen Weg, Tom. Keine Sorge."
Tom sah ein Glitzern in den Augen des Alten und beobachtete ihn genau. Wusste er Bescheid? Hatte er längst alles mitbekommen? Mischa erwiderte den Blick, ließ sich Zeit, rührte weiter in seiner Tasse herum. Der Tee musste längst kalt sein.

„Tom, ich kenne dich. Ich weiß, wie du tickst", sagte er.
Er hatte lange genug Zeit gehabt, sich ein Bild von Tom zu machen.

„Und? Jetzt glaubst du, mich zu kennen? Weißt, wie ich bin?"
Tom wartete. Mischa ließ seinen Blick über ihn wandern und fixierte dann einen Punkt in der Ferne. Tom kam es vor, als wenn er nach den richtigen

Formulierungen suchte.

„Du machst dein ganz eigenes Ding. Erfüllst deine Aufgaben, auch wenn du deine jugendliche Hoffnung, etwas zu verändern, die Welt verbessern zu können, längst aufgegeben hast. Du bist stur, gehst deinen Weg. Wenn du dich entschieden hast, ziehst du es durch, auch wenn du inzwischen jegliches Vertrauen in deinen Arbeitgeber, in das System, für das du arbeitest, verloren hast. Das ist übrigens einer der Gründe, warum wir gedacht haben, dich als Mitarbeiter rekrutieren zu können. Diese Unzufriedenheit, hatten wir gehofft, würde dich in unsere Arme treiben. Wir haben nicht mit deiner Sturheit gerechnet. Die verleiht dir Stärke."

Tom überdachte das Bild, das der Telepath von ihm zeichnete. Eine Pause entstand.

***

Der Sniper hatte seine Position eingenommen, den Koffer ausgepackt, sein Arbeitswerkzeug zusammengesetzt und für den Einsatz vorbereitet. Das M2010 des Herstellers Remington Arms wog ganze 5,5 Kilogramm. Der Lauf war gerade mal 610 mm lang, mit aufgeschraubtem Suppressor natürlich länger. Wenn man die Vor- und Nachteile des Schalldämpfers bedachte, kam man nicht ohne aus. Die Geräuschentwicklung und der Mündungsblitz wurden unterdrückt. Das war eine zwingende Notwendigkeit, damit die Position des Schützen unentdeckt blieb. Das Magazin enthielt fünf Schuss. Die würde er nicht brauchen. Er montierte das Leupold Mark4, long range tactical scope, auf die Picatinny-Schiene. Dann beobachtete er, wie weit die Veranstaltung vorangegangen war. Der hohe Besuch in Begleitung der Honoratioren aus Stadt und Land kam aus dem Hangar. In sich ständig verändernden Positionen schlenderte die Gruppe Richtung Parkplatz. Den ausufernden Gesten nach zu urteilen, die Elroy Foster durch sein Zielfernrohr beobachtete, gab es viel zu besprechen. Jeder schien sich profilieren zu wollen. Die Politiker verabschiedeten sich und verschwanden mit ihren Sicherheitsleuten. Jetzt würde es bald so weit sein.

***

Sobald sich die Herrschaften voneinander entfernten und ihren jeweiligen Fahrzeugen näherten, streiften sie ihre Masken ab. Meyer-Brabandts Blick fiel auf Omega, der sich ihm freudestrahlend näherte, seine Maske zurechtrückte und seine Hand ausstreckte. Das Gesicht des Konzernlenkers verfinsterte sich, sobald er in Omega den erwarteten Gesprächspartner erkannte. Er ignorierte die Begrüßungsgeste.

„Dass Sie es wagen, Kontakt zu mir aufzunehmen, ist eine bodenlose Unverschämtheit. Es gibt nur einen Grund, warum ich mich auf dieses Treffen eingelassen habe. Ich wollte einmal dem Mann persönlich gegenüberstehen, der eine solche Unverfrorenheit besitzt. So sieht also ein korrupter Manager aus. Einer dieser Menschen, die das Image der ganzen Wirtschaft schädigen! Ich wollte Ihnen dabei in die Augen schauen, wenn ich Ihnen das Folgende sage: Ich nehme nicht an Ihren Machenschaften teil! Ich lehne jegliche Absprache ab! Uns hat gereicht, wie Sie mit Ihren Intrigen Einfluss auf die Medien genommen haben, um diese Schmutzkampagne gegen unser Vakzin zu veranstalten, diese mediale Diskriminierung, um das Produkt der Konkurrenz zu diffamieren."

Er ging, ohne anzuhalten, gemessenen Schrittes an Omega vorbei auf den Parkplatz zu. Die Sicherheitsleute wichen dem Manager nicht von der Seite. Omegas Bodyguards blieben auf seinen Wunsch hin im Hintergrund. Der große Leib des Luftschiffes mit der roten Werbung *Sparkasse* hing, fest vertäut, über ihren Köpfen. Meyer-Brabandt blieb stehen, drehte sich zu Omega um und schaute ihm noch einmal direkt in die Augen.

„Und leugnen Sie es nicht. Wie Sie nach dieser Aktion überhaupt auf die Idee kommen, dass wir uns auf irgendeine Ihrer abstrusen Ideen einlassen würden, ist mir schleierhaft. Sie müssen so etwas von abgebrüht sein! Sie gehören für mich zu den Menschen, die in früheren Zeiten ihre Konkurrenten umgebracht hätten. Heute reicht es Leuten wie Ihnen ja, andere zu diskreditieren, um sie aus dem Weg zu räumen." Dann schritt er kräftig voran, um schnell zum Parkplatz zu kommen.

Omega beherrschte sich, blieb ruhig und hielt mit ihm Schritt.

„Sie als Unternehmer werden das doch verstehen", versuchte er seine Argumente vorzubringen. „Es sind nur Umsatzzahlen. Alles dreht sich nur um Business. Nichts Persönliches. Ich habe Ihnen hier eine Aufstellung machen lassen, um wie viel Ihr – unser aller – Gewinn steigt, wenn wir uns in diesem Punkt einig werden."

Meyer-Brabandt warf einen Blick darauf, stieß daraufhin Omegas Arm mit dem Papier von sich. Auf ihrem Weg zum Parkplatz schwieg er. Erst als sein Chauffeur aus dem Wagen sprang und ihm den Schlag aufhielt, sagte er: „Es gibt noch etwas anderes als Geld. Aber Menschen wie Sie werden das nie

verstehen." Er stieg ein, ohne sich noch einmal zu Omega umzudrehen.
Omegas Hemdkragen engte ihn ein. So war noch nie jemand mit ihm umgegangen. Er schwitzte, fuhr sich mit dem Finger in den Halsausschnitt und zog so stark am Kragen, dass der oberste Knopf abriss. Dann lockerte er die Krawatte, drehte sich um und marschierte mit rotem Kopf, ohne ein Wort zu sagen, an Langanke und Rieger vorbei auf das *Check-in* zu, in dem die anderen warteten. Dafür hatte er nun seine Rückkehr aufgeschoben, um sich hier wie ein Schuljunge abkanzeln zu lassen!

***

Der Scharfschütze lag in Position, gut getarnt durch Sträucher und Baumkronen, und wartete. Auch vom Tower aus konnte dieser Bereich nicht eingesehen werden. Warum sollten die auch das Gebüsch unter sich absuchen? Jetzt musste er noch auf den geeigneten Zeitpunkt und freies Schussfeld warten. Er richtete das Gewehr aus und visierte ein Ziel an. Das Fadenkreuz markierte die Stirn über dem rechten Auge. Soweit er das anhand der Aufnahmen in der Mail gesehen hatte, erkannte er Tom Forge. Er bewegte den Lauf wenige Millimeter nach links und hatte eine Chinesin im Fokus. Dabei handelte es sich um eine der Personen des Sicherheitsdienstes. Als Nächstes nahm er mit der Optik den Mann ins Visier, den sie Gatow nannten, korrigierte die Zielmechanik und schwenkte den Lauf zum nächsten, auf der Suche nach seiner Zielperson.

54

Tom sah wieder zum Eingang. Immer wieder erschien ein Fahrzeug mit Menschen, die wegen eines Tests anreisten. Aber kein SEK. Wieso brauchten sie so viel Zeit? Ein Wagen verließ den Parkplatz. Etwas später tauchte ein grauer Audi auf, gefolgt von einem Kleinbus mit getönten Scheiben. Gehörten die zusammen? Toms Aufmerksamkeit blieb bei den beiden Fahrzeugen, die zielstrebig auf den Parkplatz neben der Terrasse gesteuert wurden. Was war an diesen Wagen so besonders gegenüber all den anderen? Der Audi sah aus, als wenn er ein halbes Jahr lang nicht durch die Waschstraße gefahren worden sei. Den Bus verließen mehrere in Anzüge gekleidete Männer. Sie sondierten mit unbeteiligten, gleichgültigen Blicken die Umgebung und verteilten sich auf dem Gelände. Die Tür des Audi wurde geöffnet und Tom erkannte den Fahrer.

Omega näherte sich mit schief hängender Krawatte und blitzenden Augen. Sein Jackett stand offen, das Hemd war zerknautscht. Er presste seine Lippen aufeinander. Tom kam es so vor, als wenn er seine Nasenflügel aufblähte, wie ein Stier, bereit zum Angriff. Die Begleiter hatte Mühe, ihm zu folgen. Auch er hatte den Neuankömmling entdeckt. Sie trafen am Rand der Terrasse des *Check-in* zusammen.

„Der Mann von der Firma", begrüßte Omega Frank Scheller. „Es ist mir immer eine Ehre, Sie zu sehen."
Was wollte Scheller hier? Wieso kannten die beiden sich? Wieso trug der Kumpel aus alten Tagen sein Handy an einer goldenen Kette um den Hals? Die Agenten, die Scheller mitgebracht hatte, verteilten sich und nahmen strategische Punkte ein. Zwei postierten sich am Eingang der Terrasse und an der Wand zum Innenbereich. Alle trugen Anzüge. Der Ausdruck in den Gesichtern der Männer blieb unbeweglich und ernst. Zwei von ihnen trugen Sonnenbrillen. Shirley erstarrte in der Bewegung und brach mitten im Satz ab. Nur ihre Augen verfolgten das Geschehen. Mit einem Mal lag Spannung in der Luft. Alle Männer hatten ihre Handys um den Hals. War das jetzt ein neuer Modegag? Waren sie dafür nicht ein wenig zu alt? Oder was sollte das Ding?
Omegas Leute waren jetzt von zwei Seiten eingegrenzt. Seine Bodyguards am Nebentisch blickten in Ermangelung von Befehlen zwischen Omega und den Agenten hin und her. Elmar Scholl schob seinen Stuhl zurück und erhob sich mit einer temperamentvollen Bewegung, sodass der Stuhl umstürzte. Der Krach löste nicht bei einem der Anwesenden auch nur ein Zucken aus. Scholl hob den Stuhl auf stellte ihn an den Tisch zurück. Er blieb stehen. Norbert Stamp erhob sich mit einer

langsamen, geschmeidigen Bewegung und platzierte sich neben ihm. Sie warteten Omegas Befehle ab. Kai Rentenberg machte sich am Tisch so klein, wie er konnte. Als wenn er sagen wollte, ich bin unsichtbar, mich geht das alles nichts an. Rieger und Langanke bauten sich zwei Meter neben Omega auf, breitbeinig, die Hände vor dem Schritt verschränkt, ihren Blick auf die Neuankömmlinge gerichtet.
Tom stand auf und ging auf Scheller zu. Mischa tupfte sich den Mund ab und fixierte Scheller, seine Leute und dann wieder ihn. Er schob die Augenbrauen hoch. Auf seiner Stirn bildeten sich tiefe Furchen. Shirley blieb sitzen. Omega, Scheller und Tom standen zusammen, begrüßten sich und tauschten Freundlichkeiten aus.
Tom sah zum Parkplatz. Wieso tauchte Scheller mit so vielen Leuten auf? Das war doch nicht sein Stil. Um die schmutzigen Dinge kümmerte er sich doch sonst ganz alleine. Wo blieb, verdammt noch mal, das SEK? Was war schiefgegangen? Hatte Babette ihn nicht richtig verstanden? Scheller folgte seinem Blick.
„Worauf wartest du?" Scheller verschränkte die Arme vor der Brust und lehnte seinen Kopf etwas zurück. Ein Lächeln erschien auf seinen Lippen. „Ach, ich verstehe. Ich erkläre dir mal die Situation. Nein, Tom. Es wird kein SEK erscheinen. Deine Leute werden nicht kommen. Ich habe mit der neuen Chefin vereinbart, dass wir von der Agency das regeln. Habe ihr gesagt, sie soll sich keine Sorgen machen."
„Auf deutschem Boden?"
Scheller stieß ein lautes Lachen hervor.
„Ausnahmsweise. Eine Hand wäscht die andere."
Tom sah zum Tisch zurück. Mischa wirkte traurig, schaute weg und gab keinen Ton von sich. Ob

Scheller wusste, dass Mischa seine Gedanken lesen konnte? Omega schimpfte auf den Manager, für den er seinen weiteren Flug unterbrochen hatte. Er gestikulierte wild, schrie herum und machte seinem Ärger Luft. Tom kam dieses ganze Treffen unwirklich vor. Was wollte Scheller hier? Wieso kannte Omega den Mann von der CIA? Außer Tom schien niemand überrascht zu sein.

„Tom, wir verlassen Sie jetzt", sagte Omega plötzlich in ruhigem Ton. Rentenberg erhob sich und schloss sich Scholl und Stamp an. Mischa und Shirley machten sich ebenfalls für die Abreise bereit. Die Gruppe stand eng zusammen, von den Bodyguards in zwei Metern Abstand umringt, die Schellers Agenten im Auge behielten. Diese formierten sich zu einer Reihe, je einen Meter auseinander, und folgten der Gruppe, jederzeit bereit, einzugreifen, falls Scheller es anordnen sollte.

Tom überlegte. Wieso unternahm Scheller nichts?

„Ich habe da noch ein paar Fragen", versuchte Tom Omega aufzuhalten.

„Ich weiß."

Natürlich, dachte Tom, das hatte ihm bestimmt Mischa zugeflüstert und selbst, wenn nicht, hätte er es sich logischerweise denken können.

„Ich habe gerade in der Zeitung gelesen, die USA bezichtigen China, die Schuldigen der Pandemie zu sein."

Omega lachte laut und abgehackt, bis er sich verschluckte.

Tom versuchte, Mischas Blick einzuordnen.

„Ich dachte, Sie würden es durchschauen. Hier steht der Richtige. Er wird Ihnen alles erklären."

Damit schlug er Scheller auf die Schulter.

Scheller verzog das Gesicht.

„Jetzt sagen Sie schon", Tom redete weiter auf Omega ein, „was halten Sie noch zurück?"
„Fragen Sie doch Ihren Freund."
Tom deutete auf Scheller.
„Ihn?"
Omega schien sich prächtig zu amüsieren, Er lachte immer noch. Aber in Toms Ohren klang das falsch.
„Ich glaube das jetzt nicht. Ich dachte, *Sie* hätten das alles angeleiert", sagte Tom
„Wir haben nur mitgemacht."
„Was?"
Omega gab seinen Leuten das Zeichen zum Aufbruch, drehte sich um und eilte auf das Flugzeug zu. Tom wollte ihm nachgehen, aber Mischa hielt ihn am Arm zurück. Er wollte sich losreißen, ihm hinterherstürmen, aber als Mischa seinen Griff verstärkte, entschied Tom sich, stehen zu bleiben. Was auch immer ihn dazu bewegte. Vielleicht war es die Nähe, das Vertrauen zu dem alten Mann?
Omega wurde langsamer, als wenn er sich beruhigt hätte, und drehte sich um.
„Scheller wird Ihnen alles erklären", rief er und lachte. Die Stimme klang plötzlich hysterisch, als wenn er verrückt geworden wäre. Seine Gesichtszüge verzerrten sich. Er sah sich misstrauisch um und erkannte die Wahrheit den Bruchteil einer Sekunde früher als Tom. Da war ein Blitzen. In der Ferne. Ganz kurz. Tom sah es nur aus dem Augenwinkel. Wie Licht, das von der Scheibe eines Fensters reflektierte, das plötzlich aufgerissen wurde. Nur dass es aus einem Gebüsch in der Nähe der Straße kam. Omega setzte zum nächsten Schritt an und stolperte. Tom wusste, dass es kein Lichtreflex war, als auf Omegas Stirn, genau über dem rechten Auge, ein kleines rundes Loch erschien. Er sah eine rote Wolke,

die aus Omegas Kopf wirbelte. Seine Augen brachen und sein Mund öffnete sich, die Lippen verformten sich, als wenn er weiterreden wollte. Alle hielten wie gelähmt inne. Niemand gab einen Ton von sich. Das Bild wirkte wie eingefroren. Tom sah erst Mischa an, dann auf den Mann, der einmal Omega gewesen war. Als Leiche sah er harmlos aus. Nur ein kleines Häufchen lag auf dem Betonboden, in einem schmutzigen Anzug. Er hatte sich für einen der Mächtigsten dieser Erde gehalten? Kaum zu glauben. Delta, der große Delta, der alles verändern würde.
Mischa zuckte mit den Schultern und sah weg. Hatte er gewusst, dass das geschehen würde? Hatte er ihn deshalb zurückgehalten? Von den Bodyguards ebenfalls keine Reaktion. Niemand rührte sich. Keiner machte sich die Mühe, nach dem Schützen zu suchen. Als wenn alle gewusst hätten, dass das geschehen würde. Mischa wirkte genauso verloren, wie Tom sich fühlte. Er war so klein, wie er da vor seinem erschossenen Chef auf dem Rasen stand. Die Brille mit den dicken Glasbausteinen rutschte auf der Nase vor. Er schob sie wieder hoch. Eine dunkelblaue Mütze verbarg seinen kahlen Schädel und schützte den wertvollen Inhalt dieses Gehirns. Das teuerste und wertvollste Gehirn, das zurzeit auf diesem Planeten existierte. Was sollte aus ihm werden, jetzt wo Omega nicht mehr lebte? War er jetzt frei? Wie würde sein weiteres Leben verlaufen?

„Du musst dir keine Sorge um mich machen. Ich komme klar. Ich bin unersetzlich. Früher war das einmal anders, da hatte ich den Hass, ein starkes Gefühl. Heute nicht mehr. Ohne meinen Hass habe ich kein eigenes Ziel. Ich bin nur noch ein Werkzeug in den Händen derer, die die Macht haben. Das ist nicht zu ändern. Zumindest behandeln sie mich gut, weil sie

meinen Wert kennen. Du, Tom, denkst noch in den alten Strukturen, willst dein Ziel durchsetzen, es unbeirrt zu Ende bringen. Nie zur Ruhe kommen, immer weiter kämpfen. Du bist nicht so flexibel, umzuschalten. Du bleibst in deinen archaischen Vorstellungen von Recht und Gerechtigkeit hängen. Irgendwie bewundere ich dich dafür. In dir sehe ich mich, wie ich früher einmal war. Du bist wie eine aussterbende Rasse, einer der letzten Dinosaurier."
Tom verstand nicht so ganz, was Mischa ihm sagen wollte.
„Du wirst die Omegas dieser Welt nicht besiegen. Das hier", er deute auf den leblosen am Boden liegenden Körper, „bedeutet gar nichts. Es wird immer einen Omega geben."
Die wenigen anderen Gäste waren aufmerksam geworden, zum Teil aufgesprungen und kamen näher. Die Bodyguards schirmten die Szenerie ab und drängten sie zurück.
„Unserem Chef ist schlecht geworden", erklärte Langanke den Anwesenden, „machen Sie sich keine Sorgen, wir kümmern uns um ihn. Setzen Sie sich ruhig wieder."
Mischa flüsterte mit Langanke, der daraufhin Omega auf den Rücken drehte und unter den Achseln anhob. Thomas Stamp fasste an den Beinen zu. Gemeinsam trugen sie Omegas Körper in die Gulfstream. Tom vermutete, dass sie die Überreste des ehemals mächtigen Mannes über dem Ozean entsorgen würden. Auf dem Rasen zeugte nur noch ein dunkler Fleck von seiner Anwesenheit.
Mischa ging noch einmal zum Tisch zurück, legte ein paar Geldscheine darauf und beschwerte sie mit dem Salzstreuer. Er zog einen Kugelschreiber aus der Jacke, riss eine Ecke von der Speisekarte ab, kritzelte

etwas darauf. Dann kam er wieder zu Tom und überreichte ihm den Zettel.

„Falls du mich einmal brauchen solltest."

Er folgte den Bodyguards und dem IT-Mann, die sich schon auf halbem Weg zur Gulfstream befanden. Nur Elmar Scholl wartete noch. Tom sah Mischa hinterher und spürte, wie Shirley sich bei ihm einhakte und zu ihm aufblickte.

„Ich muss dich auch verlassen, Tom. Das weißt du." Sie versuchte ein Lächeln. Er las in ihren dunklen asiatischen Augen von der Hoffnung auf eine Zukunft und er sah Zuversicht und Begeisterung für die Aufgaben innerhalb des großen Konzerns DUBESOR, die ihr bevorstanden.

„Wir haben uns zwei Male so unerwartet getroffen, wer kann wissen, ob es nicht wieder geschieht."

Eine einzelne Träne löste sich in ihrem Augenwinkel. Aber vielleicht kam das vom Wind. Sie küsste ihn und eilte den anderen hinterher. Scholl winkte Tom und begleitete sie.

Tom blieb wie versteinert zurück. Wie konnte sie ihn einfach verlassen, wo sie sich doch gerade erst wieder gefunden hatten? Was geschah hier gerade? Wo blieben seine Leute? Er drehte sich zu Scheller um.

„Wie kannst du das zulassen?"

„Das ging jetzt für dich alles etwas schnell", sagte Scheller, „Ich nehme an, du möchtest die Zusammenhänge erfahren."

Tom nickte. Sprechen fiel ihm schwer. Dann gelang es ihm doch.

„Bin ich der Einzige, der nicht informiert war?"

Die eigenen Worte klangen zynisch in seinen Ohren.

Schellers Agenten standen wie eine Mauer hinter ihnen und verdeckten die Sicht zur Terrasse des Flughafencafés.

„Die Dinge haben sich geändert, Tom. Omegas Tod ist ein Zeichen. Eine neue Zeit bricht an. Jemand hat an einem Rädchen gedreht und alles läuft in einer anderen Einstellung weiter. Es gibt immer eine Unterabteilung, die nach anderen Regeln spielt. Jemand kannte jemanden und der hat wieder einen anderen eingeschaltet. Wie das so geht. Die Machtverhältnisse haben sich verschoben."

Tom sah Scheller an. Was hatte Omega vor seinem Tod noch gesagt? Die USA steckten hinter allem? Tom fragte sich, was wohl das kleinere Übel wäre, der Macht der USA oder dem Einfluss der *großen Sechs* ausgeliefert zu sein. Oder war es grundsätzlich die Frage, ob die Menschen einem politischen System oder einem kommerziellen Konzern untergeordnet waren? Er roch Schellers Fahne.

„Verstehst du es immer noch nicht? Muss ich es dir noch buchstabieren? Meine Vorgesetzten haben das Virus bei den Chinesen in Auftrag gegeben. Dann ist das leider außer Kontrolle geraten. Wir haben dann nur hinterher aufgeräumt, damit nichts bekannt wurde."

„Der Chinese, Chen Ze Ren, der kannte die Hintergründe?"

Scheller nickte.

„Was denkst du denn? Du kennst doch unseren ehemaligen Präsidenten, *America First*. So ist das nun mal. Daran musst du dich gewöhnen."

„Dann hast du uns ausgenutzt, um den Chinesen seinerzeit aus dem Konsulat zu holen, und ihr habt ihn umlegen lassen? Damit er das nicht verraten kann? Das sichere Haus? Woher kanntet ihr die Lage? Ich habe darauf geachtet, dass uns niemand gefolgt ist."

„Satellitenüberwachung."

„Also brauchtet ihr uns gar nicht zu verfolgen. Ihr

wusstet, wo wir ihn und die anderen versteckt hatten."
Scheller nickte wieder.

„So ist eben das Spiel der Mächtigen. Da kann man sich nicht raushalten, sonst geht man unter. Es gab keinen anderen Weg."

Toms Muskeln entspannten sich.

„Erzähl mir nichts", sagte er, „du hast immer eine Wahl." Es war, als wenn er aus einer Starre erwachte. Er spürte innere Wärme, die ihn mit einer großen Traurigkeit überfiel. Irgendwie schien es ihn zu beruhigen, die Realität zu akzeptieren. Es gab immer einen anderen Weg. Das war seine Überzeugung und die würde er sich nicht nehmen lassen. Plötzlich erschien alles ganz klar vor seinem inneren Auge.

„Damals in London, als wir uns kennenlernten, habe ich zu dir aufgesehen, dich bewundert", sagte Tom in langsamen Worten und mit ruhiger, fester Stimme. „Du warst ein dynamischer Kollege aus einem befreundeten Dienst. Der alte Hase. Konntest und wusstest all die Dinge, die für mich neu waren, die ich noch lernen wollte. Du warst ein Vorbild. Wenn ich dich heute sehe, dann bist du ein zynisches, kaputtes Wrack! Lebst du überhaupt noch? Wo sind die Ideale geblieben, für die du kämpfen wolltest? War das alles nur Fassade? Du zerstörst dich doch selbst, ach, was rede ich da."

„Du wirst die Welt und die Fakten noch akzeptieren lernen, mein Junge."

„Nenn mich nicht so!"

„Warum hast du solche Wut auf mich? Frag dich, ob das nicht die Enttäuschung darüber ist, dass du die Welt erkennst, wie sie ist."

„Wir haben uns verändert. Alles hat sich verändert."

„Nein, Tom. Es war schon immer so, nur hast du es

nicht bemerkt. Dein Idealismus war größer. Deine Wunschvorstellungen vom Guten."
Tom und Scheller gingen über das Flugfeld. Also hatten nicht die *großen Sechs* allein das Ganze von sich aus initiiert. Tatsächlich waren die USA verantwortlich. Sie hatten die Forschung in Wuhan in Auftrag gegeben, um ein Virus als Waffe zu kreieren. Also waren die Verschwörungstheorien, die kursierten, nicht ganz so falsch. Oder es war eine Kooperation zwischen den USA und den *großen Sechs*. Jeder hatte seine Interessen vorangetrieben.

„Wir konnten doch nicht zulassen, dass das bekannt wird", sagte Scheller, „deshalb mussten diese Leute sterben, sie wurden zu gefährlich, zu mächtig."

„Also habt ihr Omega einfach ausradiert?"

„ Manchmal gibt es Unstimmigkeiten in den Familien. Dann verschieben sich die Machtverhältnisse. Die Organisation hat großen Einfluss auf bestimmte Gruppierungen innerhalb der CIA.

„Also bleiben jetzt noch fünf übrig?"
Scheller zuckte mit den Schulter und verzog den Mund.
Klar, dachte Tom, irgendjemand würde bestimmt die freie Position einnehmen.

„Mach dir das Leben nicht schwerer, als es sein muss. Häng es nicht an die große Glocke. Niemand würde dir glauben. Behalte es für dich. Sonst wirst du nur als ein weiterer Verschwörungstheoretiker abgestempelt, verlierst deinen Job, deine Reputation."
Der hat die Frechheit, mir zu sagen, was ich zu tun und zu lassen habe, und lächelt auch noch dabei, dachte Tom.
Schellers Leute waren inzwischen direkt um sie herum. Als wenn sie ahnten, dass Tom etwas

unternehmen wollte. Wenn schon niemand kam, musste er es zumindest versuchen. Sie aufhalten. Egal, wie. Er drehte sich um und setzte an, auf das Flugzeug zuzulaufen, das sich gerade langsam von der Parkposition entfernte.
Er kam nicht einen Meter weit. Es entstand ein kurzes Handgemenge, bis zwei von Schellers Leuten ihn links und rechts an den Armen festhielten.

„Nicht doch, Tom", Scheller schüttelte den Kopf, „das kann ich nicht zulassen."

Tom versuchte, sich loszureißen. Dann spürte er den Druck einer Waffe in seiner Seite. Diese Leute kannten nicht die geringsten Skrupel. Auf eine Leiche mehr oder weniger kam es ihnen nicht an. Es war sinnlos. Sobald sie merkten, dass er sich entspannte, ließen sie ihn auf eine Kopfbewegung ihres Chefs los. Tom drehte sich um und ging davon. Einer Situation hilflos ausgeliefert zu sein, keine Chance zu haben, etwas zu ändern, war das Schlimmste, was er sich vorstellen konnte. Es kostete ihn alle Kraft, die er besaß, nicht aus der Haut zu fahren. Er machte sich nicht die Mühe, sich noch einmal umzudrehen.

„Ruf mich nie wieder an!"

55

Dr. Lawrence Hall betrat zum letzten Mal offiziell das Gebäude des BfV. Der Geruch von Linoleum und den Desinfektionsmitteln, dazu die Geräusche der Fahrstühle, die Gesprächsfetzen der Leute, die durch die Eingangshalle eilten, drangen in seine Sinne. Das hatte er all die Jahre wahrgenommen, und es war ihm nie aufgefallen. Jetzt, wo er sich davon verabschiedete, wurde es ihm zum ersten Mal bewusst. Aber seine Entscheidung war richtig. Seine Frau hatte sich inzwischen erholt, aber man konnte nie wissen, ob es Nachwirkungen geben würde. Zu lange und zu oft hatte er sie wegen irgendeiner ach so wichtigen geheimen und unaufschiebbaren Transaktion allein gelassen. Damit war jetzt Schluss! Die ihnen verbleibende Zeit würden sie gemeinsam verbringen. Er betrat sein altes Büro. Mehr als zwanzig Jahre hatte er an diesem Schreibtisch gesessen. In Erinnerungen versunken, strich er mit

den Fingern über die Holzplatte. Von hier hatte er die Außenagenten in ihren Operationen geleitet. Es war an der Zeit, dass er den Platz räumte für andere, die nach ihm kamen. Babette hatte ihm am Telefon erzählt, dass sie Jean-Baptiste gebeten hatte, für seinen letzten Besuch hier noch einmal aufzuräumen.
Große Veränderungen waren angedacht und sollten auf einen Schlag umgesetzt werden. Sie hatte Freddie mit der Planung und Umgestaltung beauftragt. Er würde die Koordination der Handwerker übernehmen, von denen gerade einer anwesend war und mit einem Laser die Maße für die Renovierung erfasste.
Halls Vorgehensweisen waren nicht immer ganz sauber gewesen. Dabei durfte er aber nicht vergessen, dass die Leute, mit denen er umzugehen hatte, alles andere als ehrliche Bürger waren. Wenn er es genau nahm, waren einige seiner Methoden nicht weniger kriminell. Aber auf seine Art war er erfolgreich gewesen. Vielleicht war es gut, dass er jetzt abtrat. Wie nah war er an die *großen Sechs* herangekommen? Hatte er die wahren Zusammenhänge erkannt? Der mächtige Gegner war noch nicht geschlagen. Darum würde sich seine Nachfolgerin kümmern müssen.
Nachdem er alle Schubladen des Schreibtisches aufgezogen und geschlossen hatte, lehnte er sich zurück und ließ den Blick noch einmal rundherumschweifen. Er hatte nichts mehr gefunden, das er mitnehmen wollte. Er erhob sich, verließ das Büro und schloss die Tür hinter sich. Mit einem Lächeln überreichte er seiner Nachfolgerin die vorbereitete Liste, auf der er Gremien und Think Tanks aufgeführt hatte, an denen sie unbedingt teilnehmen musste.

Babette warf einen Blick auf die Notizen, die Hall ihr

überreichte. Das meiste kannte sie aus der gemeinsamen Zeit. Die geheimen, nur handschriftlich festgehaltenen Kontakte hatte er ihr ja bei der letzten Begegnung anvertraut. Sie schaute sich ihren Chef an. Er hatte sonst nie so lange in Ruhe irgendwo gestanden. Zum ersten Mal sah sie, wie viele Falten seinen schmalen, zu einem Lächeln gebogenen Mund umgaben. Das war ihr früher nie aufgefallen. Wie gut kannte sie ihn eigentlich?
Sie brachte ihn auf den neuesten Stand der Entwicklung im Kampf gegen die *großen Sechs*. Von Jades Verwundung und ihrer Genesung, dem Schlag, der ihnen gegen die organisierte Kriminalität gelungen war. Weltweit waren alle bekannten Immobilien der DUBESOR durchsucht worden. Es handelte sich um mehr als 900 Objekte. Endlose Datenträger, Bargeld in Höhe von mehreren Millionen US-Dollar und eine unglaubliche Anzahl an Waffen waren sichergestellt worden. Aber eine Herde von Anwälten war schon dabei, die Wogen zu glätten und alles unter den Tisch zu kehren.

„Du hast es geschafft", sagte Hall, „ich wusste, dass du dieser Aufgabe gewachsen bist. Was du in der kurzen Zeit geleistet hast, bestätigt meine Vermutung: Du bist die Richtige für diesen Posten!"
Früher wäre sie rot geworden und hätte vor Verlegenheit weggesehen, jetzt reagierte sie mit einem freundlichen Lächeln und wartete, was er als Nächstes sagen würde. Seit sie die Überzeugung hatte, dass sie es konnte, wurden solche Gespräche für sie ebenbürtiger. Sie kam sich nicht mehr wie die kleine Angestellte vor. Sie erzählte ihm von ihren Plänen für die Zukunft der Abteilung.

„Ich werde für mehr Personal sorgen."
„Das ist gut. Je mehr Personal du hast, umso größer

ist deine Verantwortung und umso größer sind deine Möglichkeiten."

Sie sah, wie Hall sich das Lächeln verkniff, als er das sagte.

„Seit du für mich gearbeitet hast, habe ich deine Entwicklung verfolgt. Irgendwann wurdest du meine rechte Hand. Ohne dich und deine Fähigkeiten hätte ich die Abteilung nicht in dieser Weise aufbauen können. Da kam mir erstmals der Gedanke, dass du eines Tages auch meine Nachfolgerin werden könntest." Bei diesen Worten bewegte er den Arm in einer imaginären Geste durch den Raum.

„Aber ..."

„Kein Aber. Außerdem ist deine Menschenführung wesentlich besser als meine. Ich denke, du bist bereit. Ich bemerke schon, dass du dir selbst inzwischen mehr zutraust." Er nickte, wie um seine Aussage zu bekräftigen. „Du kannst das."

Das hatte er ihr schon einmal gesagt. Jetzt ging ihr auf, dass sie seitdem nicht ein einziges Mal an sich gezweifelt hatte. Aber lag das nicht nur daran, dass sie dazu auch gar keine Zeit gehabt hatte? Babette spürte nun doch Wärme vom Hals in ihre Wangen hochsteigen. Kurzerhand hakte sie sich bei ihrem ehemaligen Chef ein und dirigierte ihn zu den anderen Gästen. Sie hatte Kuchen und Champagner besorgen lassen. Einige andere Abteilungsleiter waren anwesend, aber die Abschiedsfeier sollte auf Halls Wunsch in kleinem Rahmen gehalten werden. Sie wusste, dass ihr ehemaliger Chef sich am liebsten ganz darum herumgedrückt hätte. Am Strahlen seiner Augen sah sie aber, dass er sich freute. Selbst der Innenminister hatte es sich nicht nehmen lassen, persönlich zu seiner Verabschiedung zu erscheinen.

Dann bekam sie noch einen Wortwechsel mit:

Irgendjemand fragte den Minister, als Hall sich nicht in der Nähe aufhielt.

"War er wirklich so ein guter Mann?"

"Mehr als das. Sie machen sich keine Vorstellung davon, wie gut."

***

Als eine der ersten Aufgaben nach seiner Rückkehr hatte Tom seinen Freund Christian aufgesucht und sich bei ihm dafür bedankt, dass er den Anruf richtig gedeutet und Babette informiert hatte. Bei der Gelegenheit hatte er Jen einen Zettel zugesteckt und um eine Unterredung gebeten. Er kam sich dabei zwar mies vor, Christian auf diese Weise zu hintergehen, sah aber keine andere Möglichkeit. Jade hatte ihm oft genug in den Ohren gelegen und ihm deutlich gemacht, wie wichtig es sei, alte Beziehungen sauber abzuschließen. Er müsse klären, was noch unausgesprochen wäre. Genau das beabsichtigte er auch zu tun. Das war wirklich längst überfällig, vor allem jetzt, wo sie ein Kind erwartete.

Als die Gastronomie wieder öffnen durfte, traf er sich mit Jen in dem verkleinerten Biergarten der ehemaligen Szenekneipe *Bahnhof Süd*, die jetzt *Holy Craft Süd* hieß und sich den Außenbereich mit dem in seinen Augen genialen Burgerladen *Snack 'n' Roll Garage* teilte. Jen nahm ihm gegenüber Platz und stützte sich mit den Ellenbogen auf den Tisch. Tom schaute sie sich an, die kurzen blonden Haare in der modernen Frisur, die gerade Nase, ihre Augen mit den hohen feinen Augenbrauen, die Sommersprossen, die sich auf ihren freien Schultern wiederholten. Aber ihr Gesicht wirkte trotz des dezenten Make-ups ausdruckslos, blass. Sie trug ein buntes Sommerkleid und keinen BH. Er versuchte, einen Blick auf ihren Bauch zu erhaschen. Von der Schwangerschaft war noch nichts zu sehen. Dafür von ihren Beinen, die sie – gekonnt parallel nebeneinander – schräg gestellt hielt. Es hatte ihn schon immer fasziniert, wie sie das schaffte. Sie bemerkte seinen Blick, lächelte, wurde rot und schaute weg. Seit sie saß, drehte sie ununterbrochen an ihren Ringen, nahm sie ab und steckte sie wieder an.

„Ich war davon überzeugt, dass zwischen uns etwas war …", begann Tom vorsichtig.

„Das denke ich auch", sagte Jen, „aber du warst derjenige …"

Der es zerstört hat, setzte er in Gedanken ihren Satz fort.

„… der gegangen ist", sagte sie.

Wie machte man deutlich und endgültig ein Ende, ohne dass es eine zukünftige Freundschaft verhinderte?, fragte Tom sich.

„Bei dir hatte ich mich zum ersten Mal in meinem Leben angekommen gefühlt", versuchte er es erneut.

Sie gab ein unbestimmtes Geräusch von sich. Es klang für Tom wie ein bitteres, enttäuschtes Lachen.

„Im Gegensatz zu mir", sagte sie, „ich konnte mir bei dir nie sicher sein, was morgen ist."

„Du hast völlig recht. Ich habe dich enttäuscht."

Jen nickte mit einem ernsten Gesicht.

„Wir hatten etwas ganz Besonderes."

„Es war eine kurze, aber aufregende Zeit", bestätigte Tom, „aber sagen wir, wie es ist. Wir haben festgestellt, dass wir unterschiedliche Vorstellungen haben. Ich kann deine Wünsche nicht erfüllen. Es passte eben nicht. Ich werde meinen Weg gehen müssen und du deinen. Ich wünsche dir, dass es dir mit Christian gutgeht. Er kann dir das stabile Zuhause

bieten, das du dir immer gewünscht hast."
Jen nahm die Ringe, die sie vor sich aufgestapelt hatte, steckte sie an den Finger, legte die Hände übereinander und hielt sie erstmals seit ihrem Eintreffen ruhig und sah ihn an.

„Du hältst dir nicht wie immer alles offen? Du willst echt reinen Tisch machen? So vernünftig und erwachsen kenne ich dich gar nicht."
Tom antwortete nicht auf ihre Stichelei. Sie hatte ja recht.
Als wenn sie erfasst hätte, dass er es ernst meinte, kam sie auf seine Ausführung zurück.

„So empfinde ich das auch. Ich muss jetzt an das Kind denken. Mit Christian ist das tatsächlich so. Für ihn gibt es kein Weglaufen. Er steht zu mir, egal, was kommt. Das schätze ich an ihm. Aber da ist das Problem mit dem Alkohol. Er hat mir zwar fest versprochen, dass er das mit dem Alkohol in den Griff bekommt, will sogar eine Therapie machen. Aber wird er es auf Dauer schaffen, nichts zu trinken?"
Jen sah Tom mit zweifelndem Blick an.

„Er bekommt das hin. Vertraue ihm."

„Schön, dass du das sagst."
Sie standen auf und Tom nahm Jen in seine Arme.

„Sonst gib mir Bescheid und ich rede ein ernstes Wort mit ihm."
Ihr Lachen klang in seinen Ohren nicht so, als wenn sie ihn allzu ernst nahm.

„Ich bin froh, dass du das so siehst", sagte sie in einem versöhnlichen Tonfall. „Es würde mir sehr schwerfallen, dich als Freund zu verlieren. Vielleicht kannst du ja die Patenschaft übernehmen."
Tom drückte sie fest an sich und sie verharrten eine ganze Weile in dieser Haltung. Er hatte so viele Entscheidungen getroffen in den letzten Tagen, so

viele Abschiede. Wer weiß, was ihm das Leben noch zu bieten hatte.

56

Einige Wochen waren vergangen. Sinkende Inzidenzwerte führten zur schrittweisen Wiedereinführung der Freiheit, als wenn es ein besonderes Privileg wäre. Nach dem Impfen war jedoch vor dem Impfen. Neue Virusvarianten drohten. Die Zeiteinteilung erfolgte auf eine neue Art: Man unterschied jetzt zwischen der Vor- und Nachpandemiezeit. Was alles jetzt bewilligt wurde, das war eine Entwicklung, die sonst locker 20 Jahre gedauert hätte. Die Digitalisierung wurde vorangetrieben. Die Zukunft hatte begonnen. Wo das hinführen würde, überlegte Jade, wusste keiner so genau, vielleicht am ehesten die Organisation, die sie gemeinsam mit Tom gejagt hatte, die *großen Sechs*. Der Durchschnittsbürger, Jade zählte sich dazu, wusste weder ein noch aus. Sie fuhr ein E-Auto, aber jetzt waren plötzlich mit Wasserstoff betriebene Fahrzeuge ebenfalls in aller Munde. Welche Veränderungen standen uns noch bevor? Was würde beibehalten, was weiterentwickelt? Was würde sich verändern?

Als Jade die Abteilung betrat, erkannte sie die Räumlichkeiten nicht wieder. Der Umbau in Babettes Abteilung schritt voran. Halls Büro war ausgeräumt. Eine Abrisskolonne hatte die alte Holzvertäfelung herausgerissen und die alten Möbel entfernt. Handwerker legten letzte Hand an. Babettes Büro, an der Schmalseite gelegen, war jetzt doppelt so groß, auf die Breite des Konferenzraums angewachsen und von diesem mit schalldichten Glaswänden abgetrennt. An der Längsseite, neben Halls altem Büro, lag jetzt ein zweites, beide waren ebenfalls mit transparenter Front und Glastüren abgetrennt. Babette hatte von ihrem Büro aus jederzeit den Überblick, was dort geschah. Der Teamraum war zum anderen Ende hin verlängert worden.

Jade wunderte sich, wie Babette das geschafft hatte, so schnell von der Abteilung nebenan diese Flächen zu übernehmen und die Genehmigung vom Bauamt zu erhalten.

„Die Abteilung war nur für Datenspeicherung zuständig und hatte keine starke Führungsebene", erklärte Babette ihr, „da fiel es mir leicht, ihnen einige Räume abzuschwatzen."

Das Team versammelte sich in Babettes Büro, in dem als einzigem bereits die Bauarbeiten abgeschlossen waren. Sie hörten tatsächlich nichts von dem Lärm der Handwerker, die sie durch die Scheiben beobachten konnten, bis Babette die Lamellen herunterließ. Da Jade nach ihrer Genesung zum ersten Mal wieder zum Dienst erschien, war es auch das erste Mal, dass sich die vollständige Mannschaft um ihre neue Chefin versammelte. Babette lehnte sich zurück und sah sich einmal im Raum um. Sofort trat Ruhe ein. Alle waren wie selbstverständlich Babettes unausgesprochener Aufforderung gefolgt, sich zur Teamsitzung zusammenzufinden, und warteten auf ihre Eröffnung. Alle Achtung, dachte Jade, das sah so aus, als wenn sie in der kurzen Zeit bereits souverän ihre Führungsposition ausfüllte.

Tom hatte einen der neuen Ledersessel für sich reserviert. Er war unrasiert und behielt seine Lederjacke an. Jade musste schmunzeln. Ihr drängte sich der Gedanke an eine lässige James-Dean-Imitation auf. Nur seine Gesichtszüge waren härter geschnitten. Bei genauerem Hinsehen wirkte Tom auf sie, als habe ihn die ganze Aktion des letzten halben Jahres echt mitgenommen. Vielleicht fehlte ihm aber auch nur Dr. Lawrence Hall. Jade wusste, dass die beiden irgendeine persönliche Geschichte verbunden hatte. Jean-Baptiste war erhitzt, obwohl die Klimaanlage eine angenehme Temperatur erzeugte. Er wich Babette nicht von der Seite, saß jetzt eng neben ihr und ließ sie nicht aus den Augen. Auch Freddie hatte sofort das Schaukeln auf seinem Stuhl beendet, als ihn Babettes Blick traf, und wartete auf ihre Worte. Seinem gemütlichen Lächeln entnahm Jade, dass er immer noch der Mann mit der ständig guten Laune war, die er auch nicht verbergen konnte, wenn er über etwas schimpfte, was ja häufig vorkam. Jade setzte sich auf einen der neuen Bürostühle und rollte mit Schwung zu den anderen hinüber.

„Ich habe Jean-Baptiste gebeten, uns einen Überblick über unseren letzten Wissensstand zu geben", begann sie.

Jean-Baptiste erhob sich, ordnete seine Karten in der richtigen Reihenfolge. Seine Ohren verfärbten sich, bevor er loslegte.

„Die *großen Sechs*, bleiben wir bei der Bezeichnung? Ich habe mir die Finanztransaktionen der Konzerne angesehen, die an Herstellung und Vertrieb der Impfstoffe beteiligt sind. Es war kein Geheimnis, dass diejenigen, die im Rennen um den Impfstoff siegen, sich dumm und dämlich verdienen würden. Aber, was interessant ist: Der größte Teil der Aktien – auch der namhaften und bekannten Unternehmen – befindet sich wiederum, nicht nachvollziehbar, in den Händen dubioser Offshorefirmen. Briefkastenunternehmen mit Adresse auf den Cayman Islands, Jersey etc. Es gibt keine Möglichkeit für uns, an die Namen der tatsächlichen Besitzer zu kommen. Also, ich würde sagen, die *großen Sechs* bleiben eine Legende oder, nennen wir es, eine Wahrheit im Verborgenen." Er schaute in die Runde. Jade registrierte, dass sich die Farbe seiner Ohren während des Vortrags dem Normalzustand angenähert hatte.

„Schauen wir uns die Auswirkungen im großen Ganzen an, ob sie nun von dieser Organisation beabsichtigt waren oder nicht. Einige Wirtschaftsbereiche wurden in dieser kurzen Zeit um Jahre vorangetrieben. Wie wird die Post-Corona-Welle aussehen? Milliardenschwere Konjunkturpakete werden weltweit zu einem erheblichen Wirtschaftswachstum beitragen. Vielleicht ging es im Hintergrund aber auch um den Verteilungskampf zwischen den USA und China. China dehnte erfolgreich seinen Einflussbereich aus. Die Volksrepublik hat die Krise anscheinend mühelos bewältigt und ist wirtschaftlich auf dem Vormarsch. Sie haben das Durcheinander auf der Welt genutzt, um eben einmal schnell die größte Freihandelszone der Welt vertraglich abzusichern. Damit stehen sie jetzt

ganz vorne."
Jean-Baptiste legte seine Karten zusammen und setzte sich. Er strich sich einmal über das für seine früheren Verhältnisse relativ kurze Haar.
Babette nickte ihm zu.
„Ich danke dir, Jean-Baptiste, das war hervorragende Arbeit."
Er lächelte, seine Ohren verfärbten sich wieder.

Babette schlug ihre Beine übereinander und rollte mit dem Chefsessel etwas zurück, sodass sie alles übersehen konnte. Tom ließ den Blick an seiner neuen Chefin entlangwandern. Sie hatte sich sehr verändert. Da gab es kein verspieltes Durcheinander, nichts Legeres, nichts Prolliges mehr, keine Provokation mit weiblichen Reizen in zu eng anliegenden und zu weit geöffneten Blusen, musste er feststellen. Die kurzen Haare lagen perfekt in einer geordneten modischen Frisur, das Gesicht frei. Die Kleidung gepflegt, ein graues Jackett, der passende Rock bedeckte die Knie, dazu eine helle Bluse. Sie trug alles in einer dezenten Art, es wirkte in unauffälliger Weise elegant, geschäftsmäßig. Wie hatte sie das geschafft?, fragte er sich.
„Ich fasse zusammen", begann Babette. „Mit den Informationen, die wir von Tom erhalten haben, ist geklärt, dass das Virus in den Laboren in Wuhan quasi hergestellt wurde. Und zwar im Auftrag der Amerikaner."
„Aber das können wir nie beweisen", fügte Tom an.
„Das ist mir wohl klar. Die CIA, also genau genommen dein Freund Scheller, hat uns zwei Mal hintergangen …"
„Scheller hat uns alle belogen", sagte Tom.
„Ich kann deinen Ärger verstehen, aber lass mich

bitte zu Ende ausführen. Also, erstens hat er uns gebeten, diesen Chen Ze Ren aus der chinesischen Botschaft zu holen, weil er sonst nicht an ihn herangekommen wäre. Wir haben ihn herausgeholt, damit er ihn umlegen lassen konnte. Den geheimen Aufenthaltsort des Chinesen kannte er durch die Satellitenüberwachung seiner Leute. Der Grund war, dass der Chinese der Einzige war, der verraten konnte, dass die USA das Virus hatten entwickeln lassen. Das sollte Scheller im Auftrag der CIA mit allen Mitteln verhindern."

Babette ließ eine Pause entstehen, in der sie einmal ihre gesamte Mannschaft betrachtete, ehe sie fortfuhr.

„Scheller, die CIA oder zumindest eine Gruppierung innerhalb der Agency haben mit den verbleibenden Familien zusammengearbeitet. Die wollten Omega loswerden. Er war ihnen zu machtgierig, zu unbequem, zu wenig lenkbar, zu eigenständig geworden. Hatte sich den anderen nicht genug angepasst. Scheller hat uns zum zweiten Mal ausgetrickst, als er mir versprach, er würde sich darum kümmern, dass Omega und Gatow in Mülheim durch die CIA abgefangen würden. Damit konnte er für die *großen Sechs* in Ruhe dafür sorgen, dass Gatow für die Organisation in Sicherheit gebracht wurde. Vielleicht war er sogar darüber informiert, dass die *großen Sechs* einen Sniper beauftragt hatten, Omega erledigen zu lassen, und sollte nur dafür sorgen, dass alles wie geplant ablief. Wie auch immer, ich habe mich auf seine Zusage verlassen und deshalb niemanden von uns dahin geschickt."

Babettes Tonfall war bei den letzten Sätzen lauter, ihre Artikulation präziser und abgehackter geworden. Tom merkte, wie sehr es sie ärgerte, dass sie Schellers Schachzüge nicht durchschaut hatte.

Babette atmete mehrfach tief durch und schwieg einen Moment, um sich zu beruhigen. Dann nickte sie.

„Dann wagte es die Agency frecherweise noch, mir eine hochoffizielle Belobigung über meine hervorragende Kooperation an den Innenminister zu leiten. Soll mich das besänftigen?"

Tom war sicher, dass damit Babettes Stellung für die Zukunft gefestigt war.

Babette sprach jetzt in ruhiger, langsamer, beherrschter Weise, aber ihre Stimme hatte einen schneidenden Ton.

„Hinter meinem Rücken lachen die mich aus. Ich müsste mich schämen! Aber eins verspreche ich euch hier und heute: Das werden die nicht noch einmal mit mir machen. Wenn die annehmen, dass die bei mir dafür etwas guthätten, dann haben die das Gegenteil erreicht. Denen wird von uns bestimmt niemand mehr vertrauen."

Babettes Augen sprühten Funken. Sie war bestimmt nicht die Einzige, die einen Fehler gemacht hatte, aber Tom fand, dass schon etwas dazugehörte, öffentlich dazu zu stehen.

„Der Einfluss der *großen Sechs*", fügte Jade hinzu, „bestand also vor allem darin, dass sie genug Informationen vorab hatten und die Situation für ihre Zwecke ausgenutzt, die Medien manipuliert haben."

„Ja, die *großen Sechs*", übernahm Babette wieder. „Was ist mit den *großen Sechs*? Wenn es die tatsächlich gibt … Wer sind sie? Wo halten sie sich auf? Was planen sie? Wir werden sehen, was es an weiteren Veränderungen gibt, immer bleibt ein Rest Zweifel, ob diese Gruppe dahintersteckt. Wo auf der Welt ein Krieg stattfindet, immer könnte der Konflikt von diesen Leuten angezettelt sein. Wir werden keine Gewissheit haben. Omega ist tot, und Gatow wurde

ausgeflogen. Die Amerikaner halten sich bedeckt. Weiteres dahinter ist nicht zu klären. Wir werden nie erfahren, was aus diesem Telepathen geworden ist. Ob er weiter dieser Organisation zur Verfügung steht oder jetzt für die CIA arbeitet."
Tom überlegte laut.
„War das die Lösung, Omega umzubringen? Die Organisation besteht doch weiter!"
„Momentan eine der Möglichkeiten. Aber es wird immer wieder einen Omega geben, der glaubt, er hätte den besseren Weg für die Menschheit gefunden, und darum kämpft, ihn durchzusetzen."
„Langsam weiß ich nicht mehr, was richtig und was falsch ist", sagte Tom, „sie haben immerhin geholfen, den nuklearen Anschlag auf deutschem Boden und das Attentat auf den Eurotunnel zu verhindern."
„Haben sie dich so manipuliert?
„Und wenn sie recht haben mit ihren Ideen?"
Babette lachte und drohte mit dem Finger.
„Tom, das habe ich nicht gehört." Sie lehnte sich zurück. „Du solltest noch etwas wissen. Von einer Mitarbeiterin der Universität von Edinburgh haben wir etwas sehr Interessantes erfahren. Sie hatten einmal aus Wirtschaftskreisen ein Forschungsprojekt finanziert bekommen, eine Menge Gelder mit dem Ziel, Material zu entwickeln, das Schutz gegen eventuelle telepathische Spionage bieten könnte."
„Wer steckte dahinter?"
„War nicht herauszufinden."
„Also ..."
„Sie hatten zwar Namen und eine Firma, aber unsere Nachforschungen haben nichts ergeben. Die Spuren verliefen sich."
„Passt das zeitlich?"
„Schon möglich. Das Ganze lag in der Anfangszeit

der Zusammenarbeit zwischen Omega und Gatow, soweit wir das nach deinen Angaben einordnen konnten."

„Also haben die *großen Sechs* damals wegen ihres Telepathen dort den Helm entwickeln lassen?"

„Schon möglich. Aber es geht noch weiter. Aktuell hatte sich vor uns noch jemand dort erkundigt und erfahren, dass es eine Weiterentwicklung gab, den *Dissipator TD03*."

„Und? Wer war das?"

„Dein Freund Scheller."

Das erklärte, wie Scheller an das komische Ding gekommen war, das er vor der Brust hängen hatte. Das war kein Handy, sondern der *Dissipator*, den Tom inzwischen auch kannte und den jetzt alle in ihrer Abteilung hatten.

Babette schien die Sitzung beenden zu wollen.

„Im Nachhinein kann ich nicht sagen, ob hinter allem ein großer Plan steckte. Wenn es jemand hätte wissen können, dann Omega oder Gatow. Aber dazu ist es jetzt zu spät."

Sie legte ihre Hände mit ausgestreckten Fingern vor sich zusammen.

„Aber dass die ganze Coronaaffäre so hochgespielt wurde, dürfte einfach nur an einer Verkettung unglücklicher Faktoren gelegen haben, und für die Politiker gab es irgendwann kein Zurück mehr. Großer Plan oder nur Blödsinn?", sinnierte sie noch einmal und nickte versonnen vor sich hin. „Wenn ich es so betrachte, neige ich dazu, das Letztere anzunehmen."

„Wenn es stimmt", meldete sich Tom noch einmal zu Wort, „was wir von Omega wissen, haben wir es dann in Zukunft nur noch mit fünf Familien zu tun, die die Welt beherrschen?"

„Ich gehe davon aus, dass alles beim Alten bleibt",

sagte Babette, „für die betroffene Familie wird ein anderes Familienmitglied die Verantwortung übernehmen."
Sie unterstützte ihre Aussage mit einem abschließenden Nicken und klappte das vor ihr liegende Dossier zu.
Als Tom von Jade erfahren hatte, dass Babette jetzt die Leiterin der Abteilung war, konnte er sich das nicht wirklich vorstellen. Aber in der heutigen Teamsitzung verfolgte sie eine klare und eindeutige Linie. Sie hielt weiter den Eindruck aufrecht, dass sie für alle da war, jedem half, wie früher, gab aber auch sehr klare Anweisungen. Mit dieser Struktur konnte er gut leben.
Freddie räkelte sich, gähnte, als wenn ihn das alles nichts angehen würde, aber er ließ es sich nicht nehmen, seinen Senf dazuzugeben.

„Die ganzen Veränderungen, die nach 9/11 eingeführt wurden, denkt nur daran, die sind alle geblieben. So wird es diesmal auch sein. Wir werden noch in zehn Jahren mit Masken einkaufen müssen und all das andere. Alles bleibt: Die Gardinensteuer in Holland, die Sektsteuer, die vom Kaiser bei uns eingeführt wurde, um die Kaiserliche Flotte zu finanzieren …" Freddie kratzte sich am Kopf, „… und die Sommerzeit", fügte er hinzu.
Babette stand auf und rollte ihren Stuhl zurück.

„Es begann mit einer Intrige und kurzfristig hat die Kooperation mit dieser Organisation zu Erfolgen geführt. Entscheidend bleibt aber: Wenn die Apokalypse – real oder nur in der Vorstellung der Menschen – erst einmal ausgelöst ist, die Klippe überschritten wurde, gibt es kein Zurück mehr. In Zukunft müssen wir mit den Konsequenzen dieses Vorfalls leben."

Alle packten ihre Unterlagen zusammen und machten sich auf. Tom blieb sitzen und sah Jade an. Sie bemerkte, wie sein Blick den Rundungen in ihrer Bluse folgte. Sie lachte.

„Das haben wir doch geklärt, Tom."

Er grinste wie der ertappte Schuljunge. So war er eben, sagte sie sich.

„Sollen wir eine Runde laufen?", fragte er.

Sie ging zu ihm hinüber und setzte sich auf die Armlehne.

„Können wir machen. Unter einer Bedingung. Wenn ich mir nicht dein unqualifiziertes Gelabere über Corona anhören muss." Dabei beugte sie sich vor und streichelte über seine Bartstoppeln. Seit sie sich kannten, hatte sich ihr Verhältnis zueinander gewandelt. Als ihm bewusst geworden war, dass sie sich nichts aus Männern machte, hatte sich eine Freundschaft entwickelt. Jade wusste, dass er sie mochte. Sie akzeptierten einander. Sie waren Vertraute, tauschten sich über ihre Probleme aus, unterstützten sich. Es hatte für beide etwas Positives, Geborgenheit ohne weiter gehende Verpflichtungen. Sie wusste, dass aus seiner ersten Faszination, sie zu begehren, durch die gemeinsamen Erfahrungen eine von Respekt geprägte Beziehung geworden war. Sie konnten sich aufeinander verlassen. Jade hatte ihn vermisst.

Plötzlich schaute Tom sie ernst an.

„Brauchst du noch einen Psychotherapeuten?"

Sollte das jetzt ein Witz sein? Er spielte vermutlich darauf an, dass alle Mitarbeiter eigentlich verpflichtet waren zur Traumabewältigung einen Fachmann aufzusuchen, wenn sie im Dienst jemanden erschossen hatten. Aber er musste doch wissen, dass dieses Thema für sie abgeschlossen war. Sie hatte doch gezeigt, dass sie gelernt hatte, dass genau das zu ihrem Job gehörte. Sie konnte sich davon distanzieren. Die Bedenken, die sie gehabt hatte, würden ihr nie wieder in die Quere kommen. Da war kein Bedauern. Sie hatte getan, was getan werden musste. Tom beobachtete sie und begann zu lächeln.

„Nein", sagte er, „bestimmt nicht!"

***

Christian Hellenkamp fühlte sich wohl in dem alten Pullover, den er vor Jahren, bevor er Jen kannte, von einer Freundin geschenkt bekommen hatte. Obwohl er abgetragen und ausgeleiert war, konnte er sich nicht dazu durchringen, ihn zu entsorgen. Er zog ihn immer dann an, wenn er nachdenken musste, wichtige Entscheidungen zu treffen hatte. Er klappte sein Notebook auf, öffnete die Datei mit den Notizen. Er würde die endgültige Geschichte zu Corona schreiben. Verantwortlicher Journalismus sollte in seinen Augen der Grundpfeiler von Freiheit und Demokratie sein. Er würde jetzt alles offenlegen, was es zu diesem Thema gab, nichts beschönigen und sich von niemandem abhalten lassen, die ganze Wahrheit und nichts als die Wahrheit zu verbreiten.

„Und wenn es das Letzte ist, was ich tue", murmelte er vor sich hin. Dann sah er Jen an und sprach laut und energisch.

„Ich werde den Menschen zeigen, was diese Politiker mit uns gemacht und wie sie unsere Welt verändert haben, wie die Zukunft der Menschheit nach der Pandemie aussehen wird und wer daran die Schuld trägt."

Jen schüttelte den Kopf.

„Ist das dieses Männerding? Zu tun, was du tun musst?"
Christian antwortete nicht. Demonstrativ schenkte er sich aus einer Mineralwasserflasche ein Glas ein, rief das Programm auf und begann die ersten Zeilen zu tippen:

> In den Morgenstunden eines nebligen Dezembertages 2019 ging eine Nachricht der Volksrepublik China bei der WHO ein. Es wurde berichtet, dass …

Fragen gingen ihm durch den Kopf, die nun zu beantworten waren. Welche Entscheidungen mussten für die Zukunft der Menschheit getroffen werden? Im Nachhinein blieben grundsätzliche Erwägungen im Raum stehen: Wie viele Todesfälle kann oder muss man in Kauf nehmen, um die Gesellschaft insgesamt nicht zu gefährden oder dem Untergang zu weihen? Wenn einmal etwas durch die Journalisten angestoßen war, konnten die Politiker nicht mehr zurück.

„Aber danach", unterbrach Jen ein letztes Mal seinen Gedankenfluss, „gehst du in die Klinik zu deinem Entzug!"
Christian nickte und das war sein voller Ernst.
„Selbstverständlich. Ich stehe zu meinem Wort!"